本研究系海南省哲学社会科学规划课题"基于教师专业发展的名师工作室研究"[项目编号：JD（ZC）19—42]，海南省哲学社会科学2020年规划课题"海南自由贸易港建设背景下乡村教师教育信念的现状及培育研究"[HNSK（YB）20—31]，湖北省教育科学规划2021年重点课题"立德树人视域下高校师德评价指标体系构建研究"（2021GA054）研究成果。

持续高质量发展

——教师专业学习共同体视角下的名师工作室

CHIXU GAOZHILIANG FAZHAN

JIAOSHIZHUANYEXUEXIGONGTONGTI SHIJIAOXIA

DE MINGSHIGONGZUOSHI

杨 虹 著

中国政法大学出版社

2025·北京

声　明　1. 版权所有，侵权必究。
　　　　2. 如有缺页、倒装问题，由出版社负责退换。

图书在版编目（CIP）数据

持续高质量发展：教师专业学习共同体视角下的名师工作室 / 杨虹著. -- 北京：中国政法大学出版社，2025. 3. -- ISBN 978-7-5764-2026-5

Ⅰ. G451.2

中国国家版本馆 CIP 数据核字第 2025E57P86 号

出　版　者	中国政法大学出版社
地　　　址	北京市海淀区西土城路 25 号
邮寄地址	北京 100088 信箱 8034 分箱　邮编 100088
网　　　址	http://www.cuplpress.com（网络实名：中国政法大学出版社）
电　　　话	010-58908586(编辑部) 58908334(邮购部)
编辑邮箱	zhengfadch@126.com
承　　印	固安华明印业有限公司
开　　本	720mm×960mm　1/16
印　　张	20
字　　数	340 千字
版　　次	2025 年 3 月第 1 版
印　　次	2025 年 3 月第 1 次印刷
定　　价	88.00 元

序　言

　　教师的专业发展是教师幸福和教育高质量发展的前提条件。名师工作室作为促进教师专业发展的实践载体发挥着不可忽视的作用。名师工作室作为一项教师专业发展的组织制度如何在新的时代和教育背景下得到持续发展，在不断面对教育实践问题的过程中持续创新，是特别值得深入研究的教育理论和实践课题。

　　对于名师工作室的研究存在一个主体层面的挑战。对于名师工作室主持人或者团队成员而言，他们的优势在于，实际参与工作室的组织和建设，深谙工作室实际运行的内部状态。然而，这一群体往往主要为一线教师，他们善于实践探索和经验归纳，但却很难实现系统深入的理论解释和概括。对于一般的教师教育研究者而言，他们虽然具有理论储备方面的优势，但对于名师工作室的实际运行和内部问题往往可能是"隔靴搔痒"，很难有效揭示这一"黑箱"。而本书作者杨虹老师作为一名师范大学教师培训部门的专职教师，长期从事管理和实施名师培养培训项目工作，在与一线名师及其团队的长期密切接触中积累了丰富的经验和素材，使其具有研究名师工作室的得天独厚的主体优势。在本书中，她充分激活自己的经验储备，并展开了大量的理论阅读，尽其所能对名师工作室这一课题展开详尽研究，力求为广大教师提供关于名师工作室认知、建设、运行、发展的全面介绍和论述。本人也在从事对名师工作室的指导工作，经常看到一线教师在完成名师工作室的申请之后，对于如何建设、如何发展、如何以自我发展带动团队发展并辐射区域教育发展等问题存在诸多迷茫困惑。而本书对于解答这些名师工作室主持人的困惑和问题具有系统性指导作用。此外，本书在对名师工作室的研究过程中，非常注重结合并运用已有的国内外教师专业发展的相关理论，因此，提升了名师工作室研究的理论深度。

没有完美的作品，只有持续地精进。本书作为杨虹老师专业发展的阶段性成果，虽具有回应实践并推动相关研究领域进展的价值，却也有值得进一步探索的空间。如何在事实性描述的基础上，基于系统的理论关照，进入名师工作室内部探索其如何实现名师与普通教师之间的有效互动和推动？卓越的名师工作室何以能够卓越？为何很多名师工作室徒有虚名，形式化运作多于实质性发展？名师工作室何以从松散的"成员"发展为有机"的共同体"，其中的影响因素和作用机制以及关系类型究竟是什么？好的研究是以问题为起点并且在回应、解决问题中实现对理论的深度推进。期待杨虹老师在其正在展开的博士学习阶段能够在理论和研究方法上实现更多积累和突破，在未来的学术生涯中呈现更多瑰丽的作品。

在完成繁忙的工作和家庭事务之余，完成洋洋洒洒20余万字的专著，需要极强的勤勉和自律。因此，杨虹老师在专业上奋力进取的精神非常值得赞赏。研究实苦，然而如果能有深沉的热爱，苦便可化为智慧，并带来幸福。祝愿杨虹老师在未来的学术生活中秉烛前行，上下求索，以充满希望的学术信仰，照亮自己和更多人前方的路。

蔡辰梅

前 言

名师工作室是我国教师队伍建设的一个创举，它根植于我国教师教育的现实，形成了具有中国特色的教师专业学习共同体。目前，我国名师工作室发展规模不断扩大，省、市、县（乡）、校级名师工作室"琳琅满目"，名师工作室完成了从无到有的发展阶段。但回顾名师工作室的发展现状，同质化、短期化、形式化、利益化等问题突出，名师工作室从有到优、可持续化的发展需求亟待满足。在教育强国、教育高质量发展的时代背景下，名师工作室如何持续高质量地发展，需要我们从一个新的视角去解读它。

本书主要是从教师专业学习共同体的视角对名师工作室的相关理论进行系统研究，既有理论的探索，又以海南省中学卓越教师工作室为实践案例的佐证和充实，提出了具体可操作的模式与策略，是一本理论与实践相结合的著作。第一章主要阐明名师工作室、教师专业学习共同体、教师专业发展的相关理论基础。第二章阐明名师工作室的内涵、性质与特征，进一步明确名师工作室的本质特征。第三章从微观角度分析名师工作室的构成要素，在此基础上阐述名师工作室的功能，将名师工作室落地于具体的实践之中。第四章主要分析名师工作室的活动样态，旨在为名师工作室的活动开展提供"样式库"，方便随时可用可迁移。第五章主要探讨名师工作室的运行机制，包括名师工作室从无到有到优的运行流程以及保障其可持续运行的动力、整合、激励、控制、保障等机制。第六章探讨名师工作室对教师专业发展的作用，这是名师工作室的"初心"，名师工作室不仅对工作室成员的专业发展有促进作用，对主持人、导师等其他主体也有重要意义，这是名师工作室能够持续运行的核心动力。第七章描绘高品质名师工作室的样态，为名师工作室的高质量发展提供了方向。第八章、第九章，回到现实，分析名师工作室目前存在的主体、管理、运行、可持续发展等方面问题，提出具体的改进策略。第十章，畅想未来，基于"互联网+"背景对当前名师工作室进行反思，构建了互联网+背景下名师工作室的新样态：信息化教师专业学习共同体。

目前关于名师工作室的著作主要以名师工作室个案研究或工作室案例汇编为主，还没有相关著作对名师工作室的相关理论进行系统梳理，本书试图填补这一空白。

本书可以帮助名师工作室主持人更加全面深刻地认识名师工作室，不仅提供一些名师工作室的建设"工具"和理想样态的参考，也梳理出目前名师工作室出现的现实问题，有助于主持人"防患于未然"；可以帮助名师工作室成员了解自身在名师工作室的地位和作用，应秉持何种态度参与名师工作室，在名师工作室中可以参与哪些样式的活动，如何在名师工作室中实现最大化的成长；可以帮助名师工作室导师更好地了解名师工作室在运行发展中需要得到什么样的指导，思考在各种样态下、在不同的活动方式中，如何发挥自己的优势与长处，同时通过名师工作室获得自身的成长；可以帮助名师工作室行政管理部门更全面地认识名师工作室，思考其管理范围和管理"紧松"程度，了解什么样的行政支持才是名师工作室真正需要的，什么样的政策能够真正促进名师工作室的持续高质量发展。由于本人的学术研究能力尚浅，研究中还存在许多需要完善的地方，吾将上下而求索，保持热爱，继续前行。

本书的完成得到了我的博士生导师广州大学蔡辰梅教授的指导，得到了海南师范大学继续教育学院院长陈福祥、原院长符永雄、原书记陈闻得、海南省教育研究培训院院长孙自强以及海南师范大学继续教育学院、教师教育学院诸多同事的大力支持，尤其得到了既是硕士同门又是同事的许萍茵老师的诸多帮助，她不厌其烦地为帮我收集大量材料，提供数据。在此致以真诚的谢意。

还要感谢海南省中学卓越教师工作室的各位主持人和成员，感谢他们让我以研究者的身份参与工作室活动，提供大量工作室材料，腾出宝贵时间参与访谈。在此期间，许多主持人与我成为真挚的朋友，对我吐露心声，让我看到了工作室真正的"问题"，他们还一直鼓励我要把此项有意义的研究坚持做下去。如果没有他们的肯定和支持，就没有这本书的完成。

目 录

第一章 理论基础 …………………………………………………… 001
  一、教师专业学习共同体相关理论 ………………………………… 001
    （一）教师专业学习共同体的缘起 ……………………………… 001
    （二）教师专业学习共同体的内涵 ……………………………… 002
    （三）教师专业学习共同体的特质 ……………………………… 008
  二、教师专业发展相关理论 ………………………………………… 011
    （一）教师专业发展的概念 ……………………………………… 011
    （二）教师专业化的概念及其与教师专业发展的区别 ………… 013
    （三）教师专业发展的特点 ……………………………………… 016
    （四）教师专业发展的内容 ……………………………………… 018
    （五）教师专业发展的阶段 ……………………………………… 019
    （六）教师专业发展的过程 ……………………………………… 021
    （七）教师专业发展的途径 ……………………………………… 024

第二章 名师工作室的内涵、性质与特征 …………………………… 028
  一、名师工作室的内涵 ……………………………………………… 028
    （一）名师 ………………………………………………………… 028
    （二）工作室 ……………………………………………………… 030
    （三）名师工作室 ………………………………………………… 031
    （四）名师工作室与其他教师研修组织的区别与联系 ………… 034

二、名师工作室的性质 ········· 036
（一）实践性 ········· 036
（二）专业性 ········· 037
（三）异质性 ········· 037
（四）开放性 ········· 038
（五）合作性 ········· 038
（六）跨域性 ········· 039
（七）归属性 ········· 040

三、名师工作室的特征 ········· 040
（一）共同的目标、价值观和愿景 ········· 040
（二）高度的自愿性 ········· 041
（三）共享的专业知识和实践经验 ········· 041
（四）反思性对话和集体探究 ········· 042
（五）民主的决策与管理 ········· 042

第三章 名师工作室的构成要素与功能 ········· 044

一、名师工作室的构成要素 ········· 044
（一）学习主体 ········· 044
（二）共享愿景 ········· 062
（三）共同领导 ········· 067
（四）支持性条件 ········· 068
（五）学习资源 ········· 069
（六）学习规范 ········· 070

二、名师工作室的功能 ········· 073
（一）教师专业发展功能 ········· 073
（二）教学主张凝练与推广功能 ········· 076
（三）学生发展功能 ········· 077
（四）教师专业自主提升功能 ········· 077

####### （五）教育研究功能 …… 078
####### （六）引领辐射功能 …… 079
####### （七）区域协调功能 …… 080
####### （八）教师培训范例功能 …… 081

第四章　名师工作室的活动样态 …… 086
一、聚焦课堂教学实践的活动样态 …… 086
####### （一）名师教学示范 …… 086
####### （二）课堂诊断 …… 088
####### （三）集体备课 …… 092
####### （四）同课异构 …… 094
####### （五）课例研修 …… 097

二、聚焦开放共享的活动样态 …… 101
####### （一）专题讲座 …… 101
####### （二）名著阅读 …… 101
####### （三）专题研讨 …… 103
####### （四）名校访学 …… 105
####### （五）网络研修 …… 108

三、聚焦任务驱动的活动样态 …… 110
####### （一）制定职业生涯规划 …… 110
####### （二）微课制作 …… 111
####### （三）专题研究 …… 112
####### （四）送教下乡 …… 114

第五章　名师工作室的运行机制 …… 116
一、名师工作室的运行流程 …… 116
二、名师工作室的运行机制 …… 119
####### （一）动力机制 …… 119
####### （二）整合机制 …… 122

（三）激励机制 …………………………………………………… 124

　　（四）控制机制 …………………………………………………… 126

　　（五）保障机制 …………………………………………………… 128

第六章　名师工作室与教师专业发展 …………………………………… 130

　一、工作室成员的专业发展 ………………………………………… 130

　　（一）知识积淀 …………………………………………………… 130

　　（二）技能提高 …………………………………………………… 136

　　（三）专业精神形成 ……………………………………………… 143

　二、工作室主持人的专业发展 ……………………………………… 152

　　（一）增强教育使命感 …………………………………………… 152

　　（二）提升专业能力 ……………………………………………… 152

　　（三）实现教学相长 ……………………………………………… 153

　　（四）提高综合能力 ……………………………………………… 154

　三、工作室导师的专业发展 ………………………………………… 154

　　（一）增强服务基础教育的责任感 ……………………………… 154

　　（二）密切与基础教育的联系 …………………………………… 155

　　（三）提升专业能力 ……………………………………………… 156

第七章　高品质名师工作室的样态 ……………………………………… 158

　一、理论上有探索、有建树，构建了独特的话语体系 …………… 158

　二、活动上有定式、有创新，形成了自己独有的活动范式 ……… 159

　　（一）活动有范式，创品牌 ……………………………………… 159

　　（二）活动有创新，求实效 ……………………………………… 161

　三、涉及领域不断拓宽，具备研究姿态 …………………………… 162

　　（一）研究走向纵深 ……………………………………………… 162

　　（二）研究走向融合 ……………………………………………… 162

　四、坚持学生第一，关注全面发展 ………………………………… 163

　五、外塑形象，内修成果，富有生命活力 ………………………… 164

（一）鲜明的文化符号 …………………………………………… 164
　　（二）利用专业知识主动践行社会责任 ………………………… 164
　　（三）杰出的教研成果 …………………………………………… 166
　六、形成成长梯队，成就名师风范 …………………………………… 167
　　（一）成员的培养要实现全面化 ………………………………… 167
　　（二）探索新路，壮大队伍 ……………………………………… 168
　　（三）协同育人，扩大能量辐射 ………………………………… 168
　七、善于造势，扩大自身影响力 ……………………………………… 170
　　（一）积极参加、举办、承办全省乃至全国性的教研活动 …… 170
　　（二）争取申报更高层次平台 …………………………………… 170
　　（三）善于利用媒介加强宣传 …………………………………… 170

第八章　名师工作室存在的问题 …………………………………… 172
　一、主持人方面 ………………………………………………………… 172
　　（一）遴选缺乏科学标准 ………………………………………… 172
　　（二）缺乏综合能力培训 ………………………………………… 173
　　（三）独占运转话语权现象突出 ………………………………… 174
　　（四）远离教学一线 ……………………………………………… 176
　　（五）辐射力有限 ………………………………………………… 176
　　（六）合作意识薄弱 ……………………………………………… 178
　二、工作室成员方面 …………………………………………………… 179
　　（一）遴选缺乏科学依据 ………………………………………… 179
　　（二）成员专业发展动力不足 …………………………………… 180
　三、工作室管理方面 …………………………………………………… 181
　　（一）工作室地区和专业分布不均衡 …………………………… 181
　　（二）辐射作用被"窄化" ……………………………………… 181
　　（三）"非官非民"，定位不清 ………………………………… 182
　　（四）工学矛盾突出 ……………………………………………… 182

（五）评估乏力，科学性不强 …………………………………… 183
　　（六）经费保障不足 …………………………………………… 185
　四、工作室运行与可持续发展方面 ………………………………… 186
　　（一）成员多元有差异，内部发展不均衡 …………………… 186
　　（二）开放性不够，"鱼塘效应"日益凸显 …………………… 187
　　（三）部分工作室进入发展"瓶颈期" ………………………… 188

第九章　名师工作室的建设策略 ……………………………………… 189
　一、主持人方面 ……………………………………………………… 189
　　（一）构建基于教师领导者角色的名师工作室主持人遴选指标
　　　　　体系及遴选方式 ……………………………………… 189
　　（二）系统设计名师工作室主持人能力提升培训 …………… 193
　　（三）突出工作室主持人领导力评价 ………………………… 194
　　（四）发挥主持人组织者作用，完善内部运行制度 ………… 195
　二、工作室成员方面 ………………………………………………… 196
　　（一）树立正确的成员遴选价值取向 ………………………… 196
　　（二）构建科学的成员遴选价值标准 ………………………… 197
　　（三）建立科学系统的成员遴选制度 ………………………… 198
　　（四）优化成员的遴选方式 …………………………………… 199
　　（五）加强入选成员积极型人格与专业认同水平提升的培养
　　　　　机制建设 ……………………………………………… 201
　　（六）帮助成员预防和克服懈怠现象 ………………………… 202
　三、工作室管理方面 ………………………………………………… 205
　　（一）统筹规划，引导名师工作室均衡发展 ………………… 205
　　（二）完善工作室发展支持服务体系 ………………………… 206
　　（三）明确主体责任，加强制度保障 ………………………… 206
　　（四）管理部门做好外部条件保障 …………………………… 207
　　（五）建立科学的考评制度，明确考评标准 ………………… 208

目录

  （六）优化多级管理，兼顾制度与情感 …………………………… 208

 四、工作室运行与可持续发展方面 …………………………………… 209

  （一）整合四方利益需求 ……………………………………………… 209

  （二）优化名师工作室的内部建设机制与过程 ……………………… 209

  （三）营造合作文化，建设学习群体 ………………………………… 218

  （四）强化教学反思，打造群体品牌 ………………………………… 218

  （五）培养教师领袖，提升领导能力 ………………………………… 219

第十章 "互联网+"背景下名师工作室的新样态：信息化教师专业学习共同体 …………………………………………… 221

 一、原样态：传统的教师专业学习共同体 …………………………… 222

 二、问题："互联网+"背景下名师工作室的检视 …………………… 223

  （一）重线下培训，轻线上培训 ……………………………………… 223

  （二）工作室主持人的信息化教师培训专业能力有待提高 ………… 223

  （三）对专业化信息技术运用不充分 ………………………………… 224

 三、新样态：信息化教师专业学习共同体 …………………………… 225

  （一）培训价值取向注重以师为本+个性化 ………………………… 225

  （二）增加教师培训者、信息技术专家两类支持者 ………………… 226

  （三）对线上线下研修进行一体化设计 ……………………………… 227

  （四）采用混合研修的学习模式 ……………………………………… 227

  （五）搭建现实仿真、虚拟现实的两类培训场景 …………………… 228

  （六）借助互联网环境进行随时随地的互动分享 …………………… 229

  （七）对学员进行多维精准的评价 …………………………………… 229

  （八）建立"数据化+全视角"的成员专业成长档案 ……………… 230

参考文献 ……………………………………………………………………… 232

附1 教育部"国培计划"中小学名师领航工程吴爱姣中学英语名师工作室/海南省吴爱姣中学英语卓越教师工作室2019年—2021三年发展规划 ………………………………………………………… 236

附2 海南省黄金玉中学语文卓越教师工作室三年建设方案 ………… 248

附3 基于核心素养的教学评一体化教学设计——"超重和失重" … 256

附4 海南省陈素梅中学物理卓越教师工作室宣传册 ………………… 264

附5 海南省施琼英中学美术卓越教师工作室宣传册 ………………… 279

第一章

理论基础

一、教师专业学习共同体相关理论

（一）教师专业学习共同体的缘起

20世纪90年代末以来，国际基础教育改革主要集中在提升教师素质和提高教师学习效能两个突破口。学者们普遍认同教师只有自身主动学习才能真正提升全面素质，"教师学习"成为基础教育的关注点。另外，学者们开始从教师所处的文化、环境来研究教师专业发展问题，注重运用宏观整体的视角来探究。社会学中共同体相关理论发展迅速，"教师专业发展""教师学习"与"共同体"相结合，为教师专业发展找到动力和途径，教师专业发展有了新的主流范式。我们可以从教师专业发展的价值取向变化和实践现状来追溯教师专业学习共同体的缘起。

教师专业发展的价值取向经历了三次变化，从"知识技能取向"到"实践反思取向"再到"生态取向"。"知识技能取向"认为教师的教学的目的是将预设的知识和价值观"复制"给学生，这一阶段教师的专业发展主要关注教师的知识储备、教学技能的规范性等。"实践反思取向"认为教师专业发展的关键在于教师对自身实践的反思和理解，这一阶段教师的专业发展主要关注的是教师"在实践中的知识"，也就是实践性知识、缄默知识。"生态取向"运用整体、系统、关系的生态哲学相关理论，从整体的、系统的、关系的视角关注教师专业发展，强调关注其所处的宏观环境和互动关系，更注重教师专业发展的"合作""文化""环境"等。

三种不同的价值取向实质上反映了影响教师专业发展的三种因素：知识和技能、实践和反思、合作互动和环境浸润，由此教师的专业发展不仅需要知识、技能的培训,而且需要对教育实践持续的体验、反思和研究,还需要环境的影响、同行的合作互助等。基于价值取向的变化,教师培养培训的理念也发生了从"培训"到"学习"的嬗变,教师专业发展从"客体"转为"主体"。

美国教育学家拉尔夫·泰勒(Ralph W. Tyler)早在20世纪60年代就指出,教师的发展最重要的就是教师的学习,单纯依靠"外力"对教师能力提升的作用是较小的。加拿大学者迈克尔·富兰(Michael Fullan)在2000年指出,教育改革发展的关键在于教师的发展,教师发展的关键在于教师的专业学习,目前的培训存在着针对性和实效性不足等问题。2004年,美国学者芬韦克(Fenwick)通过研究指出,教师专业发展出现两个重要的转变趋势:一是试图以"教师终身学习"来代替"教师专业发展";二是从注重教师个体学习转向通过学习共同体来促进教师学习。2004年7月,国际教育教学委员会(ICET)大会的主题确定为"教师即学习者:构建专业发展的共同体"。2005年6月,美国教学与未来国家委员会(NCTAF)推出《导入学习共同体》,提出教师专业发展的路径不是个体化,而是依托学习共同体。经济合作与发展组织(OECD)发表了25国教育政策议题的报告《教师问题:吸引、发展和留住优质教师》,该报告提出教师的专业发展不是依靠在师范院校学习期间的课程中获得专业理解,而是在参与和实践中学习,即在教学工作过程中的专业提升,因为教师的专业素养是一种根植于教学情境的实践表现。2007年,美国科学院、美国工程院和美国医学科学院的执行机构——美国国家研究理事会(NRC)发表报告《推进教师专业发展:信息技术的潜在用途》,提出通过在线联机的工作坊活动提升教师专业素养,有经验的教师、研究者、课程与信息技术开发者、专业发展专家、州教育决策者、基金代表一起参与其中,享有相应的权利和承担相应的责任,形成一个具有"创造差异"的学习共同体,以构建一系列富有弹性的、满足不同学科和类型的教师的专业模式。目前,美国、加拿大、澳大利亚等国成立了"全国教师学习发展研究中心""教师学习领导小组"等机构,这些机构比较注重教师学习的主动性、持续性、终身性、合作性等。

(二)教师专业学习共同体的内涵

对教师专业学习共同体概念进行厘定,首先要厘清专业、学习、共同体的概念。

1. 专业

何为专业，社会学研究就成熟专业所具有的特性有大致共识，认为主要包括四个方面：专业知识基础——技术性文化；利他主义的服务理想——满足服务者需求的责任和道德；强烈的集体认同——同业人员的团体；对实践和专业标准的共享权力——专业自主。就教师是否能称为专业，学界并未达成共识，存在不同理论取向的差异，主要有：社会学理论取向——教师专业化，强调教育并非一个成熟专业或准专业问题，教育学理论——教师专业发展，强调发展是教师专业的一种常态，更关注教师的专业知识和能力的提高。1996 年，第 45 届国际教育大会以"加强在变化着的世界中的教师的作用之教育"为主题，再次强调教师在社会变革中的作用，主要通过给予教师更多的自主权和责任提高教师的专业地位；通过个人素质提高和在职培训提升教师的专业性，保证教师参与教育改革以及与社会各界保持合作关系。因此，教师专业地位的提升关键在于教师个人素质提高和在职培训，归根到底，在于教师通过不断学习来构建扎实的专业知识基础。

2. 学习

随着"终身学习"概念的推广，教师作为学习者成为必然趋势。探讨教师作为学习者这一现象，可以从"成人学习"和"教师学习"两个层面入手。从"成人学习"视角来看，教师是成人，教师学习应属于成人学习。格拉（Clathorn，1990）指出成人所需的学习机会应具个人意义，要能与其日常实践有所联系，能提供可行的策略和可见的成效，并且是能让学习者主动参与的机会。斯迈利（Smylie，1995）在回顾成人学习相关理论的基础上，归纳出成人在工作中进行学习的元素：多元化、具有挑战性的自主学习活动，提供集体学习的机会，鼓励同伴学习，提供持续的合作学习和工作的机会。从"教师学习"的视角来看，教师学习理论的发展与教师发展的理论演进紧密相连，同样体现着由以经验为本的教师学习理论向实践为本、立足情境的脉络化教师学习理论的转移。贝尔和格里布里（Bell & Gillbrert，1996）将教师发展视为一种学习，其中包括教师的专业发展、社会发展和个人发展。

随着对成人学习和教师学习的深入，学者们越来越深刻地认识到，教师是一个主动的学习者，教师在教学实践和专业活动中，通过自主的学习，不断建构知识。可见，要促进教师的学习，关键在于创造能够激发教师主动学习的学习环境，由此，学习环境的创设成为学者们关注的焦点。斯迈利在研究社会学理论、偶发性学习理论和组织社会化学习理论的基础上，提出教师学习环境的特征主要有：教师合作；共享的权力和权威；组织目标明确并有回馈机制；工作与学习的融合；在学习过程中有获得外援的途径。在关注教师学习环境创设的过程中，共同体概念随之受到关注。学者们发现共同体在教师专业学习过程中发挥着多重作用，包括提供反思实践研究的方法、材料；能够有效减少教师职业倦怠，提升教师应对教育改革压力的能力，减少教师职业发展的孤独和迷茫；能够创设合作、互助、高效、包容的学习场域。

3. 共同体

工业化背景下，整个社会中传统群体逐渐衰落，新型组织逐渐兴起。德国社会学家滕尼斯（Tonnies）在社会学经典著作《共同体与社会》中对共同体与社会做了划分。他认为，共同体是受"本质意志"的驱使，以强烈的情感精神为特征，由合作、习俗和宗教构成，在情感、依恋等自然感情意志的基础上形成的、联系密切的有机群体，其典型表现为家庭、村落和小镇等群体。在其后的研究中，共同体一般有两种含义：一种是指共同拥有一个确定的物质空间或地理区域的群体（小区），如邻里、城市、村庄等，一种是指具有共同特质、归属感，并且或者维持着形成社会实体的社会联系和社会互动的群体，如种族共同体、宗教共同体、学术或专业共同体。滕尼斯对于共同体与社会概念的深刻划分，启发涂尔干（Durkheim）提出了"机械"团结与"有机"团结这一对互补且对立的概念。韦伯（Weber）则在此基础上进一步细化了共同体化与社会化之间的微妙差异，他独具匠心地将"共同体—社会"构想为一种理想类型，旨在揭示：共同体与社会的根本区别，并非源于其外在的社会结合机制或方式，而是深深植根于参与者的内在主观体验与情感联结之中。韦伯的见解，不仅丰富了我们对共同体与社会之间界限的理解，更强调了主观感受在界定这两种社会形态中的重要性。这一视角的转换，使我们能够更加深刻地感知到，无论紧密相依的共同体还是广阔多元的社会，其本质特征均蕴含在成员们内心的归属感、认同感以及相互间的互动模式之中。"在个别场合内，平均状况下或者在纯粹模式里，如果社会行为取向的基础，是参与者主观感受到的（感情的或传统的）共同属于一个整体的感觉，则该社会关系,就应当称为'共同体'。"[1]

从传统共同体向传统社会的历史发展,造就"共同体社会"理想类型的出现。随着"现代性"概念的发展,以及后现代社会的诞生,传统和现代的直接的二元并置逐渐不再是受关注的焦点,取而代之的是一个分为三阶段的社会变革概念,从传统到(简单)现代化到自反性现代化。社会学家吉登斯(Giddens)巧妙地以"亲密关系"的构建为镜,深刻剖析了共同体的形成轨迹。他论述道,这一过程始于个体鲜明的"我就是我"的独立意识,这是任何共同体萌芽的起点。随后,通过深入而民主的对话交流,不同个体间逐渐寻找并建立起共同的理解与价值观,这一过程促进了共享意义的诞生。正是这份共享意义,如同纽带一般,将原本孤立的个体紧密相连,共同迈向"我们"这一集体身份的认同。在此转变中,"共同体"不仅作为一种组织形式应运而生,更成为个性化与集体性相互滋养、共同进化的沃土。吉登斯强调,真正的个性化并非孤立存在,而是在与共同体的互动中得以丰富和深化;同时,共同体也因容纳了多元而独特的个性而充满活力与创造力。因此,个性化与共同体之间形成了一种动态平衡、相互促进的发展态势,共同绘制出一幅既多彩又和谐的社会图景。

在当今后现代的语境之下,共同体的概念被赋予了更为丰富而深刻的内涵。它不仅延续了滕尼斯时代所强调的集体归属感与共享意义作为基石,这些共享的意义构筑了共同体形成的稳固基础;同时,也鲜明地凸显了个体价值以及个体之间民主对话的重要性,二者共同构成了共同体存在与发展的前提与不竭源泉。在这一过程中,共同体不再仅仅被视为一种静态的社会结构或状态,而是转变为一个充满活力的动态过程,其核心在于个体与集体之间相互作用、相互成就的互动发展。这种互动不仅促进了个体在共同体中的自我实现与成长,也推动了共同体整体向更加和谐、多元与包容的方向发展。

4. 教师专业学习共同体

1997年,美国学者谢利·霍德(Shirley Hord)首次明确提出教师专业学习共同体(Professional Learning Communities,PLC)这一概念。教师专业学习共同体是教师自发组织的,以提高教师专业能力和促进教师专业发展为根本

---

[1] [德]马克斯·韦伯:《社会学的基本概念》,胡景北译,上海人民出版社2005年版,第65~66页。

宗旨，积极尝试多种学习形式，注重成员之间的经验资源共享，实现互促共进的教师学习型组织（或者团体）[1]。通过对专业、学习、共同体三个概念的分析，可以得出：教师专业需要知识基础，需要不断学习来提升专业性，专业同样需要集体认同，需要一群同为教师身份的个体组成共同体；教师学习需要专业目标，需要专业学习提高教育教学技能，教师学习同样需要支持的学习环境，需要一个提供反思实践、合作分享的共同体作为学习平台；而共同体需要集体的归属和共享意义，需要以专业为基础的集体认同，共同体同样需要个体彰显和个体对话，需要个体的自我学习提供共享意义的源泉，以及集体中的学习需要提供创建对话和归属的过程。教师专业学习共同体构建了一个温馨而充满活力的场域，为成员们打造了一个既能寻求即时帮助、促进互惠互信、又能享受个性化专业发展支持的场所。这一共同体有效地驱散了教师职业中常有的孤独感阴霾，通过强化彼此间的联系与合作，极大地推动了教师的专业成长与进步，进而实现了教育教学质量的显著提升。

值得注意的是，教师专业学习共同体并非单一形态的存在，而是可根据不同的分类维度和标准，展现出多样化的类型。根据依托平台的不同，教师专业学习共同体可以划分为实体的和虚拟的教师专业学习共同体两种类型，也就是传统的线下教师专业学习共同体和网络环境下的线上学习共同体。根据组成成员即教师所教专业（或者学科）的不同，教师专业学习共同体可以划分为同学科教师专业学习共同体和跨学科教师专业学习共同体。根据研究问题的不同，教师专业学习共同体可以划分为基础性、专业型、研究型的教师专业学习共同体三种类型。实际上，大部分的教师专业学习共同体都不是孤立存在的，它们可能同时归属于两个或者更多的类型，这在客观上对教师专业学习共同体的发展也提出了更高的要求。

教师专业学习共同体蕴含着双重深刻内涵，首先，它始终追求共同发展的目标。在这一愿景的引领下，所有参与者携手并进，投身于持续的学习与合作之中，不断提升个人专业素养，这一进程不仅滋养了每一位成员的成长之路，更推动了整个学习共同体的蓬勃发展，最终惠及学生，促进他们的全面发展。其次，学习与合作构成了教师专业学习共同体良性运转的坚固基石。

---

[1] 魏会廷：《教师学习共同体：促进教师专业发展的新途径》，武汉大学出版社2014年版，第41页。

在充满民主与平等的环境中，每位成员都是不可或缺的一部分，他们相互尊重，积极交流，乐于分享宝贵的经验与智慧，并通过协同工作、相互扶持，共同承担起推动共同体前进的责任。在这样一个坚实的支撑体系下，成员们不仅共享学习资源，更在情感、体验与观念的层面上进行深刻的交流与碰撞，通过对话促进反思，协作完成具有挑战性的学习任务。这一系列互动不仅加深了成员间的了解与信任，更在无形中构建起一种强烈的共同体意识，让每位成员都能深刻感受到归属与认同，从而更加紧密地团结在一起。我国学者宋萑认为，教师专业学习共同体的特质包括七个方面：共享的使命、愿景、价值和目标，共享和支持性领导，集体分享式探究、学习和行动，共享的个人实践，持续改善的长远计划与研究为本的决策，支持性条件，拓展的共同体。[1]

　　关于教师专业学习共同体的含义目前没有一个确定的表征，但研究者有共鸣之处，即都把社会关系作为教师知识和学习生成的基础，认为教师专业学习共同体是社会交往的产物，是在教师个体和社会交互的过程中产生的，这应是"教师专业学习共同体"的应有之义。为更好地理解与研究本书的研究对象——名师工作室，本书将教师专业学习共同体界定为：助学者和学习者基于共同的愿景以及对所属团体的归属感而组织起来的，以学习为核心，以共同领导为基础，以教育实践为载体，以共同学习、研讨为形式，通过合作性、持续性、反思性的学习提升教师教学实践的学习型组织。

　　教师专业学习共同体是有着共同愿景的教师自愿构建的学习型组织，它以共享领导为基础，由支持性条件做保障，在平等民主的氛围中进行集体的学习和实践，注重分享和反思。教师专业学习共同体是教师专业发展过程中建立起来的，具有相同的目标，共同参与专业发展的计划、实施和反思。在此共同体中，学习发生于行动中，专业智慧被广泛散布，知识通过社会性的途径建构出来。我们可以清晰地辨识出一系列共同要素，例如共同的目标追求、协作学习的精神、实践探索的场域，以及个人专业素养的持续提升等。本书所探讨的教师专业学习共同体，以教师个体及团队的专业成长为终极目标，将丰富的教育实践作为坚实基石，通过共同学习与深入研讨的形式，让

---

〔1〕 宋萑：《校本教师发展与教师专业学习共同体的建构》，载《集美大学学报（教育科学版）》2007年第1期，第37~42页。

每一位教师的专业智慧得以广泛传播与交融。在这个共同体中，学习不再是个体的孤军奋战，而是社会化的知识创造过程。教师们利用社会化的途径，共同构建出知识体系。这一过程不仅加快了教师团队整体能力的提升，也促进了教师个体在专业道路上的飞跃式成长。

学习共同体汇聚了学习者与多元化的助学者群体，包括资深教师、行业专家，以及专业的辅导者等，形成了一个紧密协作、充满活力的学习社群。在这个社群中，成员们频繁地进行沟通与交流，无私地分享各类学习资源，携手完成具有挑战性的学习任务。这种紧密的合作不仅加深了成员之间的相互理解和信任，更在无形中构建了一种积极向上的相互激励、共同进步的良好氛围。

（三）教师专业学习共同体的特质

1. 共享的价值观和共同愿景

共享的价值观构成了学习共同体成员行为规范的基石，它们不仅指引着教学相长的决策过程，还促进了成员间和谐互动氛围的形成。共同愿景，这一由教师专业学习共同体全体成员携手构建、深度认同并共同秉持的清晰蓝图，如同磁石般吸引着每位成员，赋予他们一种超越个体的感召力，让每位成员都能深切感受到归属与使命的力量。在共享价值观与共同愿景的引导下，成员间建立起理解与信任的桥梁，携手并进，为实现共享目标而不懈努力。这一过程不仅激发了每位成员内在的凝聚力与驱动力，更催生了成员无限的创造力，塑造了成员勇于革新、锐意进取的精神风貌。它鼓励每一位教师超越常规，敢于挑战，以饱满的热情和坚定的信念，推动教育实践的持续进步。构建教师专业学习共同体的共同愿景，并非简单地遵照管理层的预设目标，而是需要摒弃那种可能导致被动遵从而非主动奉献的愿景模式。相反，它要求共同体成员主动参与愿景的塑造，确保这一愿景能够真正反映并融合每位成员的个人追求与梦想，实现"我中有你，你中有我"的深度融合。教师专业学习共同体中的每位教师都将共同体的宏伟目标与个人的职业愿景紧密相连，使之相互渗透、相互成就。通过这一过程，不仅强化了共同体的整体力量，也促进了每位教师个人潜能的充分释放与成长。

教师的个人愿景，其深远意义远不止于为教师个人生涯增添光彩，使教师的一生对他人、学校乃至社会有积极贡献，更深刻地关乎教师内心深处那份作为教育者的尊严感、需求满足与自我价值的实现。在个人专业成长的道路上，这一愿景双轨并行：一方面，它引领教师追求并实现其人生价值的最大化，即在教书育人的道路上留下坚实的足迹；另一方面，它促使教师探索并彰显其独特的人格价值，将每一次教学活动视为一场心灵的修行，一种对生命境界的不懈追求与深刻体验，这正是教师个人愿景中涌动的不竭生命力所在。同时，个人愿景的勃勃生机又反哺于教师的专业发展，滋养着学生，推动他们全面而健康地成长，最终成长为社会的栋梁之材。这一过程，正是教师共同愿景的生动体现——为了学生的成人成才而共同努力，携手前行。因此，共同愿景是构建教师专业学习共同体不可或缺的内容，它不仅是推动教师专业发展的动力，更是点燃教师内心激情与希望的火种。在这一愿景的指引下，教师们将个人工作视为追求人生价值与人格价值的途径，学校则化身为他们展现生命活力、实现教育梦想的璀璨舞台。

2. 参与组织的自发性

我们传统观念中的教师合作组织，往往根植于行政指令之下，其构建与参与均带有一定的强制性。这类组织确实展现出了行动迅捷、目标清晰、组织架构严谨等特点，确保了高效的运作与执行力。然而，由于缺乏教师群体的自发性与主动参与，教师合作组织不可避免地面临教师积极性、主动性不足、持续性发展艰难的挑战，其活动效果自然也难以达成预期目标。

相比之下，教师专业学习共同体则以一种截然不同的面貌出现，它建立在成员间对共同愿景的高度认同之上，强调教师参与的自愿性与自发性。这一模式有别于单纯依赖行政命令的做法，转而鼓励教师们出于共同的教育理想和目标，自愿自发地投身于共同体的各项活动之中。在这里，教师们勇于公开讨论教学难题，慷慨分享个人在教学实践中积累的宝贵经验，并真诚地相互帮助，共同解决彼此面临的问题。这些积极互动与深度交流的实现，并非依赖于外部的奖惩机制，而是源自教师内心深处的驱动力与对教育的热爱。共同体鼓励教师们自由探索自己感兴趣的教育议题，通过内在的激情与动力，推动团队不断向前发展。因此，可以说，正是这份对教育事业主动的崇高追求与共同愿景的紧密凝聚，才铸就了一支有更高追求与精神力量的卓越教师团队。

3. 共享的教育专业知识和实践经验

知识领域分为显性知识与隐性知识两大范畴。在教师的教育教学实践中，这两类知识相辅相成，共同构筑起"教师知识"。其中，显性知识以其明确、规范的特点，为教师提供了清晰的教学指南；而隐性知识蕴含着丰富且难以言明的智慧与经验，往往更为深刻地影响着教学效果。在教师专业学习共同体中，教师个人的宝贵经验不再仅仅局限于个人，而是与学习共同体的每一位成员共享。这种共享不仅促进了知识的流通与增值，更激发了教师之间的深度交流与合作，促使他们共同探索教育问题，携手提升教学质量。在这个过程中，每位教师都成为知识的传播者与创造者。

教师专业学习共同体在运行过程中，把个人的隐性知识，尤其是名师的隐性知识，通过整理、规范和融合，形成教师专业学习共同体中的显性知识，然后再通过整合和内化转换为教师专业学习共同体中其他个人的隐性知识，借助知识由隐性—显性—隐性的不断转换过程，教师的专业知识得到共享，教师专业学习共同体的所有成员的能力得到提升和发展。

在教师专业知识共享的过程中，教师专业学习共同体成员不仅能获得知识，还能获得教学实践智慧。通过互相观课、反馈、发问、阐释、辩驳、沟通等方法来达成对于一个问题的共识，帮助成员获得实践智慧。基于教学实践，同行之间进行相互中肯的评价、及时的反馈和有效的分享，这为提高教师个人和团队能力奠定了很好的基础。[1]通过个人实践非私有化，实现教学经验分享和协助教学改善，促进学生改善和提高组织的能力。

4. 经常性的反思

在教师专业学习共同体中，反思是经常性、常态化的。反思是教师专业成长的源泉，"反思型"教师秉持着对课本教材的"创生取向"，他们不仅构建全面而坚实的学科知识体系，更擅长在教学中进行深刻的自我审视与总结；不仅细致入微地审视自己的教学目标、教学行为及教学流程的每一个环节，还勇于跳出日常教学的框架和情景束缚，对教育的本质、价值等宏观议题展开深邃的哲学思考。这些思考逐渐沉淀、反复酝酿，最终凝聚成教师独有的实践性智慧。在教师专业学习共同体中，成员通过个人的反思日记、观摩课心得、教育故事或者集体的课前备课、行动研究、信件交流、教师晤谈、参与观察等方式进行经常性、常态化的反思。

5. 支持性条件

教师专业学习共同体的支持性条件包括软件条件和硬件条件，软件条件

---

[1] 刘浏：《群体动力学视角下体育教师学习共同体研究》，南京师范大学2021年硕士学位论文。

包括领导支持、制度支持，硬件条件包括经费支持、场地支持、设备支持等。教师专业学习共同体建立的一个重要条件是行政领导和学校领导的支持，领导不再是行政赋权的领导，而是共同体的促进者，其通过民主管理，支持教师专业学习共同体的运行。在这里领导者的角色已悄然蜕变，不再仅仅局限于行政权力的赋予者，而是转型为教育共同体的积极促进者与催化剂。他们通过实施民主管理策略，精心构建并全力支持教师专业学习共同体的蓬勃运转。在这一过程中，领导者不仅鼓励开放沟通、尊重多元声音，还致力于营造一个充满信任与协作的环境，让每位教师都能在其中自由交流、相互学习、共同成长。制度组织、资源的支持，包括共同体的大小、共享的空间、实践空间的安排、交流系统，以及学校各类硬件、技术及人力的支持，都是教师专业学习共同体运行的基本保障。

二、教师专业发展相关理论

（一）教师专业发展的概念

教育的发展依赖于教师质量的提升，教师的专业发展是教师质量提升的必然要求，是教育纵深发展的决定性因素。教师专业发展经过近 40 年的理论研究和实践探索，成为世界各国学者共同关注的问题和国际教师教育发展的热点，相关研究不断深入与完善，同时关于教师专业发展的相关政策也陆续发布。

1966 年，国际劳工组织（ILO）和联合国教科文组织（UNESCO）发布《关于教师地位的建议》，提出要把教育工作者视为专门的职业。[1]1996 年，联合国教科文组织第 45 届国际教育大会通过了 9 项建议，其中第七项建议就是"专业化：作为改善教师地位和工作条件的策略"。[2]20 世纪 90 年代以来，教师专业被世界许多国家尤其是发达国家纳入政策之中。例如，美国卡耐基教育促进会和霍姆斯协会于 1986 年发表《国家为培养 21 世纪的教师作准备》和《明天的教师》，明确提出教学专业发展的概念，主张确立教师的专业地位，培养教师达到专业化的标准，以教师的专业化来实现教学的专业化。20 世纪 90 年代，英国政府从战略角度来促进教师专业发展，提出了以学校为

---

[1] 张贵新：《对教师专业化的理念、现实与未来的探讨》，载《外国教育研究》2002 年第 2 期，第 50~55 页。

[2] 任伟伟：《教师专业化的理性思考》，载《教书育人》2003 年第 8 期，第 31~33 页。

中心培训初任教师的计划，要求大学与中小学建立联系，实行以学校为基地的教师培养模式，允许学校安排资深教师指导师范生，师范生考核合格的可获得合格教师证书。

国外学者关于教师专业发展内涵的界定主要有：哈格里夫斯和富拉恩（Hargreaves & Fullan，1992）主张从不同取向的层面来分析教师发展，包括教师发展可以从知识与技能的发展、自我发展、社会生态转变三个方面来理解，[1]这三种取向各有利弊，都能在一定程度上促进教师发展。哈格里夫斯（Hargreaves，1995）认为，教师专业发展不仅应包括知识、技能等技术性维度，还应该广泛考虑道德、政治和情感的维度。戴（Day，1999）综合众多学者的观点，提出教师专业发展包含所有自然的学习经验和有意识组织的各种活动，这些经验和活动直接或者间接地让个体、团体或学校受益，进而能提高课堂的教育质量。伊文思（Evans，2002）提出教师发展最基本的是态度上和功能上的发展，态度上的发展包含知识性发展和动机性发展，功能上的发展体现为程序性发展和生产性发展。[2]

我国于1994年1月1日实施《教师法》，明确规定"教师是履行教育教学职责的专业人员"，这是我国第一次从法律的角度确认教师的专业地位，并从社会分工角度对教师这一专门职业提出专业性要求。1995年，我国建立并逐步开始实施教师资格制度，这为教师的专业发展提供了有利条件。信息时代给教师带来了新知识、新技术、新任务、新挑战，同时也为教师专业发展创造了越来越多的条件。教育改革与发展要求教师成为教育的实践者、研究者和创新者，实质是要求教师专业发展。

我国关于教师专业发展内涵的代表性观点有：叶澜教授认为，教师的专业成长或教师内在专业结构不断更新、演进和丰富的过程就是教师专业发展[3]。唐玉光教授认为，教师作为教育教学专业人员，要经历一个由不成熟到相对成熟的发展历程，教师专业发展的空间是无限的，发展内涵是多层面、多领域的，既包括知识的积累、技能的娴熟、能力的提高，也涵盖态度的转变、情谊

---

[1]《教师专业发展的概念》，载 http://www.worlduc.com/blog2012.aspx?bid=23150650.2，2024年8月20日访问。

[2]《教师专业发展的概念》，载 http://www.worlduc.com/blog2012.aspx?bid=23150650.2，2024年8月20日访问。

[3] 叶澜等：《教师角色与教师发展新探》，教育科学出版社2001年版，第199~345页。

的升华。[1]朱玉东教授认为，教师专业发展是教师在专业素质方面不断成长并追求成熟的过程，是教师专业信念、专业知识、专业能力、专业情谊等不断更新、演进和完善的过程，将贯穿整个职业生涯。[2]朱新卓教授认为，教师专业发展是教师以包括知识、技能和情谊等专业素质的提高与完善为基础的专业成长与成熟的过程，是由非专业人员转向专业人员的过程。[3]有学者从两个层面对教师专业发展进行归纳，一方面强调教育教学过程中教师的自我觉醒意识，认识到教师是履行教育教学工作的专职人员，有特定的行为准则和高度的自主性，需要对教师进行长期的培养，另一方面是指如何增进教师专业化，提高教师职业素养的过程。[4]教师专业发展不仅仅是时间的延续，更是教师素养的形成与发展过程，即教师的职业追求信仰、需要、职业能力的发展变化过程。

综上所述，教师专业发展是一个贯穿教师职业生涯始终的深化与升华过程，它不仅是教师持续性地识别、剖析并解决教育实践中遇到的问题的循环往复，也是一个全面塑造教师综合能力的系统工程，涵盖了专业知识的深化、专业技能的锤炼、专业素养的提升，以及专业情感的培育、专业精神的升华。这一历程，本质上是教师自我驱动、自我超越、追求卓越的内在旅程，它以教师的个人成长为核心导向，旨在实现教师的专业化成长与成熟，通过不断提升教师的知识储备、技能掌握、教育信念、职业态度与情感投入等核心素质，构建教师个体专业领域内持续动态且贯穿终身的发展状态。

在这一过程中，教师作为发展的主体，其主观能动性得到极致发挥，不仅促进了个人价值的最大化实现，也为教育事业贡献了不可或缺的力量。为了实现专业成长这一崇高目标，教师需要保持终身学习的热情，勇于自我反思，不断探索教育的新理念、新方法，从而不断拓宽专业视野，深化专业理解，提升专业能力，最终达到专业成熟。

(二) 教师专业化的概念及其与教师专业发展的区别

1. 教师专业化的概念

从中西方的研究来看，不同学者对教师专业化、教师专业发展都有混用

---

[1]《教师专业发展的概念》，载 http://www.worlduc.com/blog2012.aspx？bid=23150650.2，2024年8月20日访问。

[2] 朱玉东：《反思与教师的专业发展》，载《教育科学研究》2003年第11期，第26~28页。

[3] 朱新卓：《"教师专业发展观"批判》，载《教育理论与实践》2002年第8期，第32~36页。

[4] 李瑛：《我国教师专业发展研究综述》，载《巢湖学院学报》2006年第5期，第151~155页。

的现象，因此在此对这两个概念进行简要对比。

要深入且准确地把握教师专业化这一概念，首先要清晰界定"专业"的本质内涵。"专业"与"职业"是两个紧密相连而又有所区别的概念。职业，通常指的是人们为了生计而从事的、能够获得经济报酬的工作范畴，它涵盖了社会生活中广泛多样的劳动岗位。不同领域学者对专业的理解有所差异，哲学家怀特海（Whitehead）认为，专业是一种行业，其活动有理论的基础、科学的研究，可以验证，并且能从理论分析与科学验证中积累知识来促进这个行业的活动。社会学家卡·桑德斯（K. Saunders）认为，专业是指一群人从事一种需要专业技术的职业，这种职业需要特殊的智力来培养和完成，其目的在于提供专门性的社会服务。教育界人士认为，专业是"通过特殊的教育或训练掌握了业经证实的认识（科学或高深的知识），具有一定的基础理论的特殊技能，从而按照来自特定的大多数公民自发表达出的具体要求，从事具体的服务、工作，借以为全社会利益效力的职业"，"是以对本行的工作有特殊的专业知识和判断力为基本特征的，并且专业人员由于其专业知识和判断力受到社会的尊重，在工作中具有较多的自主权（《国家为培养21世纪的教师作准备》，1986）"。[1]

从不同的定义可以看出，尽管学者群体对于"专业"这一概念的理解呈现出多元化的视角，但普遍共识在于，专业承载着高度的专门化职能及其伴随的一系列独特属性。这些核心特征鲜明地勾勒出"专业"的轮廓，主要包括以下四个方面：首先，专业人员的选拔与培养过程极为严谨，需历经精挑细选与系统的专业训练。这一过程确保了专业人员不仅具备扎实的专业基础，还能在实践中展现出卓越的能力与素养。其次，专业人员所掌握的知识体系既系统又全面，它超越了单纯的技术训练范畴，融合了深厚的专业理论与广泛的实践知识。这种综合性的知识结构为专业人员提供了强大的智力支撑与决策依据。再者，专业人员在各自领域内展现出卓越的专业判断力与决策能力。他们能够凭借深厚的专业素养和敏锐的洞察力，在复杂多变的环境中作出精准有效的判断与决策，引领行业发展方向。最后，专业人员享有一定的专业自主权。这种自主权不仅体现在对专业领域内事务的自主管理与决策上，

---

[1] 陈琴、庞丽娟、许晓晖：《论教师专业化》，载《高等师范教育研究》2002年第6期，第38~42页。

更体现在对专业标准、伦理规范的坚守与维护上。它赋予了专业人员高度的责任感与使命感，激励他们不断追求卓越，为行业进步贡献力量。

专业化，这一概念深刻地涵盖了两个层面：一是指某一领域内从业人员持续精进，逐步达到该行业专业标准的动态演变过程；二则是这一过程中，从业人员蜕变成为具备高度专业素养的专业人员的静态成果展现。当我们以专业化的视角聚焦教师行业时，便形成了教师专业化这一特定范畴。它是指教师在历经严谨的专业训练（涵盖职前准备与职后深造）及持续不断地自主学习后，逐步成长为符合教师专业标准的专业人员的动态过程。

这一发展过程，既要求教师个人的不懈努力与主动探索，也离不开外部环境的精心构建与支持。这包括构建系统的职前教育体系，提供丰富的在职培训机会与资源，以及建立专业的组织或团体，共同为教师的专业成长铺设坚实的基石。另外，教师专业发展，作为这一过程的静态结果，标志着教师从职业成为一个专业，获得社会的高度认可，而教师本人也作为专业人员受到社会的广泛尊重。

因此，教师专业化不仅是教师教育领域的一项核心任务与过程，更是教师教育不懈追求的目标。在推动教师专业化发展的过程中，我们必须认识到，仅依靠教师个人的自我提升或是单纯优化外部环境是不够的。唯有将二者紧密结合，形成内外联动、相互促进的良性循环，才能真正激发教师的内在潜能，加速其专业成长的步伐，最终实现教师职业的整体飞跃。

2. 教师专业化与教师专业发展的区别

分析相关文献可发现，学者对于"教师专业发展"与"教师专业化"的关系有四种不同的观点，分别为同义、不同义、包含、相辅相成四种关系。第一种观点认为"教师专业化"就是"教师专业发展"，也就是"教师专业发展就是教师专业化的过程"。第二种观点鲜明地区分了"教师专业化"与"教师专业发展"这两个概念，并指出它们各自聚焦不同的核心重点。具体而言，教师专业化强调的是一个宏观层面的进程，它侧重教师职业作为一个整体向高度专业化方向迈进的历程。这一过程强调通过外部机制与标准，如专业资格认证、教育体系改革等，来提升教师群体的专业素养与外在形象，旨在构建并维护教师职业的专业地位与声望。而教师专业发展，则是一个更为微观且个体化的成长轨迹。它描绘的是每一位教师从初出茅庐、经验尚浅的新手阶段，逐步蜕变为技艺精湛、学识渊博的专家型教师的过程。这一过程深刻体现了教师个体在专业领域内的不懈追求与持续进步,涵盖了知识体系的更新与拓展、教学技能的精进与创新,以及职业理想、职业道德、职业情感与社会责任感的日益成熟与升华。也有的学者认为教师专业化体现的是一种教育思想或思潮、一种教育制度以及一种教育改革运动,而教师专业发展包含着一个教师的成长过程,是一个具体的实践过程[1]。第三种观点认为"教师专业化"包含着"教师专业发展",认为专业化可划分为两个维度:地位的改善与实践的改进。前者作为满足一个专业性职业的制度,进而从地位方面要求的过程,关注的是教师作为一个职业,在多大程度上获得了作为专业性职业的地位问题。后者作为通过改善实践者的知识和能力来改进所提供服务的质量的过程,关注的是教师在实施教育行为时使用了多少专业知识技术问题,地位的改善尽管因社会而有所不同,但一般包括强化分界、提高学历要求、建立自我管理团体等要素,后者的专业化实际上等于专业发展。第四种观点认为"教师专业化"与"教师专业发展"是相辅相成的,教师专业化制度的建立及教师专业化运动的发展为教师专业发展提供了保证,只有教师职业更加专门化,才能使教师专业发展得到更大更好的提高;而教师专业水平的显著提升,将成为推动教师专业化进程不可或缺的强劲动力,二者相辅相成,共同促进教师职业向更高层次的专业化方向发展。

(三)教师专业发展的特点

第一,教师专业发展的终身性。教师的专业发展贯穿教师职业发展的全过程,既包括职前的院校培养教育阶段,也包括走上工作岗位后的阶段性发展阶段,且主要阶段是进入工作岗位后的发展阶段。同时,教师专业发展应当深深植根于终身学习的核心理念之中。教师需秉持不懈求知的态度,持续参与进修与深入研究,以确保其教学知识与能力能够紧跟时代步伐,精准对接并超越时代对教育的新要求。

第二,教师专业发展的自主性。教师专业发展的自主性是其持续进步与提升的前提和基础。这一自主性不仅体现在课程设计、教学活动规划以及教材选择的灵活性与创新性上,更是激发教师内在发展动力的关键所在。教师需具备高度的专业发展意识,如此方能自觉主动地寻求成长契机,将外部环

---

[1] 魏会廷:《教师学习共同体:促进教师专业发展的新途径》,武汉大学出版社2014年版,第13页。

境的激励与自身发展需求紧密结合，将外界影响转化为推动个人专业成长的强大动力。为了充分发挥教师的专业发展自主性，应构建一套完善的政策与制度体系，从而激励教师实现自我控制、自我引导与自我超越。

第三，教师专业发展的阶段性。教师专业发展的轨迹展现出鲜明的阶段性特征，既有激流勇进、蓬勃发展的黄金时期，也不乏暂时性的停滞、低潮与挑战重重的瓶颈阶段。每个阶段都是教师成长道路上不可或缺的组成部分，它们共同塑造了教师职业生涯的丰富多彩与深刻内涵。学者们也提出各种不同的教师专业发展阶段，研究教师的专业发展阶段，这既有助于教师制定个人的专业发展计划和目标，也为教师提供了相应阶段的支持和帮助。

第四，教师专业发展的情境性。美国学者特拉弗斯（Travers）认为，教师角色的最终塑造必须在实践环境中进行，表明教师专业发展的知识和能力必须与教学实践、教学情境相联系，是在教学情境中通过个人经验和教学反思感悟而获得的。在纷繁复杂的教学情境中，教师需时刻保持一颗自省之心，不断深化对自身教育教学理念与行为模式的审视与反思。通过持续的自我审视与批判性思维，教师不断重构与优化自身的教育理念与教学策略，实现自我超越与持续成长。这一过程不仅提升了教师的专业素养与教学能力，更为学生的全面发展与终身学习奠定了坚实的基础。

第五，教师专业发展的合作性。教师专业成长的道路，是一条需要广泛合作与交流的征途。在这一旅程中，教师不仅需要与志同道合的同行携手并进，共同探索教育的奥秘，还需与学校管理层紧密配合，共同构建支持性强的专业发展环境。同时，家长的积极参与也不可或缺，他们作为教育的重要伙伴，能为教师的专业成长提供宝贵的视角与反馈。通过参与丰富多样的合作性活动，如研讨会、工作坊、观课议课以及网络学习平台等，教师之间能够建立起一种相互尊重、相互学习的合作文化，这有助于促进教师的专业发展。

第六，教师专业发展的多样性。教师的工作，既涵盖了知识与技能的精准传授，也融入了师生间深刻而温馨的情感交流，更承载了对学生价值观的精心塑造。这一工作的多维度特性，直接映射出教师专业结构的复杂性与深度。因此，教师的专业发展也呈现出多样化的特点。它要求教师不仅要不断提升自身的学科素养与教学技能，还要关注学生的心理发展、情感需求以及价值观的引导。这种全面而深入的专业发展路径，确保了教师能够全方位地成长，为学生的全面发展奠定了坚实的基础。

（四）教师专业发展的内容

1. 知识的视角

有学者（Sprinthall, Reiman, Thies-Sprinthall, 1996；Elbaz, 1993）指出，教师发展的知识应该借鉴哲学家瑞尔（Ryle, 1984）关于知识的分类，即关于什么的知识（knowledge about）和关于怎样的知识（knowledge how to），教师发展的知识也应该包括这两种知识的学习和建构。因此，伯利纳（Berliner, 1986）认为教师应掌握学科知识和有关课堂组织管理的知识两类知识。舒尔曼（Schurman, 2004）通过进一步细分知识，将教师专业发展的知识分为七个范畴：①学科知识；②一般教育知识；③课程知识；④学科教育知识；⑤关于学生及其特性的知识；⑥教育背景知识；⑦教育目的、价值、哲学和历史基础知识。[1]

玛丽琳·科克伦-史密斯和苏珊·莱特尔（Marilyn Cochran-Smith & Susan Lytle, 1999）从教师学习的角度来说明教师发展的内容，主张教师学习有三个愿景（三种知识）：为实践的知识（knowledge for practice）、在实践中的知识（knowledge in practice）、实践的知识（knowledge on practice）。戴和萨克斯（Day & Sachs, 2004）在三种知识的基础上，认为教师发展的知识还应包括有关自我的知识，也就是有关自我（包括情感）的教育，即教师在参与对他们的价值、目标、情感和关系的定期反思中形成的知识。

从知识的角度分析教师发展的内容，能够细致深入地分析教师的专业知识基础，便于以其为标准或参考来指导、细化教师发展的活动。但存在着将教师发展窄化为知识和技能的发展的问题（Hargreaves & Fullan, 1992），因此不少学者开始从个人的整体发展视角来分析教师发展的内容。

2. 个人发展的视角

佩里（Perry, 1980）认为，"教师专业发展包含更多的内容，它意味着教师已经成长为一个超出技能的范围而有艺术的表现……教师专业发展意味着教师个人在专业生活中的成长"。因此，教师发展的内容不仅仅是知识和技能的提升，还有重要的智慧的生成、情感的投入和道德反思的成分。有学者从教师作为一个完整的人的发展角度认为教师是自我理解的教师，要将教师"提升为自

---

[1] 徐斌艳：《教师专业发展的多元途径》，上海教育出版社2008年版，第2~3页。

主和反思的人"（Noddings & Enright，1993）。哈格里夫斯（Hargreaves，1995）指出教师发展仅仅局限于知识和技能的发展，忽视了教师作为一个完整的人在其他方面的发展，由此指出教师发展应包括知识和技能的发展、道德的发展、政治的发展、情感的发展四个方面。部分学者（Hargreaves & Fullan，1992；Evans，2002；OECD，1998）在论述教师发展的概念时，都指出教师发展要侧重教师的全面发展，包括观念、态度、智慧、智性和知识的提升。

斯普里塔尔、雷曼（Sprinthall & Reiman，1996）在总结前人的研究成果的基础上，指出教师发展作为一种个人的发展，可分为认知的复杂性、自我发展、道德与伦理的发展三个范畴，具体包括：概念程序——理性程序和思考技巧；自我意识或自我发展——自我知识；道德与伦理判断；人际关系进阶；审美发展进阶；社会性发展。

我国学者魏会廷认为，教师专业发展应兼顾认知、技能、情意各方面的成长，因此教师专业发展包括知识系统（文化知识、学科知识、教育教学知识、个人实践知识）、教育实践能力（语言表达能力、组织能力、学科教学能力等）和教育研究能力、积极情感和高尚人格，其中知识系统是教师专业发展的基础，教育实践能力是教师专业能力中的核心内容，积极情感和高尚人格是教师专业活动和行为的动力系统。[1]

3. 生态的视角

哈格里夫斯和富拉恩（Hargreaves & Fullan，1992）认为教师发展的第三种取向是社会生态转变的发展，生态转变的教师发展也就是从系统的角度来考察教师发展的内容，指出教师的发展不仅要寻求教师知识技能、自我理解的发展，更要寻求教师发展土壤的培育。因此，教师发展的内容不仅涉及个人，还涉及群体、组织、脉络等，是整个教师发展生态的转变。古斯克（Guthke，1995）认为教师专业发展应该在个人发展和组织发展中寻求一种平衡。休伯曼（Huberman，1995）、戴（Day，1999）、舒尔曼（Schurman，2004）等学者在论述教师发展时，也同样提到群体、组织、脉络等发展内容。

（五）教师专业发展的阶段

美国杰出学者富勒（Fuller）率先将目光投向了教师专业发展的阶段性探

---

[1] 魏会廷：《教师学习共同体：促进教师专业发展的新途径》，武汉大学出版社2014年版，第9页。

索，这一领域的研究经历了循序渐进、日益精细化的演变历程。从整体视角审视，学术界普遍达成共识，即将教师的职前教育培养与在职期间的持续成长视为一个紧密相连、不可分割的连续体。在这一连续发展的过程中，教师会经历多个不同的阶段，每个阶段均伴随着其专业能力的逐步提升、特定发展需求的显现、心理状态的变化以及教育信念的深化与重塑。关于教师专业发展阶段的理论主要有"关注"阶段论、教师职业生命周期阶段论、综合阶段论。

1. "关注"阶段论

富勒以其独特的视角，提出了影响深远的"关注"阶段论。这一理论勾勒出教师职业生涯初期至成熟期的关注问题重点的不同，将教师专业发展划分为四个紧密相连的阶段。

第一阶段：任前关注阶段，也就是职前培养阶段。此阶段，教师尚处于师范教育阶段，对未来教师角色的认知多停留在想象层面。他们满怀憧憬却缺乏实战经验，更多地聚焦自我观察与对前辈教师的细致观察。那些对上课老师的观察，实则是对教师身份的一种无意识模拟与内化。

第二阶段：早期求生存阶段。老师踏入教学领域的门槛，这一阶段，他们面临的首要挑战是生存与适应。如何驾驭课堂、赢得学生的喜爱以及应对外界的种种评价，成为他们的主要关注点。这个阶段生活的重担与职业的新奇交织在一起，让这段旅程既充满挑战也饱含压力。

第三阶段：关注教学情境阶段。随着教学经验的逐渐累积，教师们开始步入一个全新的境界——关注教学情境本身。他们不再仅仅局限于个人的生存与适应，而是将更多的心力倾注于如何高效地完成教学任务，追求教学技艺的不断精进。然而，这一阶段也可能伴随着对学生个体需求的一定忽视，教师更多地聚焦教学目标的实现。

第四阶段：关注学生的阶段。教师深谙教学之道后，他们会自然而然地迈向一个更高的境界——关注学生的全面发展。在这个阶段，教师不再仅仅是知识的传授者，更是学生心灵的引路人。他们开始深刻意识到，教育的本质在于促进学生的全面成长。因此，他们以实际行动关注学生的学习、社会需求及情感变化，将学生的成长视为自己职业生涯中最关注的问题。

2. 教师职业生命周期阶段论

教师职业生命周期阶段论则为我们提供了另一个视角。这一理论将教师的职业发展置于生命自然衰老的背景下进行审视，通过不同学者提出的多种模型，展现了教师职业生涯的多样性与复杂性。从伯顿（Burton）的三阶段论（求生存、调整到成熟），到费斯勒（Fesler）、司德菲（Steffy）、休伯曼等人的教师职业周期动态模式（Fesler, Steffy & Huberman, 1985）（职前教育阶段、入职阶段、能力形成阶段、热心和成长阶段、职业受挫阶段、稳定和停滞阶段、职业低落阶段、职业退出阶段），再到休伯曼的教师职业周期主题模式（Huberman, 1993）［入职期（求生与发展期）、稳定期、实验和歧变期、重新估价期、平静和关系疏远期、保守和抱怨期、退休期］，每一种模型都试图捕捉并诠释教师在不同职业发展阶段的挑战与成长轨迹。这些理论不仅丰富了我们对教师专业发展的理解，更为教师教育实践提供了宝贵的参考。

3. 综合阶段论

利斯伍德（Lislewood）、贝尔、格里布里特等学者认为从不同侧面展示教师专业发展的过程视野比较局限，应综合地展示教师专业发展的复杂过程。贝尔与格里布里特认为教师专业发展有确认与渴望变革、重新建构、获得能力三种情形。利斯伍德认为，教师专业发展是一个多维发展的过程，专业技能发展、心理发展和职业周期发展三个维度既相互独立，又相互依赖，有着密切的联系。

（六）教师专业发展的过程

学者主要从宏观层面（教师生涯发展的过程）和微观层面（教师改变）两个方面来探讨教师专业发展的过程。其中微观层面主要聚焦教师的具体学习和改变的过程，尤其信念、态度与实践的改变问题。

有学者认为信念和态度的改变会引发实践和行为的改变，如图1-1所示。

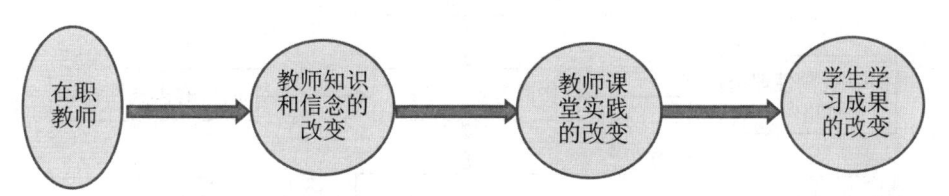

在职教师 → 教师知识和信念的改变 → 教师课堂实践的改变 → 学生学习成果的改变

图1-1 教师改变过程——模式一（Clarke & Hollingsworth, 2002）

麦肯齐和杜比尔（MaKenzie & Turbill, 1999）也提出，教师发展是一个过程，学生学习结果需要一段时间才能显现出来，教师的信念、理解和实践发生变化以后，学生学习才会发生改变，学习文化对这些改变有显著影响。库尼（Cooney, 2001）认为信念的改变或超前或同时于教师行为的改变。

有学者（Fullan，1982）对模式一提出了疑问，认为教师的改变并非模式一的预设。古斯基（Guskey，1986）认为，教师信念和态度的改变是看到学生的学习成果之后才发生的，如图1-2。

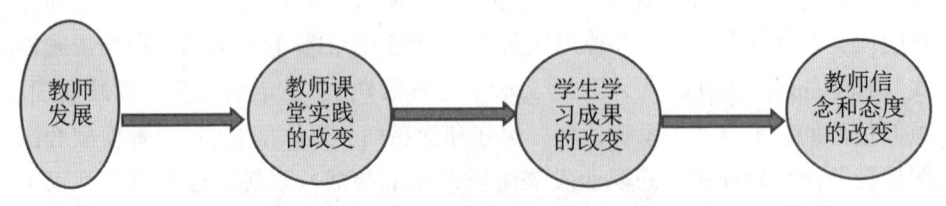

```
教师发展 → 教师课堂实践的改变 → 学生学习成果的改变 → 教师信念和态度的改变
```

图1-2　教师改变过程——模式二（Guskey，1986）

科布、伍德和亚克尔（Cobb，Wood & Yackel，1990）也强调在课堂脉络中寻求改变，关注教师"认知冲突"的作用。约翰逊和欧文（Johnson & Owen，1986）提出教师改变的过程包括一系列的阶段，包括认可、精致化、再检查、革新和更新。

戴（Day，1999）认为教师专业发展的过程的主干是一个分阶段的发展过程，但过程中也有其他因素的参与，如图1-3。

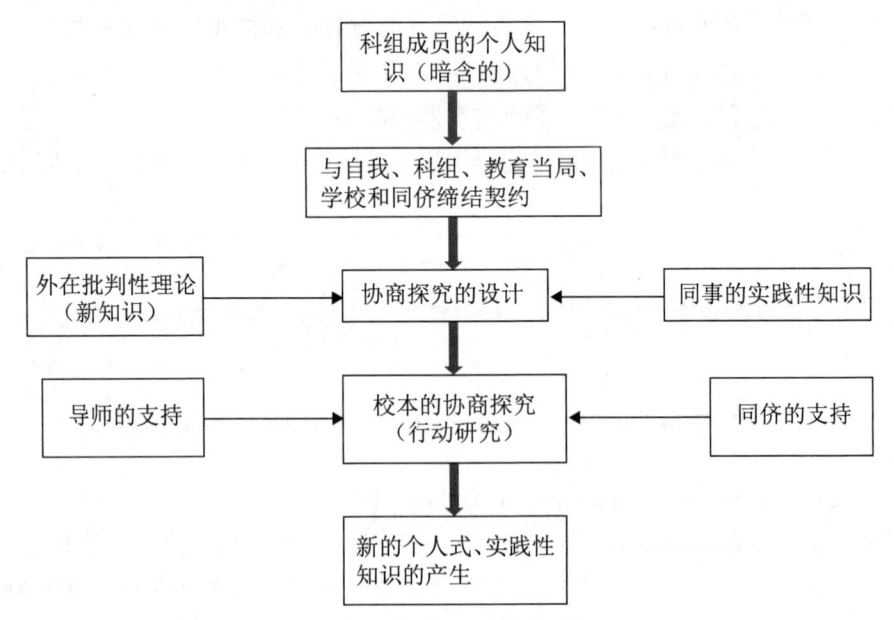

```
                    科组成员的个人知识（暗含的）
                              ↓
                    与自我、科组、教育当局、
                    学校和同侪缔结契约
                              ↓
外在批判性理论  →    协商探究的设计    ←  同事的实践性知识
（新知识）
                              ↓
导师的支持    →    校本的协商探究      ←  同侪的支持
                    （行动研究）
                              ↓
                    新的个人式、实践性
                    知识的产生
```

图1-3　在职教师专业发展过程的模式（Day，1999）

第一章 理论基础

克拉克和皮特（Clarke & Peter，1993）认为教师发展的过程应纳入更多元的参与因素，打破教师发展过程的线性思维模式，教师的改变受个体、外部、实践和结果四个领域的影响，这四个领域通过教师的创生和反思而联结在一起，形成一个教师改变的复杂系统（Clarke & Hollingsworth，2002），建构了一种循环互动模式，[1]如图1-4。

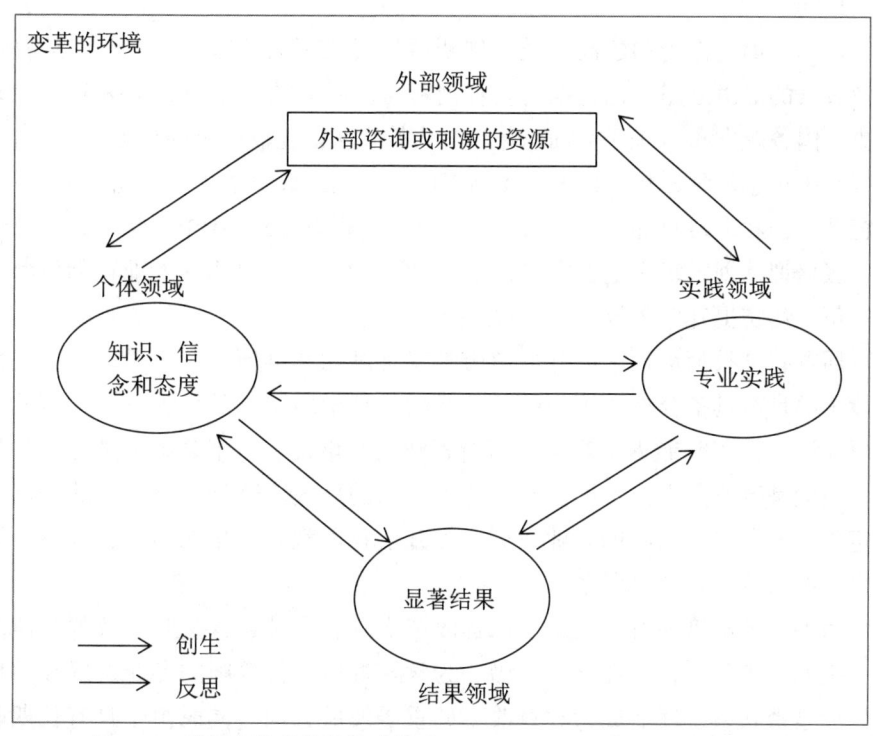

图1-4 教师专业成长的互动模式（Clarke & Hollingsworth，2002）

互动模式将教师发展的个体层面与组织层面联结起来，变革的环境与外部的领域是教师发展历程中的重要组成，尤其强调组织文化与教师发展之间的关系。互动模式巧妙地架起了教师发展个体层面与组织层面之间的桥梁，实现了二者的无缝对接与相互促进。在这一过程中，变革的环境与外部领域作为不可或缺的要素，深刻影响着教师发展的轨迹，组织文化与教师发展之

---

[1] 刘径言：《教师课程领导学校场域与专业基质的个案研究》，东北师范大学2011年博士学位论文。

间的紧密联系被置于了显著位置，强调了积极向上的组织文化对于激发教师潜能、促进专业成长所起到的至关重要的作用。基于互动模式，我国学者宋萑认为教师发展的概念是指，教师在直接学习、在学校中学习、在学校外学习、在课堂中学习四类专业发展活动的平台上，在知识层面中的互动型发展[1]。

（七）教师专业发展的途径

1. 教师培训

教师培训，作为构建高素质、创新型师资队伍的关键一环，不仅是教师专业成长的必由之路，也是推动教育创新与发展的核心动力。2018年，中共中央、国务院发布《关于全面深化新时代教师队伍建设改革的意见》，提出全面提高中小学教师质量，建设一支高素质专业化的教师队伍。为此，2019年，教育部办公厅、财政部办公厅联合发布《关于做好2019年中小学幼儿园教师国家级培训计划组织实施工作的通知》，明确培养造就高素质专业化创新型教师队伍，切实提升广大教师立德树人能力。

回顾我国教师培训，可分为学历教育阶段和非学历教育阶段。学历教育阶段主要是对具备合格学历的教师进行的提高学历层次的培训。非学历教育阶段强调教育实践能力提升，包括新教师入职培训、骨干教师培训等。各类培训一般是政府主导，受训学员被选派参加的形式。这种自上而下的培训在一定程度上促进了教师的专业发展，提升了我国教师队伍的质量，也逐步探索出了中国特色教师培训之路。

另外，校本培训由于立足于课程改革实际、学校自身实际、教师个体实际，也就是基于学校、在学校中做、为学校发展，将教师的专业发展和学校的发展紧密联系，逐渐成为教育改革的重要发展方向。同时由于具有长期联系性、实践性、灵活性、经济性，也得到了世界其他国家的关注和重视。例如英国，其不仅在教师的在职进修中采用校本培训的模式，职前培养和入职培训也以校本为主，以中小学为基地，实现教师培训、校本培训一体化。我国教育部在1999年印发的《关于实施"中小学教师继续教育工程"的意见》中明确指出"中小学是教师继续教育的重要基地……各中小学校都要制定本校教师培训计划，建立教师培训档案，组织多种形式的校本培训"。

---

[1] 宋萑：《教师专业共同体研究》，北京师范大学出版社2015年版，第38页。

2. 教育研究

随着时代的演进与教育需求的多元化，教师的角色从传统的"传道、授业、解惑"之单一职能，扩展为教育活动的全面组织者、精心设计者及深度学习合作者。这一转型深刻要求教师的专业发展必须是一个持续不断、自我驱动的过程。单纯作为"学习者"已难以满足教育变革的新要求，教师更需主动拥抱"教师即研究者"的理念，通过对教育实践的深刻反思、积极研究与持续优化，实现自我超越。

从内在驱动力的角度审视，教师成为研究者是其职业生涯不可或缺的成长阶梯。首先，实践性知识的积累是教师发展的重要因素，这类知识深植于具体的教学情境中，具有高度的个性化、情境依赖性及探索性，教师唯有通过自我实践、深入反思与不断训练，方能真正掌握并灵活运用。因此，成为研究者是教师深化职业理解、提升教学效能的必由之路。其次，学者型、专家型教师的成长轨迹清晰指向研究型教师的定位。这一历程涵盖了从学科知识掌握到教学技能精通，再到教育教学规律探索的层层递进。研究者拥有的特质——探索精神、理性思维、反思习惯及科学分析方法，正是优秀教师向教育专家迈进的关键素养。最后，教师教育信念的形成要求教师是研究者。教育信念是支配教育者教育行为的内驱力，是使得教师的平凡工作得以升华、变得更富价值的关键，是教师专业发展的最高境界。其形成非一朝一夕之功，它源于教师对教育理论的深刻领悟，对教育实践的审慎反思，以及对教育理想的执着追求。这一过程要求教师像研究者一样，勇于质疑、勤于探索、敢于创新，从而凝练出独特而坚定的教育哲学。

从教师专业发展的外部条件来看，第一，时代要求"教师即研究者"。随着时代的发展和科学技术的进步，新知识不断涌现，促使教师要不断进行知识结构的更新，因此要求老师必须具有终身学习的观念和浓厚的科研意识。第二，校本课程的开发、实践要求"教师是反思实践者"。三级课程的实施将课程开发的权力下放给学校和老师，老师不再仅仅是课程被动的实施者，而在一定意义上成为课程的设计者、研究者。这就要求教师以研究者的角色进入课堂教学实践，运用相关理论和科研方法对自己的教育实践进行多层次、多角度、多学科的分析和解释，并发现问题，改进不足。第三，教师职业的创造性本质呼唤着"教师即研究者"的角色定位。教育工作绝非简单的知识传递，而是富有创造性的工作。它要求教师不仅精通多学科知识，还需敏锐洞察不同情境下知识的应用形态，灵活运用多样化的教学手段，以满足不同学生的学习需求。在这一过程中，教师需引导学生在知识海洋中作出明智的判断、选择、取舍，甚至进行知识的创新组合与转化，同时激发学生的问题意识，培养他们发现问题、提出问题并独立解决问题的能力。为此，教师需深入研究自己所传授的知识体系及其内在逻辑，不断探索和优化知识的传递策略与路径，深入研究学生的学习规律，理解他们的学习风格与需求，以及如何将知识、方法与价值观融合，促进学生的全面发展。教师作为研究者的身份，是其职业创造性得以充分发挥的关键所在。第四，新知识观要求"教师即研究者"。新知识观认为，知识是人们进行思维的原料，教学是通过思维系统的知识来增进人的自由，挖掘人的创造力，因此知识在教育过程中发挥作用的重要机制在于理解。教师的教学实践与学生的学习过程，本质上是一个携手共创新知的生动历程。在这个过程中，教师唯有具备研究者的视角与素养，才能胜任建构性知识教学的重任，有能力且充满自信地设计一系列开放式的、鼓励师生合作与学生自主探究的学习情境，帮助学生去发现、组织和管理知识。

3. 自我实践反思

自我实践反思是教师在教育教学实践的过程中对自我行为及其背后理念的深刻审视与批判性思考。在这一过程，教师通过回顾过往、精准诊断、自我监控等多元手段，对教学实践中的每一个细节进行细致入微的剖析，对于值得肯定之处，给予正面的强化与鼓励；而对于有待改进之处，则勇于自我否定，深入思索并寻求修正之道，从而在不断的自我完善中，显著提升教学效能。自我实践反思的内容广泛而深刻，它涵盖了知识基础的坚实性、教育理念的先进性、教育行为的恰当性，乃至对反思本身过程的再反思，形成了一个多维度、多层次的反思体系。

自我实践反思的主要特征可概括为：实践性，即反思根植于教学实践，具有鲜明的"行动研究"色彩；针对性，直指教师当前的行为与观念，进行精准剖析；时效性，强调对即时问题的快速响应与解决，加速成长步伐；反省性，体现教师对自我实践的深刻内省，是自我意识的觉醒与升华；过程性，既指反思本身经历的多个阶段，也预示着教师专业成长的长远历程，需经过长年累月的持续修炼，方能成就专家型教师。

4. 构建教师学习共同体

教师专业发展具有开放性和合作性，它不仅是教师的个体行为，也是教师团队的群体行为。[1]因此，教师专业发展必须依赖良好的职业成长环境和群体间的互动氛围，需要一种研修相长的生态环境和良性运行机制。[2]通过群体中成员的对话与合作，运用科学、严谨的态度探讨教育教学规律，从而不断对个人的知识、能力和经验进行有效反思与整合，达到发展自我、提升素养和促进专业发展的目的。[3]在这种形势下，教师专业发展就需要一个学习组织的出现，使教师能参与到组织中进行学习，能充分地利用群体资源，激发个体智慧，并从整体上促进教师专业发展。可以说，教师专业发展需要教师学习共同体，教师学习共同体是应教师专业发展的呼吁而产生的。

教师学习共同体是为实现共同愿景而促进教师在学习、思考与行动中积极互动，不断完善与超越自我的优秀的学习型团队。在这个学习型组织中，教师就共同的话题，围绕教育教学的内容展开对话、进行合作和分享经验，从而实现教师共同发展、共同进步的目标和理念。教师学习共同体关注教师群体的学习，重视对学习"过程"和"结果"的研究，积极创设教师合作氛围，引导教师进行持续学习、分享学习，并将所学应用于教育教学实践。因此，教师学习共同体对教师专业发展具有积极推动作用，其不仅为教师专业发展提供了资源和情感上的支持，也为教师专业发展创设了一个实践、合作、反思的平台，是促进教师专业发展的有效途径之一。

---

[1] 魏会廷：《社会互依理论视阈下的高校教师学习共同体研究》，载《软件导刊（教育技术）》2013年第8期，第46~47页。

[2] 魏会廷：《教师学习共同体：实现教师专业发展的有效途径》，载《继续教育研究》2015年第7期，第83~85页。

[3] 魏会廷：《教师学习共同体：实现教师专业发展的有效途径》，载《继续教育研究》2015年第7期，第83~85页。

第二章

名师工作室的内涵、性质与特征

2002年,教育部颁布的《中小学教师队伍建设"十五"计划》明确提出"培养和造就名师,充分发挥其典型示范和辐射作用,推广其研究成果及成功经验,带动中小学教师队伍整体素质的提高"。为了响应政策号召,2002年,上海市宝山区教育局揭牌成立了18个名师工作室,自此拉开了我国名师工作室建设的序幕。高质量教师是高质量教育发展的中坚力量,《教师教育振兴行动计划(2018—2022年)》提出,组建中小学名师工作室、特级教师流动站、企业导师人才库,充分发挥教研员、学科带头人、特级教师、高技能人才在师范生培养和在职教师常态化研修中的重要作用。《新时代基础教育强师计划》要求聚焦基础教育课程改革的理念、要求和教育教学方法变革,充分发挥名师名校长辐射带动作用,示范引领各地教师全员培训开展。教育部教师工作司中国教师发展基金会《关于公布2022年乡村优秀青年教师培养奖励计划人选的通知》中提出,将入选的乡村优秀青年教师分批纳入名师工作室进行培养。名师的辐射作用越来越受到关注与重视,名师工作室为名师发挥引领示范辐射作用、培养优秀教师搭建了有力平台。名师工作室作为教师培训的新模式,为教师专业发展提供个性化路径,开阔了教师专业发展的新视野,拓宽了教师专业发展的新路径,使得名师工作室名师更著名、骨干教师持续发展、青年教师迅速提升。

一、名师工作室的内涵

名师工作室是一个由"名师"和"工作室"组成的复合概念,要理解"名师工作室"的内涵,首先需要厘清"名师""工作室"的概念。

(一)名师

"名师"一词原指精锐的、著名的军队,是对优良军队的美称。《辞海》

中将"名师"解释为"有名的老师"。随着社会变迁，对名师的要求不断更新，不同学者在讨论"名师"的概念时产生了不同的看法。例如，童富勇和程其云认为，"名师"是指在一定范围内，具有一定的知名度、认可度、影响力，而且专业素质较高的优秀教师。[1]张贤金、陈光明、吴新建认为，"名师"是指那些热爱着教学事业，掌握着教育教学规律，并在教学过程中不断反思、总结，能够有独到见解，形成自身独特教学风格和特色，有人格魅力，在教育领域范围内作出突出贡献，并形成影响力的优秀教师。[2]邓晨、王瑞霞认为，"名师"是指拥有高尚的教育伦理精神、优秀的职业道德品质和先进的教育思想，教学成绩突出，教育科研成果丰硕，而且在社会上拥有影响力和公众知名度的教育工作者。[3]

一般而言，学者们依据对名师特质、使命的不同理解，对名师概念有不同见解。罗潇、刘义兵认为名师的特质分为表面特质和根源特质两个层面，表面特质由根源特质外显而来，表面特质包括丰富的教学经验、卓越的教学成果、崇高的社会评价，根源特质包括坚定的教学信念、良好的师德修养、出众的教育教学能力、较强的行动研究能力。[4]薛剑刚认为名师应具备以下特质：享有相应的"知名度"和"美誉度"；修养德性，有较高的师德水平；现代开放，充满教学智慧；教育教学方法和模式独特，教育教学效果好；善于表达和传播思想；勤奋学习和潜心研究。[5]刘立平认为名师是具有高尚的师德、独特的教学主张、鲜明的教学个性与显著的教学效果，能成为普通教师示范，有"名"又有"实"的优秀教师，能形成稳定的个人教育哲学，提炼独特的教学主张，构建创意的教学个性，在迂回中自主成长、选取合适的经验分享方式。[6]总结各学者的研究，名师具有高尚的师德、鲜明的教育教

---

[1] 童富勇、程其云：《中小学名师专业成长的影响因素分析——基于浙江省221位名师的调查》，载《教育发展研究》2010年第2期，第64~68页。

[2] 张贤金、陈光明、吴新建：《中小学名师培养若干关键性问题的思考与评析》，载《教学与管理》2013年第34期，第24~26页。

[3] 邓晨、王瑞霞：《"名师"与"明师"：教师的存在价值取向》，载《当代教育科学》2017年第11期，第84~86，90页。

[4] 罗潇、刘义兵：《教学名师的内涵及其专业发展特质》，载《教师教育学报》2018年第4期，第1~7页。

[5] 薛剑刚：《关于"名师"内涵的思考》，载《教师》2010年第22期，第98~100页。

[6] 刘立平：《哲学自觉：名师内涵积淀的有效范式》，载《教育理论与实践》2016年第14期，第24~27页。

学主张、显著的教育教学效果、较强的研究能力等共同特征。

本书中的名师工作室的"名师"不仅仅是教学名师，还是工作室的主持人，承担着创建、引领、管理名师工作室的任务，须具备一定的知名度、影响力和组织领导力。因此，本书将名师定义为：在一定区域内的专业教育群体中，师德高尚、教育教学成果显著、教育思想独特、教学主张鲜明、教育改革创新突出、行动研究能力较强、文化底蕴深厚，影响力、知名度、感召力较大，组织领导力、示范性较强的优秀教育工作者。首先，名师具有高尚的道德修养，热爱教育事业，具有职业理想和职业精神；其次，名师具备较高的专业素养和深厚的文化底蕴，有出类拔萃的教育教学能力和高超的教学技能，在教育理论与教育实践中淬炼出独特的思想、信念、技能和造诣，敢于开展教学思想、教学内容、教学方法和教学手段的改革和创新，善于利用科研手段发现并解决教育教学中的实际问题；再次，名师具有丰硕的教育教学成果，是区域内公认的教学名家，在同行、学生、家长中有崇高的威望，得到社会各界广泛的认可和评价，影响力较大；最后，名师具有团体精神和较高的使命感，具备团队合作意识，主动担负起指导教师、推动区域教育改革、质量提升的使命。

（二）工作室

工作室（workshop）是舶来词，在《朗文英汉双解词典》中有两种解释：一是工厂、车间、作坊；二是研讨会、专题讨论会、研习班。车间、作坊都内含学徒制的学习方式，研讨会是就某个专题进行探讨而形成的一种鼓励参与、冲突、交流，并共同寻求解决方案的学习方式。车间与作坊均深植于学徒制的学习传统之中，而研讨会则是一种针对特定专题的深度探讨模式，它倡导参与者的广泛融入，鼓励不同观点的碰撞与交流，旨在通过集体的智慧与努力，共同探索并找到问题的解决方案。这种学习方式不仅促进了知识的传递与创新，还增强了团队协作与解决问题的能力。工作坊由主题和活动构成，确定的主题引导活动的设置，活动的展开围绕主题并完成主题规定的目标。20世纪60年代，美国杰出的风景园林大师劳伦斯·哈普林（Lawrence Halprin）创新性地将工作坊的概念引入城市规划设计领域，并将其转变为一个多元化平台，汇聚了持有各异观点、立场与族群背景的人们。在这个平台上，人们能够自由争论、深入交流、共同探讨并寻求城市问题的创新解决方案。与此同时，工作室模式在西方艺术创作领域早已得到广泛应用，为艺家们提供独立创作与协作探索的灵活空间，普遍存在的工作室诸如摄影工作室、设计工作室、美术工作室等。

国外把教师和工作室相结合，起初称为工作坊，主要涉及研讨会、专题研讨会、研习班等，把工作坊视为一个短期培训或者研讨会。[1]后来工作坊逐渐成为一种教师研修的新型方式，在教师培训中得到普遍应用。英国理查德（Richard）教授认为教师工作坊是提高教师专业发展最普遍、最有效的方法之一，主要是源于兴趣出发、交流经验、检视反思、发展效益、工学结合五个原因。[2]新加坡设立的工作坊是教师相互联系、交流分享经验和心得的重要平台，重在创造一个良好的环境和氛围。国外的工作室中有教师指导官，其与我国名师工作室的主持人在职责功能方面有部分相似之处，但职权更大，官方色彩更浓。在瑞典，教师指导官制度是保障教师深造和提高师资技艺的重要措施。该国共设立2500多名教师指导官，主要负责巡视各地教学工作、指导在职进修和能力提升。[3]

随着"共同体"研究的深入，工作室成为共同体的重要实践方式之一。基于共同体的概念和特质，本书认为工作室是学习主体基于共同的愿景和目标，以提高专业人员专业能力和促进专业人员专业发展为根本宗旨，以学习为核心，以实践为载体，以支持性条件为保障，实现互促共进的教师学习型组织。工作室具有两个突出的特征：一是规模不大，主张"小而精"；二是基于共同的理想、愿望、追求而共同努力。

（三）名师工作室

关于"名师工作室"概念的研究，基于不同的视角各有特色。一些研究者从"名师"这一概念出发，阐述名师工作室的内涵。例如，杨德铸认为名师工作室是以名师领衔，以师生双方共同发展为目的，集教学、科研、培训为一体的学术集体，有利于发挥名师的模范辐射作用，有利于推进地域教育的优质均衡发展，有利于骨干教师队伍建设，遵循"名师领衔、合作共研、资源共享、智慧共生"的原则，实施的战略是团队发展，走的路线是精英化

---

〔1〕刘清堂、张妮、朱姣姣：《教师工作坊中协作知识建构的社会网络分析》，载《中国远程教育》2018年第11期，第61~69、80页。

〔2〕齐婷婷：《小学青年教师专业发展中的关键事件研究及其对教育硕士成长的启示》，浙江师范大学2023年硕士学位论文。

〔3〕雷婧涵：《国外怎样开展教师培训》，载《甘肃教育》2016年第18期，第22页。

路线。[1]一些学者从"共同体"的角度,阐述名师工作室的内涵。有学者认为,名师工作室是在教育行政部门指导下,以名师为引领,以学科为纽带,以研究为核心,集教学、科研、培训等职能于一体的教师合作共同体,旨在搭建促进教师专业发展以及名师自我提升的发展平台。[2]有学者认为,名师工作室学习主体(主持人、成员和学员)在相互支持信任的环境下,为了共同的目标以相互对话交流和沟通的形式在民主的氛围中构建出人际关系和谐的群体。[3]有研究者认为,名师工作室是助学者和学习者基于共同的愿景以及所属团体的归属感而组织起来的,以学习为核心,以共同领导为基础,以教育实践为载体,以共同学习、研讨为形式,通过合作性、持续性、反思性的学习提升教师教学实践的学习型组织。主持人通过名师工作室平台,充分发挥个人的教学智慧,使凝聚在自己身上的优质资源得到有效的传播、辐射,实现以点带线、以线带面、以面带区的作用。[4]有学者认为名师工作室是为解决基层中小学师资队伍建设、名师资源辐射、专项课题研究等问题而专门组织起来的有固定参加人员、有明确活动内容的组织结构,也就是教师基于共同的目标,在专家的组织下,旨在通过对话、合作和分享活动来促进教师专业成长的共同体。[5]有学者认为,名师工作室是由地方教育行政部门组织和管理,用名师姓名或专业特色命名,集教学、科研和培训等职能于一体,由教师自愿参加的合作共同体。[6]

学者们从范畴、过程、运行机制、类型等不同角度来界定名师工作室。从名师工作室的范畴来说,许多学者认为名师工作室是一种专业学习共同体,由学习主体自发组建,工作室的一切活动由自己决定,教育行政部门干预较

---

[1] 杨德铸:《"名师工作室"高效运作的可行性策略研究》,载《中学课程辅导(江苏教师)》2013年第12期,第15~16页。

[2] 韩爽:《以教师专业发展为指向的名师工作室运行研究——以吉林省中小学名师工作室为个案》,东北师范大学2015年博士学位论文。

[3] 张恩德、王小兰、曾辉:《基于名师工作室的乡村教师专业成长:影响要素与成效分析》,载《黄冈师范学院学报》2022年第3期,第7~12页。

[4] 饶曦:《教师学习共同体视角下名师工作室的实践研究——基于贵州省Z市的调查》,西南大学2017年硕士学位论文。

[5] 全力:《名师工作室环境中的教师专业成长——一种专业共同体的视角》,载《当代教育科学》2009年第13期,第31~34页。

[6] 韩爽、于伟:《我国名师工作室研究的回顾与省思》,载《东北师大学报(哲学社会科学版)》2014年第5期,第196~200页。

小甚至不予干预。但从实际操作来说,名师工作室的组建一般是"名师工程"的重要组成部分,受到政府的指导、监督、经费支持、行政认可,是一种政府的行为。因此,学者朱旭东等认为,名师工作室是政府支持下具有自主性的教师专业学习共同体。[1]从名师工作室的运行过程来看,朱向明认为名师工作室从组建到活动开展都是自发的,它是每个成员内在需要的,充满生机与活力的,[2]以课题研究、学术探讨、理论学习、名师论坛、现场指导等多种形式内外凝聚、向外辐射、促进教师专业化成长的组织。[3]可见,名师工作室是在名师带领下的一种内在的、自发的、具有共同愿景的教师学习组织,其"内在需要"是工作室运行的动力,学习和合作是名师工作室良性运转的基本保证。工作室所有成员处于一种民主平等的氛围中,他们相互学习,分享经验,协同工作,相互支持,共同承担责任。在工作室这一充满活力的环境中,所有成员均置身于一种民主而平等的和谐氛围中。他们秉持着相互学习的态度,乐于分享各自的专业经验与独到见解,通过紧密的协同工作,形成强大的团队合力。在这个过程中,成员间彼此鼓励、相互支持,共同承担起推动项目进展与实现目标的责任,展现了高度的团队凝聚力与协作精神。

从名师工作室的类型来考虑,从不同的维度入手,有名师特色命名类的名师工作室、有专题研究类的名师工作室、有教学主张类的名师工作室等,它们通过学习和合作,追求共同发展,推动名师工作室的内涵建设,最终促进教师和学生的发展。综上所述,从概念的范畴来说,更多学者认为名师工作室是一种专业学习共同体。

本书认为名师工作室是在政府引导、支持下,由具有共同理念、愿景的一位有影响力、感召力、示范性的教学名师和若干名成员构成的具有自主性的教师专业学习共同体,它们通过课例研究、名师论坛、科学研究等形式,以教育教学实践为载体,注重成员之间的经验资源共享,集教学、研究、培训于一体进行合作性、持续性、反思性学习,旨在促进教师和学生的学习与共同发展。名师工作室将名师作为优质资源,充分发挥名师的辐射作用,是

---

[1] 朱旭东、王姣莉:《专业学习共同体视角下的名师工作室》,载《中国教师》2016年第15期,第16~20页。

[2] 朱向明:《让名师工作室"名"副其实》,载《中小学教师培训》2011年第2期,第16~17页。

[3] 任光升、李伟:《名师工作室运行机制的探索》,载《当代教育科学》2011年第14期,第30~32页。

在行政部门管理下的半官半民化学术性组织。作为区别于学校年级组、学科教研组的教师专业学习共同体，名师工作室呈现出生态取向的教师专业发展模式。在活动对象上，其不仅关注优秀教师的发展，更关注年轻教师的发展，为他们提供锻炼的机会和教学展示的舞台；在活动内容上，其以教学实践为载体，以教学研究为依托，培养成员教师专业发展的内生力，使成员教师从经验型教师向研究型教师转型；在活动形式上，其注重将成员教师作为学习资源，促进成员教师间的交流合作、资源共享。名师工作室以名师为引领，以学科为纽带，以先进的教育思想为指导，对内凝聚、带动，向外辐射、示范，集教学、研究、培训于一体，引领工作室内部以及区域教育教学改革。

（四）名师工作室与其他教师研修组织的区别与联系

从广泛的实践经验来看，当前名师工作室普遍展现出较为浓厚的行政组织特色。无论是工作室核心主持人的选定，还是成员团队的遴选，大多环节均由所在区域的行政部门主导，即便是在学校内部设立的工作室，也通常由学校管理层牵头组织。这种行政主导的管理模式，在确保名师工作室有序运行、资源有效整合方面发挥了积极作用。然而，与此同时，也亟须我们明确厘清名师工作室与其他教师研修组织之间的界限与内在联系，以便更好地发挥其独特优势，促进教师专业发展的多元化与高效化。

1. 名师工作室与校本研修的区别与联系

在教育领域，教师专业成长的路径多样而丰富，其中，校本研修与名师工作室作为两大重要平台，各自承载着促进教师素养提升与教育理念革新的使命。二者虽在核心理念与研究形式上存在共通之处，但在运作方式、成员构成及研究层次上展现出鲜明的差异，同时又在促进教师专业发展这一目标上紧密相连。校本研修是一种根植于学校的微观深耕。它是一种以学校为基点，面向全体教师，旨在通过自我反思、同伴互助与专业引领三位一体的模式，推动教师专业能力持续进阶的实践活动。其核心价值在于，能够紧密结合学校实际情况，将教师的教学困惑与学校的发展需求紧密相连，通过现场研究与行动研究等具体形式，实现问题的及时发现与有效解决。校本研修强调在日常教学中发现问题、分析问题并解决问题，其研修内容细致入微，聚焦微观层面的教学技能提升与教学方法创新，是每一位教师专业成长不可或缺的土壤。名师工作室是跨域联动的中观探索。相比之下，名师工作室有更为广阔的视野与更加灵活的机制。它打破了学校的界限，汇聚了来自不同学校、不同区域的优秀教师，形成了一个资源共享、智慧碰撞的更高层次的学习共同体。名师工作室的活动周期相对较长，但每次集中研修都力求高效深入，成员在现场观摩后，不仅进行实践操作的经验交流，更强调对教育理念、教学理论的深度反思与探讨，这种思辨性的学习模式，使得名师工作室的研究层次上升到了中观层面。它不仅关注具体教学技巧的提升，更致力于教学理念的更新与教学模式的创新，从而帮助成员跳出局部经验的局限，获得更加全面、深刻的教学洞察力。

尽管校本研修与名师工作室在运作方式、成员构成及研究层次上存在差异，但二者均服务于教师专业发展的目标，彼此间存在着紧密的联系与互补关系。校本研修为教师提供了日常教学中的即时反馈与持续改进的机会，而名师工作室则为教师搭建了跨校、跨区域的学习交流平台，拓宽了他们的视野与思路。二者相辅相成，共同构成了促进教师专业成长的多维度、立体化的支持体系，助力教师专业成长。

2. 名师工作室与教研部门有组织的教研活动的区别与联系

教研部门精心策划的教研活动，具有广泛的参与度、鲜明的主题聚焦、多元的活动形式及丰富的信息量等特点，为不同层级的教师提供了各取所需的成长平台，这是其显著优势。其缺点在于，参与教师的水平参差不齐，导致活动内容难以全面覆盖并满足所有参与者的需求，活动中往往存在"听众多、发言少"的现象，即多数人处于被动接受信息的状态，缺乏深度参与和主动贡献，进而影响了活动后的有效总结与深刻反思。名师工作室以其独特的运作机制，与教研部门的教研活动形成了良好的互补关系。首先，名师工作室充分利用教研部门搭建的广阔平台，鼓励并引导其成员积极投身于各类教研活动中，广泛收集信息，带着教学实践中的具体问题去观摩、去学习，为工作室后续开展的专题研讨活动积累丰富素材。这种合作模式不仅增强了工作室成员的实践敏锐度，也促进了理论与实践的紧密结合。另外，名师工作室因其小而精的团队结构，能够针对教研活动中暴露出的具体问题，迅速组织深入、细致的讨论。通过现场教学研讨、即时反馈与修正，名师工作室构建了一个"从问题中发现—在行动中解决—经研讨深化"的高效循环机制。这种灵活高效的问题解决模式，不仅有效改善了教研活动中可能存在的深度不足与反馈滞后的问题，还进一步激发了教师们的主动性与创造性，促进了教师队伍整体素质的持续提升。

3. 名师工作室主持人与教研员（教研组长）的区别与联系

名师工作室主持人与教研员（教研组长）在角色定位、工作重心及职责范围上既存在区别又紧密相连。教研员作为地区或学校学科教研的组织者与管理者，肩负着学科建设的整体规划、师资配置的合理调配以及教学改革的深入推动等重任，对地区或学校学科发展的全局有着深刻的理解和把握。名师工作室主持人则更多聚焦某一特定领域或问题的深入研究与实践，通过组织工作室成员开展专题研讨、教学观摩、经验分享等活动，推动该领域或问题的教学改革与创新。

虽然名师工作室主持人与教研员在职责上各有侧重，但二者在促进学科发展、提升教学质量方面却有着共同的目标和追求。在实际工作中，名师工作室主持人与教研员往往保持着密切的沟通与合作。一方面，名师工作室主持人需要积极主动地与教研员联系，了解地区或学校学科发展的现状与需求，以便更好地确定工作室的研究方向与实践重点；另一方面，教研员也应充分发挥自身的优势，并利用自己的资源，为名师工作室提供必要的支持与指导，确保工作室的研究与实践能够与地区或学校的整体发展相协调、相促进。

二、名师工作室的性质

（一）实践性

贾雪枫认为，名师工作室是由名师领衔主持的基于教师专业发展而组成的学习实践共同体。[1]名师工作室根植于教学情境，关注教学实践的前沿问题，及时捕捉教学实践问题，同时又能群策群力地解决教学实践问题。名师工作室把教师的"实践性知识"和"实践智慧"视为教师专业素养的核心，把教师的"情境认知"视为基本的认识方式，以解决教师的"实践性问题"为根本任务，以"实践反思"为检验学习成效的有效途径，强调实践性。实践性知识是成员相互分享与交流的主要对象，也是众多成员希望从名师工作室中获取的主要知识，名师工作室的成员对理论的思考、理论书籍的研读，都是从解决实践性问题和行动研究的需要出发而进行的，他们不仅是教育理论的行动者，也是在行动中创造自己理论的"反思性实践者"。"教师专业知

---

〔1〕贾雪枫：《名师工作室：基于学习共同体建设的历史教师专业发展路径》，载《中学历史教学参考》2017年第15期，第47~51页。

识与能力结构体系的不断充实与进一步完善是在教学实践中逐步实现的。教师在实践中对教育意义的主动探索，将提升教师的教育责任感和理论思维能力，使教师对教育、学校乃至自身的存在与发展有更深入的理解。"[1]可以说，正是由于名师工作室具有很强的实践性，才使得其能够和学生的学习成长、课程的深化发展紧密结合，才能在教育教学的实践场域真正有效地促进教学相长，才能在促进教师专业发展中焕发生命力。

（二）专业性

名师工作室是以名师姓名或专业特色命名，由同一学科领域骨干教师组成，具有教学、科研、培训等职能并将各种职能融为一体的相互促进、相互学习的教师合作共同体。"教师共同体是一种专业性团体，是在学校推动下或在教师自发的情况下，基于教师共同的目标和兴趣自愿组织的，旨在通过合作对话与分享性活动促进教师专业成长，推进教学改革。"[2]教师的专业发展水平直接关系到学校教育和学生成长，甚至是关乎整个基础教育内涵式发展成败，由此可见，如何通过名师工作室促进教师的专业发展是名师工作室建立与发展的方向标。名师工作室的活动目的、活动内容、活动形式和活动结构都应紧紧围绕教师的专业发展。因此，专业性是名师工作室的题中应有之义，只有紧紧围绕专业性这一固有属性，才能更好地推动名师工作室的建设和发展。

（三）异质性

随着社会的发展，基于"同质性"的传统共同体已难以适应当下的需求，现代意义的共同体的"同质性"必须建立在大量的"异质性"的基础之上，通过不断的身份认同、构建与意义协商，争取一种共同的理解才能获得一种全新的"同质性"。[3]异质性是名师工作室持续发展的活力之源，成员包括名师、教育理论专家、学科教学论老师、教研员、骨干教师等不同类型，成员之间的异质性能够有效保持名师工作室持续的反思学习、合作、争鸣，促进工

---

〔1〕 白磊：《学习共同体——教师专业成长的新模式》，载《辽宁教育研究》2006年第9期，第92~95页。

〔2〕 王天晓、李敏：《教师共同体的特点及意义探析》，载《教育理论与实践》2014年第8期，第25~27页。

〔3〕 顾洋：《教师专业共同体建设研究——基于特级教师工作坊的模式》，广西师范大学2013年硕士学位论文。

作室不断进步。一方面，异质的工作室成员通过身份的构建而获得与身份相关的知识、关系和资源等；另一方面，异质的工作室成员为了寻求身份的认同，通过意义协商来处理彼此之间的分歧，从而追寻"共同理解"。[1]

（四）开放性

名师工作室无论是名师自发自愿建立的，还是在学校及教育行政部门的牵头推动下自愿申报建立的，其本质上都是一种非正式组织，是一种区别于政府性机构的相对宽松和相对自由，依靠名师影响力的组织存在。不同层次的名师工作室的成员来自不同的省市、不同的地区、不同的学校，甚至不同的年级，例如，教育部"国培计划"中小学名师领航工程中的名师工作室的成员来自不同省市，省级名师工作室的成员来自本省各个市县，市区级名师工作室的成员主要来自市区不同学校。此外，许多地区名师工作室的加入和退出都本着成员自愿的原则，存在着成员退出和加入的流动情况。由此可见，名师工作室的成员之间的关系并非封闭的、僵化的、单一的，来自不同市县、不同学校的工作室成员也不可能是不相往来的"鸡蛋箱"式的彼此割裂状态。名师工作室因其成员构成的多元性，自然地具有一种开放性，这种开放性使得名师工作室的成员视野更加开阔，思想的火花更加热烈，问题的解决更加富有成效。此外，名师工作室的成员加入工作室是希望获取大量专业资源，工作室大量高质量的教学资源向成员开放，成员之间共享学习资源，工作室主持人毫无保留地传授，体现了工作室的开放性。

（五）合作性

"教育实践证明，由具有不同背景、经验和才能的学校教育工作者构成的学习共同体对教学、科研及学科发展问题所进行的研究及探讨，能够为教师专业素养的持续提升提供比单个教师的努力更为实际和有效的基础。构建'专业学习共同体'，可以使教师在群体学习中不断地实现自我超越，进而提升自己的专业素养。"[2]名师工作室突破了传统的近邻性质的利益关系，其核心精神是"合作与共享"，打破了教师的孤立、封闭的"孤岛"实践场域，来自不同市县、不同地区、不同学校、不同年级的成员秉持着对于自身专业

---

[1] 顾洋：《教师专业共同体建设研究——基于特级教师工作坊的模式》，广西师范大学2013年硕士学位论文。

[2] 时长江、陈仁涛、罗许成：《专业学习共同体与教师合作文化》，载《教育发展研究》2007年第22期，第76~79页。

发展的渴求驱动了名师工作室的动态发展。合作是名师工作室运转的基本保证，是名师工作室存在的基础，合作学习是工作室成员的主要发展方式。成员协作完成特定的任务，并在协作过程中，相互影响，促进对名师工作室的认同和归属。名师工作室超越了人际或者利益关系的束缚，纾解了教师职业的"孤独性"，在合作与分享性活动中，促进教师的专业发展。名师工作室突破了技术层面的组合、科层组织的框架，创设了涵盖成员强烈的情感认同、共同的愿景凝结、相互理解和分享的思维方式、知识共享的空间，共同发展的专业集体与特有的话语体系，凸显了名师工作室合作性的价值追求。另外，成员在名师工作室中就各自持有的不同的教育观念进行争辩，在争辩中得到启发，找到个人专业发展的突破点，寻求相互间更高层次的合作。此外，名师工作室之间的合作日益凸显出优势，不同名师工作室共同举办活动或者相互观摩，促进了教学思想的交流碰撞，突破了名师工作室发展的瓶颈，激发了区域内教师专业学习共同体的动力，实现了区域优质资源的联合，发挥了整体效益。

（六）跨域性

现代意义的共同体，可能是不同区域的人组成的组织，也可能存在于虚拟世界的时空之中。随着通信技术、交通手段、互联网的发展，人们的交往方式和交往途径越来越多样化，名师工作室及其成员、活动场地不再受到地域的限制，甚至存在于虚拟的网络世界中。从名师工作室的类型来看，全国各地不仅有实体的名师工作室，例如广东省温利英名师工作室、连云港市小学数学罗锐名师工作室、海南省何文胜中学数学卓越教师工作室，也有基于网络的名师工作室，例如福建省黄丹青网络名师工作室、浙江省屈小武网络名师工作室、江苏省杨青网络名师工作室；从名师工作室的成员来源来看，国家级名师工作室的成员来自各个省，省级名师工作室的成员来自各个市县，市县级名师工作室的成员来自各个学校，名师工作室之间有各类交流合作形式，都不再局限于本地区，显示出跨区域的特点；从名师工作室的活动场地来看，不仅有学校、培训基地等各类实体活动场地，还有网络的活动空间，活动地点经常是跨区域的，不是指定的、唯一的。为了利用外省优质资源，部分地区出现了工作室主持人跨区域现象，例如海南省邀请了原天津中学校长国赫孚、中国科学院深圳理工大学附属实验高级中学校长宋如郊担任海南省中学卓越教师工作室主持人。

（七）归属性

归属感是教师专业共同体的情感特征。名师工作室向成员提供了一个寻求帮助、互惠互信，同时又能获得个人专业发展支持的场所，有效消除了教师的孤独感。[1]在名师工作室里，汇聚了一群志同道合的成员，他们不仅拥有相似的爱好，还会分享自身独到的经验，更在心灵深处共鸣着一致的目标与愿景。这个团体超越了传统意义上的"同事"界限，从情感的维度升华，成员间不仅仅是相互认识的职场伙伴，更是视为彼此"挚诚的友人"与"亲密无间的知己"。在这个温馨而充满活力的环境中，信任如基石般稳固，尊重成为成员间不言而喻的默契。每位成员都以平等之心相待，无论资历深浅，都能够在开放包容的氛围中自由交流，坦诚相见。他们不仅密切协作，共同面对挑战，更在彼此需要时倾力相助，倾听心声，分享喜悦与困惑。正是这种深厚的情感纽带与不懈的努力，推动着工作室不断向前，成员们携手并肩，以高度的凝聚力和向心力，共同追求卓越，共同追求工作室的目标。从专业学习角度看，工作室成员在饱含一定情感的环境中共同学习，分享学习资源，彼此交流情感、体验和观念，集体对话，实践反思，协作完成特定的学习任务。成员通过共同参与活动，建立彼此相互影响和促进的人际关系，进而形成对工作室较强的认同感和归属感。

三、名师工作室的特征

（一）共同的目标、价值观和愿景

一个有效的专业学习共同体必须有共同的目标、价值观、愿景和使命，这样其成员之间才能彼此认同，共同进步，名师工作室也必然拥有共同的目标、价值观和愿景，共享的价值观支撑着名师工作室成员参与工作室各类活动的目的和行为规范。共同的目标、愿景是指名师工作室共同持有的清晰的愿望景象，它使工作室的每个成员都能体验到感召的力量、奋斗的期望。共同的目标与宏伟愿景，激发出每位成员内心深处强劲的凝聚力、不竭的驱动力以及无限的创造力。这股力量促使每位成员勇于跨越舒适区，敢于挑战自我极限，展现出一种勇于创新、敢于改革、一往无前的精神风貌。在这样的氛围中，成员之间不仅形成了深厚的情感认同，更在相互激励中共同成

---

［1］ 李飞：《教师情绪管理的误区及对策》，载《现代中小学教育》2020年第1期，第65~69页。

长。名师工作室建立共同的目标、价值观和愿景，要在成员共同商议的基础上，这样工作室成员才能严格遵守和真心奉献，才能激发工作室成员的内在动力。因此，名师工作室的共同目标、愿景必须与教师专业学习共同体成员的个人目标、愿景有机结合，这样才能激发教师的内在动力，使教师把个人工作当作追求人生价值和人格价值的过程，使工作室成为教师彰显生命与活力的舞台。

（二）高度的自愿性

名师工作室是在名师带领下的一种内在的、自发的、具有共同愿景的教师学习组织，其开展的多种活动形式皆以"内在需要"为基准。名师工作室不同于行政命令建立或强制参与的组织，其从组建到活动开展都是自发自愿的，更加强调教师的自愿性，强调每个成员的内在需要。教师基于专业发展的内需和对工作室的愿景、目标的认可而主动申请、自愿加入工作室。因为成员皆是自愿加入，在活动中，成员们往往能迅速消除紧张情绪，营造出一种轻松愉悦的交流氛围。他们乐于将教学实践中遇到的难题公开讨论，进行开放而深入的探讨，同时也慷慨地将自己在教育教学过程中积累的有益经验和宝贵见解与团队成员无私分享。面对其他成员的问题，他们总是以真诚的态度伸出援手，提供切实的帮助与建议。此外，成员们还表现出极高的自发性和自由度，在探讨其他成员提出的问题时，能够畅所欲言，碰撞出更多思想的火花。这种积极的互动不仅加深了成员间的相互了解与信任，也进一步激发了他们对加入工作室共同研究问题的浓厚兴趣与热情。

（三）共享的专业知识和实践经验

在名师工作室中，教师的个人经验、专业知识、实践智慧不再单纯属于他个人，更多的是与学习共同体的其他成员共享。教师的专业知识是教师专业发展的重要表征，分为显性知识和隐性知识。名师工作室成员尤其是名师工作室主持人把个人的隐性知识，通过整理、规范、融合、升华、共享，变为名师工作室成员的显性知识，然后再通过整合和内化转化为名师工作室成员的隐性知识，借助知识由隐形—显性—隐形的不断转换过程，使名师工作室成员的能力得到提升和发展。在名师工作室中，成员不仅能获得专业知识，更重要的是能获得教学的智慧，这种智慧是个人无法凭借阅读和研究得到的，而在名师工作室中通过互相的发问、阐述、辩驳、沟通等方法相互分享而获得的。[1]名师工作室成员共享实践智慧主要是通过观课议课、相互鼓励并积极给予专业评价和反馈，提供专业支持，从而实现教学经验分享和协助教学改善，促进彼此学习和发展。成员在名师工作室中能获得宝贵的经验，虽然任何经验都不是普适性的，但是却可以从中归纳出有广泛适用性的经验，并能上升到理论指导的层面。在名师工作室中，相关活动总是围绕着一定的课题或内容展开的，成员在相互争论、讨论和思想的碰撞、智慧的分享中，对相关问题有了客观、全面的认识，从而逐步达成对问题的共识。

（四）反思性对话和集体探究

反思性对话和集体探究是教师专业学习共同体的重要特征，事实上，名师工作室在实践过程中开展的共同备课、上课、讲课、说课、议课、论坛、科研等活动，就充分体现了这种专业学习共同体的特征。教师的反思涵盖了教学目标的确立、教学行为的实施、教学程序的安排等教学活动的每一个环节。在名师工作室这一专业成长平台上，得益于主持人及成员们的悉心指导与互助，教师们得以超越日常教学场景的局限，将视角提升至教育价值、教育思想及教育理念等更为宏观、深邃的层面。在这一过程中，教师们不仅对自己的教学实践进行了深入的剖析与批判性思考，还勇敢地探索了教育本质的核心问题，并通过系统梳理与反复酝酿，逐渐将零散的教学经验转化为宝贵的实践性智慧。

在名师工作室中，所有成员共同对课程、教学等进行反思性对话，集体探究教育教学的热点、问题，通过反思性对话和集体探究促进自身专业的发展、专业认同度的提升、专业自信的形成。教学反思的形式可以是个人写日志、写传记、文献分析等方式，也可以是工作室成员之间讲故事、信件交流、晤谈、课题观察、课堂诊断等方式。在名师工作室中，教师反思、集体合作探究是经常性的、常态化的，是工作室成员能够真正投入工作室活动的保证。

（五）民主的决策与管理

在专业学习共同体中，领导支持给教师赋权、让其自主地参与决策制定，而领导者的信任、尊重和开放是共享领导的关键。同样，名师工作室反映的

---

[1] 肖伟红：《基于微格教学实践共同体的生物师范生教学技能训练研究》，重庆师范大学2013年硕士学位论文。

是专业领导力，与传统的教研组相比，减少了行政科层制的因素。有学者将学习共同体的领导分为两种：促进式领导和建构式领导。前者被定义为"增强学校适应、解决问题的整体能力以及提高绩效的行动"（Conley & Goldman，1994）；后者被定义为"一系列互补的过程，能够使教育共同体参与者构建起对学校共同目标的意义的理解"（Lambetr et al.，1995）。名师工作室作为一种学习共同体，无论采用哪一种领导形式，都必须通过民主管理，以支持名师工作室的运行。凡是涉及名师工作室愿景、制度、活动方式、活动主题等都应向成员公开，各类决策、活动过程、活动质量受到成员的公开监督，允许并鼓励成员参与决策、共同设计培训活动。

第三章

◆

名师工作室的构成要素与功能

一、名师工作室的构成要素

名师工作室是教师专业学习共同体的一种实践模式。教师专业学习共同体是由作为学习者的教师群体在与学习环境的互动中形成的学习生态系统,从宏观分析层面上分为学习主体和学习环境两个一级维度,具体到名师工作室,学习主体包括主持人、导师、学员,学习环境包括共享愿景、共同领导、支持性条件、学习资源、学习规范。

（一）学习主体

教师专业学习共同体的学习主体是指所有的参与者,包括一般教师、骨干教师、名师、教研员、专家等具有不同经验、经历和知识背景的人员。不同成员之间的认知差异、经验差异、专业差异、体验差异等构成了教师专业学习共同体发展的资源和原料,是教师专业学习共同体产生新成果、新认识、新价值的资源性条件,可以说,正是教师间异质差异的存在为学习共同体的会谈提供了谈资,提供了交流对话的需要和相互的吸引力。[1]名师工作室的学习主体在不同地区有不同的构成方式,有的工作室的学习主体由主持人（领衔人）、核心成员（通常是骨干教师）、发展对象（通常是青年新秀、校级重点培养对象等）三级梯队组成,有的工作室的学习主体由主持人、导师、核心成员、学员组成。经过调研可以发现,工作室不同的学习主体只是称呼不同,实则功能、职责类似,总体而言,名师工作室的学习主体一般由工作室、导师和学员组成。

---

〔1〕 龙宝新:《教师专业成长力研究》,中国社会科学出版社2014年版,第232页。

1. 主持人

（1）名师工作室主持人的特征。

主持人是工作室的核心，主要负责领衔工作室，他们是在教育教学领域有着丰富的经验和深厚的理论基础，对教育教学问题有自己独立的思考，形成自己独特的教学主张，在本学科有一定影响力的优秀教师。根据各省名师工作室的制度规定来看，很多省份的名师工作室的数量十分有限，审批较为严格，名额比较固定，三年或者五年为一个周期。例如，海南省从2015年开始建立省级名师工作室，第一批建立了10个中学名师工作室，第二批建立了10个中学名师工作室，第三批建立了9个中学名师工作室，第四批建立了11个中学名师工作室，第五批建立了3个中学名师工作室，第六批建立了15个中学名师工作室，第七批建立了11个中学名师工作室，第八批建立了2个中学名师工作室，第九批建立了2个中学名师工作室，截至2024年，共有73个中学名师工作室。名额的限制从一定程度上反映出对名师工作室主持人的较高要求，名师能成为名师工作室主持人，不仅要是"名师当中的名师"，还要具备较高的综合能力，名师工作室主持人的工作方式以及工作方法在一定程度上决定了成员的发展和整个工作室的运行。

名师工作室主持人一般有以下特点：一是一般都是区域教育领军人才，他们在区域教育范围内具有突出贡献，在教育理念和教育实践方面有深厚的理论基础和丰富的经验，处于领先地位，在本学科有一定的影响力，能够引领和带动区域内教育发展的人才；二是具有丰厚的文化底蕴，他们具有丰富的学识、宽广的胸怀和良好的人文素养，具体体现在领导力、凝聚力、组织力、协调力、廉洁力等方面，具有较高的人格魅力，并在培养青年教师、发挥示范引领作用方面有饱满的热情和高度的自觉性；三是有着独特而深刻的教育理念、教育思想与教学主张，这些理念与主张，皆是历经岁月洗礼与实践磨砺的深刻理解，便于工作室成员认可和成果推广；四是具有崇高的教育理想与深沉的教育情怀，这份情怀与对专业的执着认同，为工作室的持续发展注入了源源不断的动力与活力；五是具有良好的沟通协调组织能力，能够与教育行政部门、学校、高校等建立合作关系，为工作室发展获取资源，保证工作室活动顺利、高质量进行，处理好工作室的内部事务和外部沟通；六是杰出的教师还需具备非凡的人格魅力，这种魅力如同一股强大的引力，源自他们独特的性格、卓越的气质以及过人的能力，深深地吸引着成员的关注和模仿，展现工作室主持人个人的独特风采。魅力型主持人所具有的超凡品质，对成员会产生一种情感上的影响，工作室成员把名师看作角色模范，视其为成长的榜样。具有个人魅力的主持人让成员感到骄傲和自信，能够赢得成员的尊重、信任和追随。[1]

作为一名名师工作室主持人，不仅要在教学、科研上有突出成绩，有良好的学养、理论修养、研究的意识，还要有较强的组织能力，更重要的是有个人魅力，人文素养要扎实，有能够感染、凝聚团队成员的个人魅力，主导建立一种大家庭文化。刚开始工作室开展活动的时候，大家相互之间比较陌生，都不愿意主动发言，也不愿意上研究课、领任务，工作室活动氛围也比较沉闷。我首先自己得"活跃"起来，带头上课、发言，调动培训气氛，同时我还让比较活跃的成员担任培训主持人，发挥他们的积极性。

海南省方仁艳中学语文卓越教师工作室主持人访谈摘录

（2）名师工作室主持人的角色。

名师工作室主持人的特殊身份是借助名师工作室的运行最终建构的，承担着团队的领导者、凝聚者、指导者、示范者和组织者等角色。

第一，教师领导者是名师工作室主持人最重要的角色。名师工作室是一个创新驱动型组织，肩负着带领成员进行教育创新实践和研究，培养名师，提升区域教育水平的重任。要承担起此重任，名师工作室主持人要从学科专家的角色转变为教师领导者的角色。学科专家往往关注较多的是备课、上课、教学创新、学科发展前沿、教学研究等，而教师领导者关注在平等、合作、共享的团队中，通过专门培训、共同研究、日常指导等多种方式，以自身思想理念、专业能力以及道德素养形成无形的影响力，引领团队成员的专业发展。基于教师领导者角色，工作室主持人强调通过鼓励、指导、授权等方式来帮助工作室成员发现自身内在的需求，树立专业发展的目标，在互动过程中为工作室成员提供优质资源和专业支持，关注工作室成员的学习模式，注重激发工作室成员的潜在能力，最终实现工作室主持人自身和其他工作室成员共同发展的目标。工作室主持人作为教师领导者，更多思考如何通过"人"

---

[1] 朱广清：《名师工作室效能优化——以江苏省常州市名师工作室为例》，载《中国教育学刊》2013年第7期，第81~84页。

来达成"事",如我想把我的工作室建设成一个怎样的团队,我如何带领我的团队,我的团队有哪些成员,这些成员有什么需求、优势、劣势,我如何才能更好地帮助他们成长,我该如何把成果辐射到更广的区域,我如何推动整个区域的教育改革。"关注人、带好队伍、引领教师发展,是对教师领导者的角色要求,也是工作室建立的核心任务"[1],工作室主持人只有扮演好教师领导者角色,才能真正带出一个有发展、有创新、有影响力的团队。

2015年,美国"引领教育者"颁布《教师领导力框架》(Teacher Leadership Competency Framework),认为教师领导力由自我发展能力、驱动创新能力、辅导他人能力、引领团队能力四大要素构成。[2]根据名师工作室的定位、功能和使命,名师工作室主持人教师领导者角色的关键能力包括团队引领能力、指导教师能力、驱动变革能力。团队引领能力是指工作室主持人强化价值引领,建立共享的发展愿景、清晰的发展目标、认同的组织文化、明确的工作室方向,厘清成员成长目标,并将个人目标融入组织目标,共同构建工作室的发展蓝图的能力。工作室主持人的团队引领能力主要包括团队建设、组织高质量专业发展活动两方面。工作室主持人进行团队建设主要体现在培育团队文化、确立共同愿景、营造学习环境、调解及解决团队冲突等方面,例如工作室主持人要根据不同成员的个性营造融通、共创的心理场域,帮助成员建立开放、共享、互惠、共赢的关系,构建良好的工作室学习环境,在合作学习中努力建设和维持关于教学、科研、实践和管理的共同愿景。通过工作室共同愿景的塑造,引领工作室活动,增强工作室成员群体的凝聚力,协调各方面的关系,引导工作室成员相互交流和分享,形成强烈的责任感,并为了实现共同愿景的目标而各尽其能。组织高质量专业发展活动主要是指主持人基于教师培训相关理论,根据团队成员学习需求针对性地设计专业发展活动,科学合理地实施培训活动,并注重对活动效果的反馈。

作为工作室主持人,我认为要能够为工作室成员提供有效引领。虽然我教学经验丰富、教学技能还算颇有心得,但作为一个团队的"头",虽然成员

---

[1] 梁慧勤:《名师工作室主持人应成为教练型教师领导者》,载《中小学管理》2021年第4期,第54~55页。

[2] Leading Educators,"The Teacher Leader Competency Framework", http://www.leadingeducators.org/publications-download.

笑说一辈子不爱当官的我倒成为一个领导，但这个领导不是真正的领导，是专业权威的领导，我还需要去了解一些领导方面的技巧。我当主持人以来，想得最多的就是如何激发团队成员主动学习的热情，这的确和平时的教书育人有很多的不同，需要一些管理学的技巧，我采取的策略是让成员在团队中树立自主发展的理念。我仔细分析了团队成员的既往成绩和教学潜力，结合工作室的发展目标，在与工作室成员商量的基础上，为每个团队成员制定了切实可行的发展目标。我把工作室的三年发展目标分解为工作室成员的具体的年度发展目标，让他们深刻体会到自己与工作室息息相关的命运，感受到自己肩负的使命和职责。这种领导学中的目标激励法让成员有了紧迫感，每年5篇高质量的教学反思、2节高品质的研讨课、3本教育专著阅读等任务不用催他们就都提早完成了。

海南省李惠君中学心理健康卓越教师工作室主持人访谈摘录

第二，名师工作室主持人是团队的凝聚者。名师工作室是一个学习团队，工作室主持人非常重要的职责是维护团队的团结，把工作室成员凝聚在一起，建立团队成员的归属感，这样才能使工作室成员共同发展。名师工作室的成员来自不同的单位，既有本校老师，也有外校、外市县老师，工作室主持人要合理分配资源，不能任人唯亲，搞小团体主义。

我认为理想的工作室应该是一个共同进步的大家庭，有家庭般的归属感，因此工作室成立之初，我思考得最多的就是如何建立团队成员的归属感。我的工作室成员来自不同的市县、不同类型的学校，教的年级也不同。有的来自省直属学校，有的来自海口、三亚、文昌等市县教育比较发达的县城中学，有的来自临高、乐东、白沙等教育比较薄弱的乡镇中学，有的长期带高一，有的长期带高三，大家之间缺少了解，感觉生分，自然也没有什么信任感而言。因此，在工作室刚开始的几次活动中，研讨往往成了我的一言堂，成员之间的分享既给人敷衍完成任务的感觉，都是简单的两三句，又总是有一种紧张感，对工作室缺少归属感、信任感。我深感工作室不能继续这样下去，作为主持人，必须要打破这种僵局。我先是邀请我省著名的心理健康教育专家李惠君老师到工作室举办"破冰"活动，增进成员之间的了解。我又建立工作室微信群、公众号、网页，把工作室活动轮流设在工作室学员的学校，组织读书活动、体育活动，建立"谈心室"，让成员说说教学疑惑、工作烦恼、学生难题、家长难题，也说说人生困惑、生活杂事、孩子教育、社会八卦，经过一点一滴的努力，大家逐渐彼此熟悉，建立信任，现在我们的微信群里，大家每天都十分活跃，大家俨然成为有爱的一家人。

海南省邱桂兰中学历史卓越教师工作室主持人访谈摘录

通过案例，我们可以发现，工作室主持人作为团队的凝聚者，要不断鼓励成员公开发表不同意见，改善工作室成员之间的人际关系，建立成员之间的情感纽带，消除成员的顾虑和疑惑，打破成立初期成员之间的"坚冰"，使得成员相互信任、坦诚相待、互相支持、共享智慧。工作室主持人要通过各种方式建立团队归属感，通过团队归属感这一纽带持续、稳定地激发团队成员的互帮互助、共同进步、追求卓越。

第三，名师工作室主持人是团队的指导者。名师工作室成立的初衷是发挥名师的引领、示范、辐射作用，通过名师的针对性指导，培养出更多的骨干教师、学科带头人、名师，因此工作室主持人的首要任务是指导教师，促进团队成员专业发展与进步。工作室主持人指导教师主要通过指导成员基本技能、引导成员改进教学实践两方面体现。领导是通过影响别人达到组织目标相互认可的过程，需要人们之间的相互作用和交往，[1]名师引领的成功与否取决于名师与成员教师间的交往互动[2]，工作室主持人主要通过交往互动来指导团队成员。通过互动交流，主持人与成员建立信任关系，推动成员心智改善，帮助学员实现自我超越，进而促进工作室的发展。在与成员对话时，主持人应多以追问代替评判，以启发思考代替封闭答案，高质量的互动沟通能帮助成员将障碍转化为资源，突破原有思维，引发成员思考与行动。从互动的角度，评估主持人指导他人的基本技能可以从沟通交流能力、建立信任关系的能力两个方面着手。[3]工作室主持人指导教师主要有亲自示范、观察成员课堂教学并提供反馈、通过反思性对话引导学员改进教学实践等方式。

---

〔1〕 ［美］J. 墨菲等：《范德堡教育领导力评估：以学习为中心的评估方式》，载《华东师范大学学报（教育科学版）》2011年第1期，第1~10页。

〔2〕 Wenner J. A., Campbell T., "The Theoretical and Empirical Basis of Teacher Leadership: a Review of the Literature", *Review of Education Research*, 2017 (1): 134~171.

〔3〕 毛齐明、于君红、张静玉：《中小学名师工作室中名师领导力的评价》，载《教师教育论坛》2021年第4期，第9~12页。

从指导方式的角度，考察主持人指导他人的技能可主要从教学示范能力、课堂诊断能力、提供建设性反馈能力和开展反思性对话能力几个方面着手。[1]

第四，名师工作室主持人是团队的示范者和组织者。名师工作室是一种非正式组织，主持人没有任何领导职务和行政级别，与其他成员之间不是领导与被领导的关系，由此决定了工作室主持人不能依靠行政权力对成员进行管理，只能依靠工作室内部的规章制度和自身的影响力、人格魅力来对成员进行一定程度的约束。

工作室成立之初举行教学研讨、读书汇报、微讲座等活动的时候，成员们总是不愿意接任务，找各种理由推辞，甚至经常听到工作室成员表示，我参加工作室是为了来观摩名师学习的，不是来自己上课的。后来反复思考，我觉得还是得自己做好带头表率工作。我最开始是一所学校的副校长，后来调到县教育研训中心担任主任，工作和教学任务都非常重。在这样的情况下，我仍然坚持每月上一次示范课和进行一次读书汇报，我每次都先领任务，这也是倒逼自己不断学习、成长的一种方式，这样其他成员也不好意思多次推脱。经过一次次的坚持，成员们逐渐从不愿到愿意到主动，成员们常说，再忙能忙得过周主任吗？后来我也反思，如果不是我当初每次都主动做好表率，其他成员也不会有如此大的改观，真的是行胜于言。

海南省周厚东中学语文卓越教师工作室主持人访谈摘录

为了使工作室能够真正发挥应有功能，主持人要发挥好示范和组织作用。例如，带头上公开课、录课堂实录、做课题研究等，并不断更新知识结构，让其他成员对其发自内心地认同；同时积极分享自己的教学成果，设计好工作室的每一次活动，对学员进行针对性指导，让学员在工作室真正学到本领、提高技能、取得进步。此外，工作室主持人要组织好每次活动，做好联络、分工、资料收集与整理等系列工作，对于因故不能参加活动的学员通过网络平台等进行分享。

（3）名师工作室主持人的职责。

名师工作室的主持人需要具备多样的能力。主持人需要对自我的实践知

---

[1] 毛齐明、于君红、张静玉：《中小学名师工作室中名师领导力的评价》，载《教师教育论坛》2021年第4期，第9~12页。

识进行系统研究并能通过自身示范、话题交流、实践指导等方式改进学员教师的实践；主持人需要对成人学习规律、学习路径与方式等具有深度的研究，能结合学员教师的实践困境或问题以及自我的专业资本设计有效的学习活动帮助他们解决问题、改进实践；主持人需要掌握课题研究的系统策略，能够通过课题研究的方式促进工作室形成的专业资本向学员教师及其所在学校流动、扩散；主持人需要对形成性评价与总结性评价具有深厚的认知，能深度剖析他者实践，能在理论实践两难困境或证据不足情况下，作出合理实践决断并推进问题的解决；主持人需要具备团队管理的知识与策略，能将社会、教育理念、教育政策等对教育实践的诉求转化为团队愿景，并通过有效策略调动社会资源支持学员教师群体的专业发展。总而言之，主持人既是名师工作室管理的主要负责人，又是这支专业团队的领军人物，既是成员的业务顾问，也是成员的信赖伙伴，要想带出一支优秀的名师队伍，其要履行好以下六项职责，引领成员发展，促进区域教育质量提升：

第一，制定工作室的目标、愿景、任务。工作室定位是名师工作室成立时必须明确的首要问题，它影响着工作室未来的发展基调和高度。工作室的愿景是什么，目标任务要达成哪些，功能何在，是主持人首先要思考的问题。不同学科、不同学段、不同主体的工作室的定位会有差异，但工作室的发展目标和工作任务的定位往往大同小异。一般说来，工作室的目标都是围绕"形成、充实、推广教学主张，促进教师专业成长，培养一支师德高尚、业务精湛、充满活力的高素质专业化教师队伍等"展开的。

主持人按照工作室的目标愿景和主要任务，综合分析工作室的学科属性、学段、所属级别、工作室成员的现状水平等因素，制定周密可行的工作室三年规划和分年度活动计划，对教学、科研、培训等活动进行具体的安排。例如《教育部"国培计划"中小学名师领航工程吴爱姣中学英语名师工作室/海南省吴爱姣中学英语卓越教师工作室2019年—2021三年发展规划》（见附1)、《海南省黄金玉中学语文卓越教师工作室三年建设方案》（见附2）。

第二，指导成员制定发展规划。工作室的核心工作就是促进教师的发展，指导成员制定个人发展规划，给自己树立一个进步的标杆，是主持人的一项极为重要的工作。首先，主持人要帮助成员认清自己所处的专业阶段，知道自己的起点，明确自己发展的优势劣势。其次，帮助成员确立自己的预期发展目标，让成员按照一般教师（新任教师、合格教师、成熟教师）、优秀教师

（骨干教师——学校学科带头人等，知名教师——市级学科带头人等，杰出教师——省级学科带头人等）、卓越教师（领军教师——正高级教师、部分特级教师、部分全国优秀教师等、著名教师——大部分国家教学名师等）、教育家型教师几个层次制定成长规划。

名师工作室的成员基本上处在优秀教师这个层面，但也是有差别的，各人的起点不同，个性禀赋有异，发展的具体目标应该不同且有梯次。主持人要针对每位成员的个人发展需要、能力和愿望，有针对性给予差别化的指导和建议，促使成员根据自身特长和潜力在原有基础上取得专业进步。从标识上看，有人认为成为省级学科带头人即可，有人的意愿是特级教师，有人的目标则是正高级教师。另外，主持人要帮助成员制定个人三年发展规划，包括三年目标、年度目标、读书学习规划、师德提升规划、学科发展规划、教育科研规划以及实施的计划等。

第三，专业引领提升成员素养。设立名师工作室的意旨是促进优秀教师快速成长，为新一代名师成长打牢基础。名师梯队建设是一个精心构建的体系，它强调团队成员间深入的学习互动、开放的思维交流、严谨的教育研究以及紧密的协作合作。这一过程不仅将工作室打造成了名特优教师们切磋教育技艺、勇于开拓创新的舞台，更为每一位成员提供了快速成长与蜕变的沃土。这样的环境有利于加速成员的专业成长步伐，培养出更多教育名师名家。如果主持人忽视了对成员的专业引领，提升成员的教育职业素养就缺少应有的底蕴，形成自己的教学主张、教育特色就成了一句空话。专业引领在工作室成员的专业成长过程中的作用特别重要，工作室主持人开展专业引领活动时要注意以下几点：一是专业引领是系统的、严密的，每次的研修活动，都应是与成员的素养提升相关联的，都应有明确的目的、科学合理的计划以及严密的实施过程。二是专业引领的形式是丰富多样且有科学依据的，主持人邀请学科的知名专家学者，通过精心策划的讲座、深入的座谈交流、个性化的学习指导以及直接而富有成效的对话与互动，让他们向工作室成员传递最前沿的学科教育理念，并深入探讨学科发展的最新动态与前沿知识；主持人还应提供成人学习理论、合作学习理论、教师专业学习共同体理论、情境认知理论、群体动力理论、学习系统的协同模型理论等理论参考，让工作室成员自己学习、自己体悟并在工作和研究中吸收借鉴。三是专业引领的核心内容应全面而深入，具体涵盖以下三个方面：首先，针对相关学科教师，工室主持人应积极传播前沿的教育教学理念、课程改革的最新理论以及教师职业发展所必需的教育学、心理学等核心理论素养,旨在奠定其坚实的理论基础与视野;其次,工作室主持人应时刻保持对学科发展前沿的敏锐洞察,立足于学科前沿的高度,通过多样化的形式与渠道,如专题讲座、研讨会等,有计划、系统地介绍本学科的最新研究成果与研究动态,引导教师紧跟时代步伐,深刻理解并关注学科的当前态势与未来趋势;最后,工作室主持人成员应充分发挥示范引领作用,通过开设示范课、组织听课评课、开展微格教研等同伴互助活动,积极分享并总结自身丰富的成熟技能与宝贵经验,从而带动更多教师实现专业成长与飞跃,共同推动教师队伍整体素质的提升。

第四,聚焦成员困惑开展研究。研究解决教育教学工作中面临的实际问题,是名师工作室建设的一个重要使命,也是名师工作室生存的重要依托,有的名师工作室甚至将科研作为工作室发展的重要生命线。积极投身于教育教学问题的研究解决,不仅是名师工作室的职责所在,更是其彰显价值、引领行业发展的关键所在。例如,海南省李红庆中学数学卓越教师工作室以"科研立室共发展 名师领航同成长"为工作室理念与办室主张。主持人在名师工作室建设中,要密切关注教育教学一线迫切需要解决的热点问题、疑难问题,带领成员开展教育教学研究。名师工作室的教育教学研究,可以采取以主持人为总课题负责人、其他优秀成员担任子课题负责人的形式。

首先,在课题的选取上,应该坚持先进性和实用性的原则。先进性意味着所选课题需具备教育研究的前瞻眼光与宏观思维,能够敏锐捕捉并深刻体现教育改革的前沿理念,预示并引领教育改革的新方向。实用性强调课题的选择应深深扎根于教育教学实践的土壤之中,聚焦那些亟待解决、广泛存在的实际问题。这类课题的研究成果,应当能够直接应用于教学实践,有效破解教学中的瓶颈难题,为教师提供切实可行的策略与方法,进而显著提升课堂教学的效率与质量。

其次,在课题研究形式上,应做到集中与分散研究相结合。主持人应以课题研究为平台,把课题分解为若干子课题,为不同性格类型、不同特长特点的成员设置不同的研究目标,指导他们学习掌握教育科研研究方法,引领他们自觉、科学地进行研究,让他们在具体的研究操作中提升研究能力。在集中研讨时,主持人要善于鼓励成员通过反思性对话,挑战自身的教育教学实践,在对话中不断叩问教育教学事件,发掘教育事件背后的个人假设和教育理论，最终发展个人实践知识，促进自身专业理解。

最后，在课题研究的策略与方法上，要秉持一种融合创新的理念。坚持教育教学实践的核心地位，通过持续的实践总结、深刻反思、循环再实践与系统的理论归纳，构建起扎实的研究基础。同时，要积极拥抱课程改革的新浪潮，勇于探索并采纳那些经过验证的、富有成效的新成果、新方法与新手段。这些创新元素的融入，为课题研究注入了无限活力与可能性，使其更加贴近时代需求，引领教育前沿。课题研究的最终归宿，在于其成果的广泛推广与应用。在成员所在学校进行研究成果的示范与推广，是工作室研究成果落地的首要途径。研究成果只有在教学实践中得到检验，才能证明其价值，也才能真正转化为教育发展的推动力。

我们工作室在成立之初，就要求每位学员都要有自己的主持课题或者参与课题，希望通过课题研究提高成员科研能力，同时加强指导和带动本校学科教师的参与，提升工作室成员的辐射引领水平。目前工作室不少学员已经在各市县都完成了小课题的研究工作，特别值得高兴的是我们工作室成员陈青美、杜修全还获得了国家级教学成果二等奖，并且陈青美是主持人、杜修全是第二参与人，这是非常了不起的。

在整个工作室建设过程中，我个人非常注重成员科研兴趣的培养和科研能力的提升。我们请师范大学的教育理论专家专门给大家讲教育科研的方法，工作室专家成员杜修全老师成功申请国家级课题《高中生物学学科核心素养教学实践研究》，我们就请他分享经验，并且带领部分学员加入课题组，开展子课题研究。每次活动开始前30分钟，我们都要请一部分成员来汇报自己课题研究的进展，鼓励成员之间互相改论文，我也经常帮成员改论文、推荐杂志社给成员。大家看到有成果了，有成功案例了，也会越来越愿意自主地进行科研。

海南省韦和平中学生物卓越教师工作室主持人访谈摘录

第五，为成员提供示范辐射平台。示范意即表率，而辐射是指将已获得的某种成果（或某个先进理念）推广至某个领域或特定对象中，从而产生一定的积极影响。名师工作室是提升教师专业素养、培养"种子教师"的重要平台，为成员提供示范辐射平台也是主持人的重要使命。主持人要引领工作室的每个成员，不仅在本单位更是在区内、市内、省内甚至全国范围发挥示范辐射作用，做到师德师风示范、学习政策示范、深化教改示范、提高质量示范、服务奉献示范。名师工作室主持人要扮演好引领与桥梁的重要角色，通过向成员提供示范辐射平台，将工作室和成员的先进教育理念和教育科研成果、经验，经过成员的自身示范活动，向相关学科或领域的教师推广，以产生更大的影响。例如，海南省韦和平中学生物卓越教师工作室在第二年的规划中提出，学员在课堂教学中要体现工作室教学主张"活"的理念，培养并安排 4 名工作室学员参加 2019 年全省课堂优质课比赛。深度培养参赛学员二年，要求参赛学员从"活"的理念注重实验教学和开展实践探究活动，全面提升专业能力，体现鲜明的教学风格。

　　名师工作室成员的示范辐射，其形式可以是多样的、活动内容也应该是丰富的。从示范辐射的展现形态而言，其可以划分为两大类别：一类是具备鲜明组织特性的集体活动，它们通常由工作室统一规划、组织执行，展现出高度的协同性与凝聚力；另一类则是成员在工作室领导的指引下，或依据既定制度框架，自主开展的个体活动，这些活动灵活多样，充分展现了成员个人的风采与创造力。从活动的内容来看，既有深入浅出的专题讲座、生动直观的示范课程，以及意义深远的帮扶结对活动，也创新性地融入了论坛研讨、沙龙交流等互动性强、氛围轻松的交流形式，同时还有精心构建的网站平台、即时通信的微信社群、广泛覆盖的网络节目乃至权威专业的教育专刊，工作室及其成员得以跨越时空界限，将先进的教育理念与实践成果迅速传递给更广泛的受众，真正践行了辐射引领的社会责任。从活动的范围来看，主持人秉持活动共享的理念，把工作室办成对所有热爱学习的老师开放共享的学习场所，带动了工作室内成员和室外教师的发展，有效推动了师资发展的公平和均衡。

量身定制搭设推广平台，助推学员体验成功的幸福生涯

　　工作室注重营造幸福生涯的氛围，倡导学员做个幸福的教师。学员的成长需要体验，也需要分享，工作室充分发挥搭设展示平台的功能，在组织课堂展示、信息技术教学技能演示、课题研究成果展示、研修体会、读书分享等活动的同时，特设学员专题小讲座，推广学员的教学成果，展示优秀学员风采。鼓励学员分享汇报自己成长过程中的感悟和收获，这既是自我的肯定，也是同伴互助的需要。

海南省施琼英中学美术卓越教师工作室宣传册节选

第六，促进区域教育改革。名师工作室的宗旨是促进区域教师队伍质量的提升，促进区域教育改革，工作室主持人则承担着驱动教育改革的责任。主持人的驱动变革能力通过引领教育研究、推动教育变革来体现。工作室主持人应是具有较强研究能力的引领型教师，其积极开展课改、教改等项目研究，带领成员基于真实的教学情境进行教育科研，促进成员科研意识的形成，提升成员教育研究能力，同时将研究成果运用于教学实践，促进课堂教学的变革，争取形成较为突出的教育教学改革成果。工作室主持人要及时了解、吃透教育政策、教育研究前沿，并敢于率先在课堂上落实教育改革所提倡的新主张，亲身示范，引导工作室成员逐步实践新理念、新方法。工作室通过打造示范窗口，定期组织高层次、高水平的教育教学科研培训活动，尽快形成、充实、推广具有先进性、引领性的教育主张、教学风格、教学范式，在一定区域发挥示范作用，推动区域教育的改革。例如，海南省王嫣雪中学语文卓越教师工作室以"简约语文"的教学主张为引领，围绕新课标、新教材、新高考等开展了一系列课例研究活动，如"整本书阅读""基于核心素养导向的语文大单元设计课例研究和理念探讨""阅读教学简约课堂模式探索"等专题研修活动。并就此推出了一大批好课，撰写了一系列相关论文，为海南省中学语文教学实践提供了可操作可借鉴的优秀案例，推动了区域教育的改革创新。

以"深刻课堂"撬动课堂教学改革。工作室按照习近平总书记对思政课改革创新提出坚持的八个"相统一"要求，针对当前中学思政课普遍存在的"浅表化"问题，构建了以"一个任务""两个主体""三个原则""四个环节"为主要内容的"深刻课堂"课堂教学模式，引领工作室成员和基地校教师将"深刻课堂"作为课堂教学改革的范例，实施研教结合，通过课堂教学观察、教学模式探讨、推行同课异构等互动式校本教研交流，促使其转变教学方式，积极探索"深刻课堂"，深化课堂教学改革。

海南省罗禹中学政治卓越教师工作室宣传册节选

围绕着"制定工作室的目标、愿景、任务，指导成员制定发展规划，专业引领提升成员素养，聚焦成员困惑开展研究，为成员提供示范辐射平台，促进区域教育改革"六项职责,各个地区对工作室主持人的职责与任务进行了细化。海南省中学卓越教师工作室管理制度中名师工作室主持人的职责和任务具体如下:

名师工作室主持人承担着首席业务指导、发展规划与实施、学习与实践指导等方面的职责,海南省中学卓越教师工作室主持人的职责与任务主要有:

主持人的职责与任务

(一)顶层设计。负责制定工作室的各项规章制度、活动计划和研修人员培训计划。全面了解本学科最前沿的信息与发展动态,深入研究教育教学中的重点、难点问题,积极探索新方法,在此基础上,制定工作室三年发展规划、学年活动计划,提交工作室总结;与工作室研修人员签订培养责任书,指导他们制定个人专业发展研修计划。管理和使用工作室经费。

(二)专业引领。主动传授先进的教育理念和教学方法,通过示范课、讲座、报告等方式发挥示范引领作用,带动成员共同成长。开设年度省级以上(含省级)示范课、专题讲座或学术报告至少3节。

(三)活动落实。定期或不定期组织工作室成员开展理论学习、专题讲座、教学沙龙、现场会、研究课、示范课、阅读分享、论坛交流等教研与培训活动。协调与教科研部门的业务活动,代表工作室开展教科研交流合作。

(四)课题研究。以主持人学术专长为基础,集工作室成员智慧进行课题研究。任期内,至少主持并解决1个有价值的教育教学问题,主持并完成1项省级以上(含省级)科研课题。至少有2篇研究报告或论文在省级以上(含省级)刊物发表或获奖。

(五)网站建设。以主持人的姓名与学科共同命名工作室博客网页,加强网页建设,要把网页建成动态工作站、成果辐射源和资源生成站。

(六)总结推广。及时整理工作室活动记录,优质课例、案例、研究成果等过程与成果资源资料。总结自身教育教学经验和工作室工作经验,积极宣传,推广成果,充分彰显工作室的职能和作用。

(七)考核评价。主持对工作室导师、学员的考核、评估和评价以及工作室的年度过程性评估和终结性考核。接受主管部门的指导、检查、评估。建立工作室成员成长档案,并对其进行教育、管理和考评。

《海南省中学卓越教师工作室管理及考核实施办法(试行)》节选

2. 导师

导师是对工作室的运行、学科活动、研究活动、教师培养等具有指导、监督作用的老师,一般是高校尤其是师范院校教育理论教师、学科课程与教学论老师、学科教研员,或者省内外知名度较高、教育教学成果丰富的比工作室主持人更高一级的一线名师。有的地区将导师称为"顾问",工作室顾问作为一个拥有丰富知识理论和经验方法的存在,为工作室活动提供理论指导和相关人事物等条件的支持和帮助,为工作室活动开展提供积极有利的条件,并能够积极指导制定工作室活动方案,协商工作方式、工作时间。[1]一般而言,工作室导师以高校教育理论教师、学科课程与教学论老师为主。

以高校教育理论研究者为主体的高校教师凭借其坚实的理论素养和敏锐的专业视角,在名师工作室的运行过程中扮演着极其重要的角色,能为名师工作室的功能的实现提供理论指导和方向指引。作为工作室导师的高校教师,一般具备四个方面的素养。首先是扎实的理论功底。高校教师拥有丰富的知识储备、扎实的理论功底,能灵活自如地运用教育教学的基本原理解决实践的问题,为问题解决的策略找到理论基础,进一步提高问题解决策略的普适性。其次是较高的研究能力和研究指导能力。高校教师能在研究时把握方向,具体指导工作室如何做研究,为工作室成果的凝练和推广提供帮助。再次是丰富的实践指导经验,高校教师凭借其丰富的实践指导经验和非凡的洞察力,能够迅速而准确地洞察问题的本质,凭借精准的判断力制定出切实可行的解决方案,并以理论高度带领工作室成员进行实践的更高层次探讨和实践智慧的升华。最后是较高的学术道德。高校教师拥有较高的学术道德,并不断影响工作室成员,时刻提醒工作室成员紧守学术底线,遵循学术道德。

高校老师对工作室进行指导,是高校教师运用理论指导实践、丰富教育理论的重要途径。高校教师作为导师,参与对工作室成员的指导,不仅能使一线教师在理论上得到有效的提升,更能带动教师进行自我反思。高校教师指导工作室教学实践,不仅对教育教学理论进行阐释,而且与工作室成员进行对话与建构,从而推进教学实践经验的运用。[2]工作室导师的指导主要包

---

[1]《长沙市名师工作室管理细则》。

[2] 李嘉越:《教育学学科专家指导中小学名师工作室研究——一种"内引发展式"指导模式》,沈阳师范大学 2020 年硕士学位论文。

括对工作室的整体指导、对名师的指导、对学员的指导。例如，对工作室的整体指导考察的是工作室的定位是否与社会需求相符合，是否与教师专业成长的规律相符合，是否和老师的实际需求一致，是否将工作室成员的个人发展目标和工作室的集体目标紧密结合。工作室导师的指导不仅仅局限于在工作室学习过程中对教师的引领、问题的指导、理论运用于实际的研究，还包括活动开展前对活动设计、活动结束后对活动质量的指导和讨论。指导方式有座谈会、讲座、听课、点评、网络跟进、教学设计指导、专业发展规划指导等。以海南省中学卓越教师工作室为例，工作室指导教师的职责与任务如下：

制定计划。全面支持主持人的工作，协助制定三年发展规划和每学年工作计划，确定工作室学员的培养目标和具有针对性、实效性的具体培养措施。

组织学习。协助主持人按计划开展各类专题研修活动，做好活动的组织协调。

示范引领。积极开设示范课、专题讲座或学术报告等，充分发挥示范引领作用。每年至少开设省级以上（含省级）公开课3节，或作省级以上（含省级）专题讲座或学术报告3次。

专题研究。结合教育教学实践，开展专题和课题研究。任期内，至少主持完成1项省级以上（含省级）科研课题。至少有2篇研究报告或论文在省级以上（含省级）刊物发表或获奖。

资源建设。带领工作室成员积累并生成工作室教研、培训活动与课题研究过程性资源与成果资源。

考核评价。协助主持人开展对工作室学员的考核、评估和评价以及工作室的年度过程性评估和终结性考核。接受主管部门的指导、检查、评估。

管理网站。协助主持人管理工作室的网站，及时报道工作室活动开展情况。及时上传工作室工作过程与成果资料。

《海南省中学卓越教师工作室管理及考核实施办法（试行）》节选

3. 学员

学员是工作室的主要培养对象，以青年骨干教师为主，具有较强的学习意愿，认可工作室的价值愿景、活动方式，注重自己的专业成长，有一定的教学经验，并初步对自己的教育教学有独立的思考，有着成为教研型教师的内在潜力。学员是名师工作室的核心组成要素，其多样性和差异性是名师工作室的重要资源和运行动力，要把好学员的"入口关"，合理遴选学员，如此才能充分利用这些资源，构建多方共赢的局面。

（1）优秀工作室学员的特点。卓越的工作室学员是那些怀揣着强烈自我超越愿望与卓越成就动机的佼佼者。他们不仅将个人发展视为不懈追求，更以实际行动践行这一信念，持续付出不懈努力。在能力构建方面，这些学员展现出了非凡的自主学习能力、敏锐的批判性思维和较高的合作与沟通能力。在性格特质与意志品质方面，这些成员更是展现出吃苦耐劳、主动参与、乐于分享的精神。

第一，较为强烈的成就动机与自我发展意识。成就动机是个人对于自己所认为重要或者是有价值的工作认真完成并期望达到某种理想状态的一种内在的推动力量。[1]名师工作室是由名师主持人和工作室成员组成的学习共同体，围绕工作室的建设目标，主持人会设计不同的活动和任务，参与和完成这些任务可能会占用成员一定的时间和精力。如果参与者没有较为强烈的成就动机，他们就会把参与名师工作室的活动当作一种负担、一种额外的任务。加入名师工作室的成员要有较为强烈的求知欲望和专业成长的内在动力，[2]具有较强的职业认同感，热爱职业教育事业，有主动成长的意识和自我发展的成就动机；将工作室的任务视为专业发展的契机，以积极的心态投入工作室的活动中，主动克服成长过程中遇到的困难，形成专业发展的自觉性。

第二，较强的学习能力、反思能力与合作沟通能力。名师工作室是一个典型的学习型组织，工作室成员有着共同的目标和学习愿景。名师工作室会安排教学观摩、公开课示范、教学研讨、课题研究等活动，为成员提供良好的学习机会。工作室成员一般都具有丰富的工作经验，不同成员在思想碰撞和观点交锋中可以相互学习。因此，工作室成员还需要具备一定的自主学习与反思能力。

反思是指能够将经验含糊的、可疑的、矛盾的、某种失调的情境转变为清楚的、有条理的、安定的以及和谐的情境。[3]反思是教师专业成长的起

---

〔1〕张光博主编：《社会学词典》，人民出版社1989年版，第167页。

〔2〕严运锦、朱宁波：《名师工作室中教师学习机制的个案研究》，载《教师教育研究》2019年第6期，第78~85页。

〔3〕[美]约翰·杜威：《我们怎样思维·经验与教育》，姜文闵译，人民教育出版社1991年版，第83页。

点。通过对自己教学和课题研究过程的思考，以及对自己教学行为、教学结果进行审视和分析，教师能够改进自己的教学实践使之更加合理化。富有反思精神的教师通常会有开放的态度、较强的责任感和执着精神。这些专业态度能够帮助教师从常规的教学工作中解放出来，有目的、有计划地实现自己的职业发展目标。批判性反思应该是名师工作室成员成长的必备品质。

一个人走得快，一群人才能走得远。名师工作室是一个团队，无论是集体备课、观摩教学还是课题研究都需要团队成员互相配合才能完成。不同的学员在知识结构、认识水平、教学经验、教学风格上都存在着差异，为了达成共同的目标，需要工作室成员敞开心扉、通力合作、分享知识经验、增进彼此间的了解。工作室成员需要较强的合作与沟通能力，不善于与他人合作的成员往往很难与组织共同发展。

第三，优秀的意志品质与奉献精神。名师工作室的成员要有吃苦耐劳的品质。专业阅读、公开课教学、课题研讨等工作室组织的各项旨在促进教师专业发展的活动，无一例外都具有不同程度的挑战性，而且参与有些活动短期内看不到明显的成效。这就需要成员具备吃苦耐劳的精神，在活动中投入一定的时间和精力，同时还要耐得住寂寞。

工作室学员要有主动参与的意识。名师工作室的主持人和学员都有自己的日常工作，彼此之间没有严格的行政隶属关系，更多是基于兴趣和共同目标走到一起的。因此，在工作室举行的活动中，成员要主动承担各项任务，发挥主观能动性，积极贡献自己的知识和经验，在完成任务的过程中促进自我的专业发展。

名师工作室的学员需要具备分享意识。在名师工作室中，不同学校、不同专业背景、不同阅历的教师彼此分享观点和资源，使得整个组织也得到了发展。不同成员的工作内容、工作时间、工作任务差异较大，需要互相支持、互相配合才能达成共同目标，这就需要工作室成员具备一定的奉献和协作精神。

（2）工作室学员的职责。在工作室这一充满活力的学习共同体中，成员们的角色绝非单一的学习者。他们不仅是知识的汲取者，更是工作室共同体组织架构与发展蓝图的积极参与者和重要建设者。每一位学员都被赋予了主人翁的使命，工作室鼓励他们树立个性化的成长目标，将个人的成长愿景与工作室的整体发展紧密相连。成员们不仅积极投身于各类工作室活动中，以饱满的热情和专业的态度完成分配的任务，更主动承担起推动工作室前行的责任。成员们乐于分享自己的资源、经验和见解，通过跨领域的交流与合作，为工作室的创新与发展注入源源不断的活力与灵感。

以海南省中学卓越教师工作室为例，工作室成员的职责主要如下：

1. 明确目标。遵守工作室管理制度，积极参加工作室组织的研修，不断提升教学素养。制定个人发展规划、年度个人专业发展研修计划，做好各种研修活动记录，提交研修心得、总结。

2. 教学展示。在名师的引领下，不断改进学科教学，进行公开课、研究课等各类形式的教学展示，总结教育教学方法、经验与模式，提高课堂效率，实现自我成长。

3. 教育科研。不断学习和钻研教育教学理论，积极参与课题研究和教育科研，阅读教育教学专著，撰写读书笔记和教育教学研究札记、教育论文等。

4. 结对帮扶。指导和帮扶青年教师，结对指导本校或帮扶学校青年教师，经常听课、评课，帮助青年教师不断提高教育教学能力。

5. 资源库建设。协助主持人建设教育教学资料库，向工作室提供高质量的教学设计、教学实录、教育案例、教育故事、心得反思、读书笔记等。

6. 网站互助。协助主持人维护工作室网站（博客），积极开展在线互动式研讨，为工作室网页提供动态的教育教学信息、教育教学资源和成果。

《海南省中学卓越教师工作室管理及考核实施办法（试行）》节选

（二）共享愿景

共同事业是共同体的合作之源、意义定制之源、共同介入之源。[1]彼得·圣吉（Peter M. Senge）认为："共同愿景是指引组织发展的组成要素，其核心是共同的目的感和使命感。"[2]教师专业学习共同体的成员是基于共同（相似）学习目标和兴趣而组织在一起的教师，建设的关键是团队中每一个成员

---

〔1〕赵健：《学习共同体——关于学习的社会文化分析》，华东师范大学出版社2006年版，第83页。

〔2〕[美]彼得·圣吉：《第五项修炼——学习型组织的艺术与实务》（第2版），郭进隆译，杨硕英审校，上海三联书店1998年版，第209页。

都应该确立一个共同的目标,并愿意为达成这一共同目标而努力。工作室表现出的忠诚的关系和稳定的结构,正是由共同的愿景、价值观所凝聚而成的,因此共享愿景是工作室的灵魂。名师工作室的共享愿景并不是由外部制定的,而是由实际参加的老师在追求共同事业的过程中,结合个人的发展愿景,经过团队协商确定的。它是名师工作室的宏伟蓝图,指导着工作室的整体活动、发展方向,影响着工作室的整体凝聚力,激发了成员的希望,唤起了成员的积极性。工作室成员对工作室愿景的认可是工作室愿景实现、顺利运行的关键因素。

表3-1 海南省部分中学卓越教师工作室目标愿景

序号	工作室	目标愿景
1	海南省李红庆中学数学卓越教师工作室	坚守中学数学教学及相关课题研究领域,以创新思维为主旋律,立足学科自身特点,面向全国先进教育谋发展,引领全省数学教学促进步,聚焦中学数学课堂,以"科研立室共发展 名师领航同成长"为工作室理念与办室主张。
2	海南省冼词学中学数学卓越教师工作室	创建一个共同成长的平台,集教师队伍培训、交流、研究与辐射功能于一体。在教师专业成长、教育教学及科研中都能起到示范、领衔、凝聚、激励和辐射作用。在主持人的带领下,三年内逐步提炼出具有学科特色的工作室教育教学理念,帮助团队成员提升专业能力,梳理总结教学经验,提炼教学风格,凝练教育思想与价值追求。努力将工作室建设成为一个优秀骨干教师成长的平台、一个名师成长的摇篮,培养一支业务优秀、充满活力、富有影响力的教师团队,助推海南省数学教育教学的改革与发展。
3	海南省谭献雪(谭嘉璐)中学语文卓越教师工作室	以"搭平台、重研讨、促成长、广辐射、谋均衡、共发展"为宗旨,以"专业引领、同伴互助、交流研讨、自主研修"为基本形式,以"阅读与行走"为载体,以"心灵融通、应用所知完成特定任务或问题、有能力在不同情境间进行迁移、潜移默化成做事的智识的有理想、有思想、有本领、有担当的气质语文"为核心,构建省级中学语文学科教师专业成长共同体,与海南师范大学文学院协同培养优秀的中学语文教师,尽力为打造优秀的一线中学语文教师提供发展的平台。

续表

序号	工作室	目标愿景
4	海南省王英中学英语卓越教师工作室	以"打造一支队伍、提炼一个主张、组织系列活动、研究一项课题、辐射一个区域、带动一门学科、孵化一批成果"为工作目标开展活动。秉持"立足课堂实践，促进专业成长，带动区域发展"的工作室理念，紧密围绕工作室"深活英语"教学主张，以"双新""双减"背景下的深度读写教学实践探索和课题研究为抓手，开展形式多样的系列主题活动，不断完善教学主张，打造"深活英语"读写课堂教学模式。
5	海南省强枭雄中学历史卓越教师工作室	工作室主张：以史树人 享受教育生活 通过课堂教学主张用历史课堂激发与唤醒学生的家国情怀与使命担当。聚焦学科育人功能促进学科课堂教学转变。 工作室目标：骨干教师的孵化平台；青年教师的成长平台；乡村教师的专业舞台；优秀教师的交流平台。
6	海南省李炳军中学政治卓越教师工作室	工作室充分发挥名师团队的示范引领作用，以海南省中部地区教育为起点，以课堂品质为议题，以活动为主线，坚持问题导向，努力把工作室建成未来名师的孵化器、教学经验的共创共享地、教师专业发展的共同体。工作室通过专题讲座、课堂实践、课题研究、送教下乡、联合研修等途径，不断提升思政课堂的品质，提高全体成员的专业水平和师德修养，培养一批优秀骨干思政教师，培养更多的"四有好老师"，肩负为党育人、为国育才的历史使命和政治担当。
7	海南省陈素梅中学物理卓越教师工作室	工作室服务于海南省中学物理学科的建设和发展，搭建省市级互动交流平台，优化共享教育教学资源，共同研究教育教学理论，研讨教育教学方式方法；借鉴省外优质教育教学资源，提升海南省中学物理教师的教学与教研能力，从而促进海南省中学生的物理核心素养培养与提升。
8	海南省咸生伍中学地理卓越教师工作室	工作室以国内地理名师先进的教学思想和实践智慧为引领，搭建促进工作室成员专业成长的发展平台，让所有成员通过有规划性的自学和互学，充实专业知识和相关学科知识，结合相关活动，锻炼自己学科融合和联系实际的能力，在理论和实践上提升自己，达到"自身硬"的目标，成为区域中学地理的学科带头人。充分发挥工作室成员的引领作用，带动更多教师的成长，助推海南省中学地理教育教学的发展与创新。

续表

序号	工作室	目标愿景
9	海南省邱桂兰中学历史卓越教师工作室	工作室将面向伟大民族复兴中国梦的实现和基础教育改革新形势发展需要,立足海南,面向全国,力争在三年内通过形式多样的理论学习、专题研讨、读书交流、实践拓展、课题研究等活动,提升全体成员的师德修养、教育理解、课堂教学、科研能力和创新精神,打造一支实践型、反思型、学习型、研究型优秀历史教师团队,在中学历史教育教学领域能创新、出成果、有引领、出名师,同时探索、总结优秀青年教师成长的规律,将本工作室建设成中学历史"开发整合教育教学优质资源的基地、推广教育教学最新成果的平台、辐射引领的中心和卓越名师成长的家园"。
10	海南省陈涛中学音乐卓越教师工作室	以"专业引领,共同发展"为宗旨,以课堂教学为主阵地,以教育科研为先导,以网络为交流载体,聚集中学音乐教学精英,聚焦中学音乐课堂教学问题,以促进中学音乐高效教学为根本目的,并通过开展系列行之有效的学习与实践活动,促进中青年教师专业成长以及名师的自我提升,为海南省中学音乐教师的专业成长提供学习交流的平台,为探究适合海南省音乐教学的新模式而不懈努力。

工作室共享愿景的落地,通常是通过工作室的章程、发展目标等来具体体现。名师工作室章程的设计是一个反复推敲的过程,主要包括以下内容:其一,名师工作室的性质、目标、文化标志,明确工作室的学习主体、功能性质、建设目标;其二,名师工作室的组织运营,明确工作室的名称、导师、成员,以及主持人任期、工作流程、管理方式、考核评价;其三,各学习主体(主持人、导师、学员)的目标、具体任务、职责分工等;其四,工作室的保障机制,明确工作室的经费来源与管理、活动场地与资源保障、管理制度、奖励机制等。

表3-2 海南省部分中学卓越教师工作室LOGO

序号	工作室	LOGO
1	海南省韦和平中学生物卓越教师工作室	

续表

序号	工作室	LOGO
2	海南省陈涛中学音乐卓越教师工作室	
3	海南省方仁艳中学语文卓越教师工作室	
4	海南省陈素梅中学物理卓越教师工作室	
5	海南省邱桂兰中学历史卓越教师工作室	
6	海南省王英中学英语卓越教师工作室	
7	海南省沈娜中学音乐卓越教师工作室	
8	海南省王连城中学信息技术卓越教师工作室	
9	海南省施琼英中学美术卓越教师工作室	

海南省陈素梅中学物理卓越教师工作室 LOGO 解读

工作室的 LOGO 以"右手画左手"方式组图，分三大主体：图中左上角的"格物致知"四个工笔字；右上侧物理首写拼音字母——"WL"；图中手手相连，五指向心，尾巴是一个强健而有力的拇指，它们共同构成一个大大的字母——"a"。

"右手画左手"组图隐喻：左手指思维理论指导，右手指实践行动反思；

"格物致知"四字，源于《礼记·大学》八目，包含着物理学科的研究方法、思维方式和物理精神与物理态度；

"a"的解读：其一，它是物理中的加速度符号，拇指按下加速度器，学习共同体将助力加速飞翔；其二，它是 26 个英文字母中的第一个，代表着"敢为人先，勇于创造，追求卓越"的勇气与胸襟；其三，它的直观形象是一杯咖啡，代表着简单与和谐、民主与自由，代表着在交流碰撞中形成教育智慧及方式方法；其四，它是完美的圆形、发散而相连的五指，代表信息与教育、教学的融合，用手创造最完美的信息技术时代。

（三）共同领导

伍德认为共同领导是指相互影响的状态或特征，在这种状况下团队成员分担着整个群体的领导角色，参与决策过程，完成传统意义上上级领导者安排的任务，以及在适当的时候帮助他人以实现群体目标。[1]教师是特殊的职业群体，具有高度的专业自主性。在工作室这一教师专业学习共同体中，主持人和其他成员要进行决策权和领导权的分享，在工作室建设过程中，主持人和管理部门不断创造条件和机制支持所有成员参与决策。成员在分享决策和领导的过程中，彼此之间的平等关系得以彰显，不断增强教师的专业自主意识，更有动力去注重教师发展，能够根据所长分担工作，参与促进教师群体发展的相关活动。同时在参与决策和领导的过程中，与其他成员相互交流、互动，提升了自身的决策能力和领导力。反过来，成员的决策力、领导力和教师专业自主意识的提升，能为工作室的决策提供更多的有效信息和建设性意见，促进工作室内部的专业认同，提高工作室的凝聚力。

在工作室内没有绝对的权威，工作室成员之间是彼此平等的、支持性的，工作室主持人不是行政性的领导，而是工作室活动的召集者、组织者，教育教学的发起者，同时工作室成员可以轮流主持工作室活动，防止"沉默的大多数"现象泛滥，促使工作室内领导权得到共享。

我们工作室的主持人在工作室成立之初，就向学员表达了轮流到各个成

---

[1] Wood M. S., "Determinants of Shared Leadership in Management Teams", *International Journal of Leadership Studies*, 2005（1）：64.

员学校开展活动，并由所在学校的工作室成员"做东"，结合工作室的活动主题、工作室成员的需求、活动所在学校的教育教研情况来设计、主持活动的想法，得到了学员的积极响应，大家都争先想尽早把工作室活动安排在自己所在学校。工作室把活动安排在我们学校时，我成为那次活动的设计者、组织者和"主持人"。在这个过程中，我多次与主持人、其他成员沟通活动的主题、方式、授课专家，创新性的同课异构方式得到了大家的赞同和支持，平时最怕大型活动的我也居然做了一次大型活动的主持人，我感觉自己是工作室中的重要一分子，能够有权参与工作室的整体计划的制定和实施。

此外，令我印象非常深刻的是我们主持人在制定工作室学员的年度任务时，并没有像其他主持人一样自己做好任务规划后直接告知学员，而是制作一个"问卷星"，让大家根据自己本职工作量和对工作室的期待，填写了自己认为可以完成的年度任务。主持人向大家展示了统计数据后，才和大家共同商议形成了工作室学员的年度任务。这让我们觉得非常受尊重，在制定、分配任务等事宜中，我们都参与了决策，当然也会认真完成任务。

海南省中学卓越教师工作室成员姚实彦老师访谈摘录

（四）支持性条件

共同体的支持性条件为教师专业学习共同体活动的顺利开展提供结构资源的支持和尊重互信的关怀氛围。[1]名师工作室结构资源的支持包含共享的时间空间、交流系统、各类硬件、技术及人工方面的支持，以及工作室外部教育行政部门的经费支持、政策支持、专家指导、成员所在学校领导的支持等。特别需要指出的是，教育行政部门的支持对工作室来说尤为重要，工作室活动的开展涉及学生、场地、经费、资源等各个方面，教育行政部门经费、政策的支持、各个学校的支持是工作室顺利运行的强有力保障。尊重互信的关怀氛围就是成员之间相互尊重、相互信任，并相互支持彼此的学习和发展，在批判性反思与探究的基础上寻求自我的提升和组织改善。[2]名师工作室的领导实际是共享式的领导，这种共享式的领导能够增加成员对工作室的集体认同感，因此各类管理者的重心由原来的行政赋权的领导转向工作室共同愿景的

---

[1] 朱旭东、王姣莉：《专业学习共同体视角下的名师工作室》，载《中国教师》2016年第15期，第16~20页。

[2] 宋萑：《教师专业共同体研究》，北京师范大学出版社2015年版，第56页。

实现。另外，专业学习共同体还具有共同体拓展特征，需要构建学生、教师、家长、社区成员等的共同体关系。名师工作室事实上也要有这种共同体拓展特征，它依赖于学校的校长、副校长以及中层干部的支持，要与行政人员等构成拓展共同体，以保障名师工作室有效运转。

海南省首先通过教育厅文件肯定卓越教师工作室的重要地位，海南省教育厅印发《海南省中小学"好校长、好教师"培养工程（2021—2025年）实施方案》，明确指出"建设65个中小学省级'卓越教师工作室'（其中中学30个、小学30个、幼儿园5个，含班主任、特殊教育卓越教师工作室等）。工作室由我省一名卓越教师或聘请省外名师担任主持人，吸纳省级骨干教师、省级学科带头人、省特级教师作为工作室主要成员，工作周期三年，通过专题研修、教学展示交流、师徒结对、基地校诊断指导、市县对口帮扶送教送训下乡等多种形式，在我省教育教学改革和教师培训工作中发挥重大作用"，从政策上保障了工作室的运行。在此文件的指导下，海南省每年为省中学卓越教师工作室拨付5万元的建设经费。与此同时，省内各个学校的管理者也从场地、设备、经费、人员保障、成员活动参与等方面给予支持保障。

我们学校先后有五六位老师成为省级中学卓越教师工作室的主持人，包括吴爱娇中学英语卓越教师工作室、唐彩霞中学心理健康教育卓越教师工作室、陈辉中学化学卓越教师工作室等，同时也有其他的多个工作室到我们学校开展过活动。海南省中学卓越教师工作室是海南省中小学"好校长、好教师"培养工程的重点项目，按照省委、省政府、省教育厅的指示，各个学校要全面支持工作室开展活动。从学校层面，我们也非常欢迎各个工作室在我们学校开展活动，并在场地、资源、学生等方面给予支持。这种高层次的活动不仅让我们本校老师享受了一场学科盛宴，也让我们学校的老师有了更多更高更好的平台，从而让我们学校也充分发挥了引领基础教育的功能。我们会把活动优先安排在学术报告厅，让教务处、保卫处等部门安排好学生上课、活动车辆、活动设备等各项保障工作，我们也鼓励教师参加工作室活动，在课时量、调课等方面予以支持。

海南中学党委书记柳海英访谈摘录

（五）学习资源

学习资源是学习者思维与行为的中介，包括知识、工具、活动等。在名师工作室中，只有通过学习主体与各类资源的互动，才能形成知识和意义的建构。名师工作室不仅为教师学习提供有形的资源，例如优秀讲座、书籍、教学设计、教学录像等，同时由于其成员的多样性和差异性，其本身就是一种重要的学习资源。作为工作室主持人的名师自身也是资源。

名师工作室实现了大学资源与基础教育资源、理论资源与实践资源的优化整合，为工作室活动的开展提供了物质条件。大学老师参与工作室活动带来了丰富的大学资源，不仅有先进的理论知识和严谨的治学风格，还有学科方面的前沿信息资源，这类资源是中小学一线教育所需要和缺少的。工作室在活动过程中，会产生一线教师教育教学问题、共同关注问题和难题，这为大学教师的研究提供了案例资源。

名师工作室拥有丰富的一线实践资源，能为工作室成员提供丰富的研讨资源、学习资源、课程资源等，同时工作室的活动本身，如"同课异构""现场交流""专家引领"等也形成了学习资源。工作室成员之间形成的友谊情感、人脉资源，有利于工作室资源的优势互补，也是工作室丰富的学习资源。工作室将理论与实践进行资源整合，使得二者能够相互促进，理论研究从实践中来，继而指导课堂教学实践和教师的个人专业成长。

（六）学习规范

在学习共同体中，学习主体、共享愿景、支持性条件、学习资源是按照一定的关系进行互动的，这种关系构成了共同体内诸要素的规范，也是学习共同体得以顺利运行的关键。学习规范是工作室成员之间形成的内隐的社会规范、标准和关系等，是由共同的愿景、信念转化成的不成文的、内化于心的不成文规范，旨在让共同体成员积极主动承担责任和履行义务。学习规范不是一蹴而就形成的，是在工作室发展过程中逐渐形成和演进的，是由工作室最初建立的"规则"（规范学习活动的外部规定、法则、制度、政策和惯例等）逐渐演化而来的。工作室的学习规范内化于工作室的价值和精神之中，表现为工作室成员对工作室的共同愿景、共同信念做出的自觉回应，以及对活动的自觉、持久参与，保证了工作室的稳固。

名师工作室学习规范最初的表现主要为工作室的各项制度，包括工作制度、学习制度、考核制度、会议制度、档案管理制度等。

在工作制度建设方面，名师工作室首先应制定详细的培养计划，以有效促进培养对象的专业能力的提升；其次，加强对不同课题的管理，在每一阶段制定具体的研究实施计划，并做出阶段性总结；最后，关于工作室活动方案，要定期上交相关教学计划，做到工作室活动有方案、有措施、有记录、有总结。

在学习制度建设方面，名师工作室要秉承"深度研修"的活动原则。针对专项阅读，明确成员阅读教育理论书籍、教育及学科教学参考文献的数量及要求，例如收集相关资料、做好读书笔记、撰写读书体会等。针对活动任务，明确工作室成员参与工作室活动的课时以及参加校内外示范引领活动的次数与类型，明确课程资源的任务、教育科研的任务等，名师工作室要集中组织对成员学习活动情况的相关考核，并要求每位成员进行自我评议和相互评议，以推进学习制度的完善与优化。

在考核制度建设方面，名师工作室应通过制定考核章程，记录成员日常出勤状况及表现，确定每位成员应当履行的责任和义务；针对考核项目，要综合考察名师队伍所担当的课程责任，给予全面和科学的评价。在不同的活动环节，名师工作室要建立不同的考核标准，例如市级以上公开课、校级以上公开课的不同赋分；获省、市教育职能部门确定的优秀教育成果的不同层次鉴定；在国家级、省级、市级专业学术刊物上发表的论文数量及质量等。名师工作室根据个人业绩和活动表现，可评选优秀工作室成员、每三年评选优秀研究课题、最佳教育成果等；同时，对于未能通过标准考核的工作室成员上报教育行政部门进行审议，建立工作室退出机制。

在会议制度建设方面，名师工作室要从计划会议、阶段性汇报会议、总结会议三个方面着手。学期伊始，主持人应召开工作室成员会议，确定本年度的重点工作任务、培训情况、专题讲座等。同时在不同的活动阶段召开不同的工作计划会议，明确名师工作室的活动计划及远程教育指导、课题开题、研究与结题指导等内容。在阶段性汇报会议中，名师工作室针对工作室成员的阶段性学习成果，在每学期安排若干次数的工作汇报，通过详细确切的工作汇报，促使会议的展开能够起到辅助作用，满足工作室的发展需求；在总结会议中，名师工作室要通过对名师队伍内部的总结和研究，积极呈现本年度工作室所取得的成果，借鉴成功的经验，总结分析存在的不足，并针对工作室的实际提出下阶段改进方案。

对于作为记录、保存名师工作室各项成果的重要载体的档案，名师工作室需要通过制定档案管理制度加以保护，确保各项材料能够得到及时收集、汇总、归档、存档。例如，记录工作室的发展规划、专题讲座、示范课、评课记录、学员论文等，并将其作为工作室成员绩效考评的成绩和集体成果发展的经验总结材料。工作室档案也是工作室形成的重要资源，其对于资源的保存平台、保存方式、保存年限予以说明，鼓励资源的转化、分享。

海南省冼词学中学数学卓越教师工作室规章制度与管理

为了规范工作室管理，确保卓越教师工作室各项工作有效开展，充分发挥工作室的示范、引领和辐射作用，有效促进工作室成员成长，根据省工作室管理文件精神，特制定本工作室规章制度。

一、工作室成员（学员）规章制度

1. 制定学员三年发展规划；
2. 每年制定个人发展规划与年终总结；
3. 积极参加活动，主动承担活动任务，认真做好活动记录；
4. 每次活动结束后一周内，提交一份学习心得体会；
5. 上课前认真备课、虚心请教导师，课后做好反思，及时上传资料；
6. 认真学习理论书籍，做好读书笔记；
7. 树立教育科研意识，提高科研能力，做好带动作用；
8. 积极参与课题研究，每学期发表或上传1篇论文。

二、工作室责任制度

1. 安心做事，静心研究，精心研修，定心提升；
2. 为工作室争取荣誉，争当示范、引领和辐射先锋者；
3. 提高师德修养，模范践行教师职业道德；
4. 建立工作室成员档案，并记录培养过程；
5. 按照要求完成规定的教育教研活动任务，发挥"专业引领"作用。

三、工作室奖惩制度

1. 遵守工作纪律，积极参加，按时签到。对不遵守工作纪律，每年2次无故缺席的学员或成员视为自动退出工作室；
2. 设立工作室"优秀学员""优秀导师"奖项，以资鼓励，每学年评选1次，并纳入考核评价；
3. 工作室期满考核评为"优秀"者，将被推荐为省级工作室优秀学员，并予以奖励。

二、名师工作室的功能

对名师工作室功能的厘清，实则是对名师工作室的实然性回应，有助于深化对名师工作室的认识。作为一个不断发展的事物，"名师工作室"不仅具有叠加的教学、科研和人才培养功能，而且具有更多的生成性功能值得我们去认真关注和研究。

（一）教师专业发展功能

教师专业发展功能是名师工作室的核心功能，许多研究者从教师成长角度阐释名师工作室的功能问题。有学者认为，名师工作室的首要功能是建立促进教师成长的平台、拓展名师自我发展的空间、不断开展学科教学示范、进而支撑学校发展、提升学校的影响力等。[1]也有学者认为，"名师工作室"在教学行动中不断研究教学，在一定程度上激活了教师的教学实践知识；借助便捷的交流媒介，使名师工作室的运作范围超越了学校的限制，进而实现了教师之间的教学信息共享，形成了教师专业发展的资源优势，为教师专业发展开辟了广阔的前景。[2]上述观点都肯定了名师工作室在促进教师专业成长方面的功能，认为名师工作室的首要目标就是促进教师专业知识的积累、专业能力的发展、专业精神的深化，即促进教师的专业发展。对于不同的学习主体，名师工作室都从不同层次、不同角度促进了他们的专业发展。

克雷格（Craig）通过案例研究发现，形成教师专业学习共同体是帮助新教师理解专业知识的一种有效方式，有利于新教师构建个人实践知识，进而成长为优秀教师。[3]名师工作室作为专业学习共同体，能够有效推动教师知识的更新，促进教师对新理念和新观点的接纳，推动教师教学实践的改善，为教师的持续学习提供平台。教师专业发展是教师通过各种方法和途径，不断提升自身专业性的过程，是教师的专业知识、专业技能和专业精神不断成熟和深化的过程。在教学中，不少教师习惯性地沿用传统方式，难以突破自

---

[1] 韩爽：《以教师专业发展为指向的名师工作室运行研究——以吉林省中小学名师工作室为个案》，东北师范大学2015年博士学位论文。

[2] 朱伟、王跃平：《生态取向的教师专业发展的四种路径》，载《教育理论与实践》2012年第20期，第26页。

[3] Craig C. J., "Knowledge communities: A Way of Making Sense of How Beginning Teachers Come to Know in Their Professional Knowledge Contexts", *Curriculum Inquiry*, 1995: 151~175.

身的教育问题和教学困惑，这就需要外部动力的推动与引导。名师工作室主持人作为工作室其他成员专业发展的"引领者"和"指导者"，从培训目标、培训形式、培训内容、研究专题以及培训考核等方面制定工作室成员的培养方案，在工作室周期内实现"让普通教师或年轻教师成才、骨干教师成名、名师更著名"[1]的三重培养目标。

表3-3 海南省部分中学卓越教师工作室成员专业发展成果代表

工作室	教师专业发展成果代表
海南省陈素梅中学物理卓越教师工作室	5位成员被评为正高级教师
海南省吴益平中学化学卓越教师工作室	8位成员被评为海南省中学省级骨干教师，1位成员被评为海南省第三届中小学教学能手，1位成员被评为海南省第二批中小学教科研骨干
海南省韦和平中学生物卓越教师工作室	2位成员分别获得三亚市中学生物卓越教师工作室、五指市中学生物名师工作室主持人资格称号，1位成员被评为海南省教坛新秀
教育部"国培计划"中小学名师领航工程吴爱姣中学英语名师工作室/海南省吴爱娇中学英语卓越教师工作室	4位成员被评为正高级教师，1位成员被评为特级教师，1位成员成为海南省中学卓越教师工作室主持人

资源是教师专业发展的重要元素，是教师专业发展必不可少的"养料"。成员教师平时很难有机会接触到特级教师或专家学者，名师工作室就是他们获得优质学习资源的重要途径。主持人作为学习活动设计者，利用个人社会资本中的人际关系，与其他组织开展专业互动，以整合专业学习资源，满足成员教师的专业学习需要。名师依靠其社会资本将高校专家、学科名师请进工作室，使工作室成员获得了更高层次的学习资源，开阔了眼界，不断深化着自身的学习。工作室开展的教学研究一定程度上丰富了教师的教学实践知识，借助活动开展、媒介等方式，工作室实现了教师之间的教学信息共享，拓展了教师专业发展的资源。

---

[1] 李启云、王际兵：《"三好"教师才是真正的名师》，载《课程教学研究》2012年第6期，第83~86页。

要想快速地提高自己的课堂教学能力，就要积极主动地承担公开课和参加赛课。上公开课和参加赛课虽辛苦，流汗多，但收获非常大。可是上公开课和参加赛课不同于平时的日常上课，首先是备课态度不同，上公开课和参加赛课前，你肯定会认真地查找各种各类教参，参考别人的优秀案例，观摩名师的课堂教学视频。在观摩名师课堂中，不仅看它的"形"，还要深入思考它的"魂"，以酿成一节适合自己的课堂，并不断对自己的教学设计进行修改，努力做到教学设计和教学过程都要有创意。其次是备课的力量不同，平时的日常上课都是靠自己的知识力量来琢磨该怎样备课、怎样写教学设计、怎样组织教学，而在上公开课和参加赛课时，你不是一个人在单打独斗，而是一群人在协作，你科组的同事和学校的教学能手会一起来给你提出好的意见，帮你斟酌。最后是课前准备阶段，平时的主题授课就是一到上课时间就夹着备课簿走上讲台，没有课前"彩排"，而在上公开课和参加赛课前你可能至少磨了几次的课，前前后后反复修改，反复试讲，从陌生到熟悉，从熟悉到自如，这是一个"凤凰涅槃"的过程。所以说，上公开课和参加赛课是我课堂教学能力提高的助推器。

《趁着年轻，拼一拼》
海南省牛星惠中学数学卓越教师工作室成员钟海研修心得节选

专业引领是教师专业发展的主要途径，名师工作室主持人正是成员教师专业发展的重要引领者。在完全独立的状态下，教师只是偶发性地探索教学问题，他们是"修补匠"和"个体户"，呈现出机会主义式的互动交流。名师工作室促进教师专业发展的本质就是促进教师间知识的流动和教学智慧的生成。名师工作室主持人对区域内的教育情况了如指掌，能够对当地的教师发展问题和教学问题"对症下药"，将教师零碎的缄默知识转变为系统的显性知识，并通过教师的交流、分享传递给成员教师。成员教师通过参与集体学习活动激活从教经验，并开始与他们作为专业学习引领者的新身份联系起来，成员教师在与主持人和同伴的互动中"边做边学"，观察他人做法并建立"策略工具箱"，当遇到相似情境时他们可以立即使用。同时，教师基于实践问题开展课题研究，课题研究的结果又能帮助教师解决教学难题，提升教师的研究能力。此外，名师工作室增强了教师的积极性和主动性，提升了教师的身份认同感，缓解了教师的职业倦怠。名师工作室主持人作为教学名师，有着深厚的教育情怀，对教育事业有着极高的责任感和使命感，其在与工作室成员教师的互动交往中，能够潜移默化地感染他们，唤醒他们的从教信念。成员教师之间的互动与合作也能缓解教师职业的压力感和孤独感，减轻教师的紧张和焦虑。很多地区为突破教师专业发展的"高原期"而考虑成立名师工作室。

我们工作室开设了美术教师专业成长论坛，让学员发声，助力专业发展。教而不言、研而不议，都不是理想的状态。几乎每次工作室活动都会拟定一个议题展开讨论，多角度多方位的议题总有一个符合学员的感知认同，做到尽可能让每一位学员都参与研讨活动，任何一位学员都可以把自己的专业在发展中出现的问题、困惑说出来，大家一起来帮他梳理或者分享一些心得。

海南省施琼英中学美术卓越教师工作室主持人访谈摘录

（二）教学主张凝练与推广功能

有研究者从教学主张的凝练、优化、推广的角度对"名师工作室"的功能进行研究。如武兴华认为，"名师工作室"应该以网络平台为基本依托，将教学研讨作为主要内容，以课题研究为基本方式，通过开展教学、教研、教改等活动，充分挖掘和培育每位成员的名师潜质，进而更加完善和推广工作室的教学主张。[1]而有的研究者则认为"名师工作室"应为教师专业发展提供一定的学习资源，不断搭建教师交流平台，进而促进教师之间分享专业知识与经验，不断完善教学主张。[2]名师工作室是组织并开展教学活动的重要载体，其通过教学活动不断践行教学主张，促使教学主张更加完善，并在各项活动中推广。

表3-4　海南省部分中学卓越教师工作室教学主张

工作室	教学主张
海南省陈素梅中学物理卓越教师工作室	问辩课堂
海南省牛星惠中学数学卓越教师工作室	享受数学，唤醒成长
海南省韦和平中学生物卓越教师工作室	让生物课堂"活"起来

---

[1] 武兴华：《"名师工作室"内涵建设三要素》，载《教学与管理》2012年第4期，第21~22页。
[2] 全力：《名师工作室环境中的教师专业成长——一种专业共同体的视角》，载《当代教育科学》2009年第13期，第31~34页。

续表

工作室	教学主张
海南省宋如郊中学语文卓越教师工作室	自然语文
海南省卓俊斌中学英语卓越教师工作室	为"意"而学，为"思"而教
海南省王嫣雪中学语文卓越教师工作室	简约语文
教育部"国培计划"中小学名师领航工程吴爱姣中学英语名师工作室/海南省吴爱娇中学英语卓越教师工作室	"润心"英语教学
海南省方仁艳中学语文卓越教师工作室	情意语文
海南省黄金玉中学语文卓越教师工作室	生活语文，臻于至善
海南省周厚东中学语文卓越教师工作室	自然语文
海南省王英中学英语卓越教师工作室	打造"深活英语"课堂

（三）学生发展功能

教师专业学习共同体的最终目的实则是通过教师专业的成长，实现课堂教学质量的提高，学生学习成绩的提升以及综合素质的提高，最终实现学生的发展。菲利普斯（Phillips）通过对美国西南部一所城市中学进行研究，发现该校教师加入专业学习共同体后，三年时间里，学生的成绩显著提高，特别是阅读和教学方面。[1]大量研究也表明，教师加入专业学习共同体可以提高学生的学习成绩，与学生成绩存在正相关关系。在名师工作室中，成员更加明确自身的专业发展规划，教育教学能力得到提高，最终落实到课堂上，促进了学生的发展。

（四）教师专业自主提升功能

教师专业自主包括教师在专业领域里的自主权利与自主能力，是教师职业所赋予的自由，包括专业自主意识与能力。教师专业自主意识是指教师明确意识到自己有进行自主选择、自由决断的权利，当受到不当干预时其能进行有力的对抗；明确意识到自己是专业发展的主人，并有对自己的教育行为和专业发展负责的意识。教师专业自主能力是指教师具备进行自我选择、自

---

[1] Phillips J. Powerful,"Learning：Creating Learning Communities in Urban School Reform", *Journal of Curriculum and Supervision*, 2003, 18（3）：240~258.

我判断、自我监控、自我评估的能力,即教师有能力实施其专业自主权并能够使自己的行为处于自己的意志控制和调节下,不盲目、不任性,并能对其产生的后果负责,体现了一定的自律性。格鲁斯曼(Grossman)研究发现,教师共同体有助于培养教师的责任感与领导能力。[1]名师工作室成员在对名师工作室的发展作出建议、决策并参与相关活动设计、组织、管理的过程中,培养了作为教师的责任感。工作室作为专业学习共同体,通过民主管理保障其运行,这也相应地增强了教师的民主观。学员之间的互动,工作室主持人的引领,加深了彼此对专业的理解,意识到自己是专业发展的主人。

(五)教育研究功能

教育研究是工作室的重要功能之一,是名师工作室发展的生长点,也是名师工作室的生机与活力的关键所在,是名师工作室不断提升的助推器,为名师工作室的持续发展提供动力。名师工作室的教育研究主要以"课题研究"的形式进行,以工作室成员的集体智慧为基础,落实到具体的学科,将教学实践中遇到的重难点问题归类,再逐个进行专题研究。各个课题研究极大地丰富了相关理论,促进了教育理论与教育实践的融合,为教育教学理论提供了大量实证研究。

表3-5 海南省中学卓越教师工作室代表性科研成果(主持课题类)

工作室	课题名称	级别
海南省陈涛中学音乐卓越教师工作室	中学音乐有效课堂教学方法与教学环境营造研究	国家级
	琼剧融入初中音乐教学的有效策略研究	省级
	高中音乐鉴赏模块自主学习方式的探究	省级
海南省李红庆中学数学卓越教师工作室	中学数学研讨学教法课堂教学模式的实践与研究	国家级
	基于模型的高中几何实验教学研究	国家级
海南省邱桂兰中学历史卓越教师工作室	"史料史证"在课堂教学中的呈现与目标达成	省级
	核心素养视域下高中历史微阅读教学研究	省级
	高中历史教学中学生时空观念素养的培养策略研究	省级

[1] Grossman P., Wineburg S., Woolworth S., "Toward a Theory of Teacher Community", The Teachers College Record, 2001, 103(6):942~1012.

续表

工作室	课题名称	级别
海南省韦和平中学生物卓越教师工作室	自制教具在高中生物教学中的应用研究	国家级
	基于生物学科高中生科学探究技能培养的研究	省级
	生态文明教育在高中生物教学中的渗透研究	省级
海南省卓俊斌中学英语卓越教师工作室	基于"英语学习活动观"的高中英语阅读教学行动研究	国家级
	语篇分析理论背景下高中英语读后续写教学的实践研究	省级
	基于"英语学习活动观"的阅读活动设计行动研究	省级
教育部"国培计划"中小学名师领航工程吴爱姣中学英语名师工作室/海南省吴爱娇中学英语卓越教师工作室	基于语言形式的高中英语写作教学的实践研究	省级
	基于学习活动观,高中英语主题阅读课的设计探索	省级
	基于活动问题链的高中英语写作思维训练实践研究	省级
海南省王嫣雪中学语文卓越教师工作室	基于本校学情,对"学困生"理性分析及教育对策研究	省级
	初中文言文教学诱思探究法运用研究	省级
	高中语文传统文化微课程开发的实践与研究	省级
海南省国赫孚中学卓越教师工作室	利用错题本提高数学教学效果研究	省级
	基于 UbD 模式的初中数学教学设计实践研究	省级
	高中数学课前预习习惯的培养	省级
海南省王连诚中学信息卓越教师工作室	基于博客的教师教育叙事研究	国家级
	以核心素养为导向的高中技术课堂教学策略研究	省级
	基于项目学习的高中生计算思维培养实践研究	省级

（六）引领辐射功能

名师工作室的建立初衷就是发挥名师的示范、带头和指导作用,组建形成优秀教师群体,发挥团队作战的优势,推进区域教师教育理念的更新,引领区域学科发展方向。许多名师工作室作为教育改革发展的排头兵,承担着国家、省、市、地区教改的重要任务,通过示范、交流、研究,引领着区域学科教学。"有不少惊人的实例显示,当团体真正在学习的时候,不仅团体整体产生出色的成果,个别成员成长的速度也比通过其他学习方式要快。"[1]成果推广是名师工作室发挥辐射作用的主要方式,学术著作、学术论文、公开讲座、公开课、专题研讨会、报告会、名师论坛、专题纪录片、现场指导、观摩考察等是名师工作室教育教学研究成果集中展示的主要形式,其范围也不仅仅局限于一个区、一个市,优秀成果更可能在各省乃至全国范围进行宣传和推广。例如,海南省陈素梅中学物理卓越教师工作室不断探索适合区域物理校本教研的"问辩教研"模式,推动了海南省区域物理教研的深层次发展。该工作室通过建立特色网站、公众号,系统建立教育教学资料库,发布活动简报、活动记录,以网络资源形式辐射更大范围,发挥示范和引领的作用,实现优质教育教学资源的共享机制。海南省施琼英中学美术卓越教师工作室将工作室的主张定为"做个幸福的教师,当好各级团队领跑者",提出工作室的目标规划是让学员成长为各级美术教师团队的领跑者,进一步发挥学员在本校、本区、本市县的引领辐射作用。

(七) 区域协调功能

名师工作室除了促进工作室内部名师和成员教师的专业发展,对工作室外部教师和教育的发展也会产生直接或间接的影响,进而促进区域内教师队伍的协调发展。通过工作室的建立,名师已不再是学校独有的"部门资源",而是区域内教师共享的"公共财富"。有研究者调查了上海市某区的教师流动政策,发现该区教育行政部门通过为名师建立工作室,发挥名师跨校影响,解决了区域内优质师资不足、校际间差异明显等教育发展不均衡的问题。名师工作室的区域协调功能主要通过推动学校变革、教育帮扶来体现。例如,海南省黄金玉中学语文卓越教师工作室 2022 年的主题为"以'精准教研'支撑区域教育提质发展"。"精准教研"是运用科学有效的方法,对工作室学员实施"精确指导、精确帮扶、精确管理"的教研方式,是基础教育质量的专业保障,在推进课程改革、指导教学实践、促进教师发展等方面发挥着不可替代的专业作用。该工作室通过构建以互动工作坊为主的教研体系、建立以项目为载体的教研机制、开发区域联动教研的教研模式等方式促进整个区域中学语文教育质量的提高。

名师工作室的区域协调功能主要体现在两个方面:第一,推动学校变革,

---

[1] [美] 彼得·圣吉:《第五项修炼——学习型组织的艺术与实务》(第 2 版),郭进隆译,杨硕荣审校,上海三联出版社 1998 年版,第 96 页。

提升学校教育质量。成员在参加完工作室学习活动后，会将所学到的新的教学理念和方法应用于自身教学中，改进自身教学行为，率先尝试教学改革。而后通过公开课的教学展示、听评课与互动交流活动，吸引志同道合的同事教师加入教学改革之中，发挥成员教师对同事发展的辐射作用，以此推动学校教学的整体改革，进而促进学校教育质量的提升。第二，提供教育帮扶，助推乡村教师专业发展。相比传统教师培训项目，名师工作室不仅为欠发达地区注入优质培训资源，更打破了教师的文化隔阂。区别于"国培计划"等传统模式在学期中或寒暑假组织的集中式长期培训，名师工作室通过名师送教或建立名师工作室分站、建立名师工作室的工作坊等多种形式，定期组织工作室成员面向农村地区、薄弱学校开展支教助学、送教送培等活动，破解了欠发达地区对传统培训的不适性，为其提供了时间的便利，也解决了工学矛盾问题。名师工作室在主持人的带领下定期开展教育帮扶活动，使得乡村教师的教学得到了一定的指导，职业热情被再次点燃，促进了乡村教师的专业成长。

"当前，乡镇中学师生心理健康教育几乎是空白，李惠君老师将她的心理健康教育工作室基地校落在了新州中学，对新州中学无疑是场及时雨。"儋州市新州中学严振军校长说。海南省10个卓越教师工作室，分别与我省市县11所薄弱学校结对帮扶，以工作室为"点"，以基地校为"线"，以市县为"面"，工作室与基地校共同制定帮扶计划，定期组织成员送课、送训、送研到校，切实发挥名师和骨干教师的示范、带动、辐射作用。
《卓越教师工作室 助力区域教育发展》节选（《海南日报》2016年5月24日）

(八) 教师培训范例功能

名师工作室是在职教师培训的一种创新实践，是当代基于实践的教师专业发展理论的中国样例，是我国教师队伍建设的创举。广东省曾将"名师工作室"纳入"三位一体"的骨干教师培训模式中，并将其列为承担方（另外两个分别为高校和区域教师培训机构），[1]这表明名师工作室是一个培养优秀教师的新平台，有自己特有的培养教师的方式、模式，并有大量成功经验，甚至是一种教师培训的范例。海南省中学卓越教师工作室把省级骨干教师、

---

[1] 阳柳平：《广东"三位一体"骨干教师培训模式的实效性研究——以2012年中学地理骨干培训为个案》，湖南科技大学2017年硕士学位论文。

省级学科带头人的培养结合起来,把名师工作室作为省级骨干教师、省级学科带头人的培养基地。海南省陈素梅中学物理卓越教师工作室构建了"六级塔式"理想化生态团队结构及培养模式,以工作室带动工作坊的"六级塔式结构"形成成长共同体,用结构化的队伍、课程、平台和目标设置,引领团队走出"浅层次成长"的误区,走向可持续的富有逻辑性的深层次成长。该模式引起了重要反响,随后海南省张德明中学政治卓越教师工作室、海南省李红庆中学数学卓越教师工作室等先后效仿,产生了较好的效果,形成了许多可借鉴的经验模式。

海南省陈素梅中学物理卓越教师工作室"六级塔式"理想化生态团队结构

结构简介:工作室主持人1名,理论指导专家2名、课程指导专家3名、课堂指导专家3名,下设13个物理工作坊。每一工作坊设有正副坊主、坊指导、坊骨干和若干坊员。多层级的塔式组织结构设置,能让每一位成员"看见"自我成长的"高度差",唤醒成员成长的自觉力。以团队的结构助力成员间的相互成长。以适合成员的分层成长的课程体系,搭建合理的成长平台成就群体的成长。

工作室"一室十四坊"的结构化队伍分布图

针对工作室的八项功能,各地区结合本地区教育实际,将其细化为工作室的宗旨和任务。例如,海南省中学卓越教师工作室的宗旨与任务如下:

海南省中学卓越教师工作室的宗旨与任务

卓越教师工作室是以学习为主导,以研究为主题,以活动为主线,以骨干教师为纽带,以提高成员教育教学、教育研究、示范引领能力和打造知名特色学科品牌团队、辐射引领区域教育教学改革发展为目标的专业成长共同体。

在一个周期(三年)内,每个工作室要完成以下10项年度或周期任务("十个一"研修目标):

(一)打造"1+N+X+y"四级塔式结构省级学科教师成长共同体

构建主持人领衔下的省外专家名师、省内优秀教师(教研员)与学员组成的专业发展共同体。即每个工作室由一位在省内外具有一定知名度和影响力的、拥有中学特级或优秀学科带头人称号的教师作为工作室的主持人,招收若干名省级学科带头人作为指导教师,招收省级骨干教师作为骨干成员,在此基础上吸收一批市(县)级青年骨干教师作为工作室学员,组成学科成长团队,通过开展课题研究、教学示范与引领、青年教师培养和送教送训下乡、网络协同研修等活动,提升工作室成员教师专业素养,并形成一批特色学科群。

(二)提出工作室宗旨理念(文化价值)和教学主张

团队应在主持人的带领下,三年内逐步提炼出具有学科鲜明特色的工作室宗旨理念(主张)、价值追求,帮助团队成员提升专业能力,梳理总结教学经验,提炼教学风格,凝练教育思想与价值追求,并通过多种方式在活动中予以贯彻,不断提升工作室的建设品质。

(三)组织学科课例研讨及展示交流活动(10种研修方式)

面向省内外组织开展培训、教研和观摩等活动,通过专家讲座、名师讲坛、课例研修、教学展评、论坛交流、微课设计、读书沙龙、名校访学、跟岗学习、课题研究10种研修方式,开展学习、实践、合作、反思、研究、总结、展示等活动,实现教学经验的分享与提升,促进较大范围内学科教师专业素质的整体提升。原则上卓越工作室开展上述活动不少于4次,受益教师人数应不少于200人。同时三年内,卓越工作室至少参加1次全省的学科主题论坛活动（包括名师讲座、优秀课例展示、研讨交流等）。

（四）提升薄弱学校学科教学质量

每个工作室至少要与省内1所薄弱学校结对开展对口帮扶。工作室要与基地校共同制定帮扶计划，一方面，要定期组织送课、送训、送研活动到校；另一方面，要组织工作室骨干成员与基地校骨干老师开展师带徒、跟岗实践等指导活动。切实帮助薄弱学校提高学科教师的专业水平和教学质量。每个工作室都要提交具体的帮扶计划，并按计划认真落实。

（五）生成年度过程性研修资源（10项过程性成果）

工作室应加强年度活动过程材料的收集、总结和提炼，形成包括优秀教学设计（案例）汇编、活动简报汇编、研修心得汇编、优秀读书报告汇编、优秀微课（视频）汇编、优秀学员典型事迹汇编、特色活动方案汇编、特色讲座（课件）集、优质示范课（视频）集、工作室建设特色经验简介等过程性资源。每个工作室至少提供3种年度汇编材料。

（六）开发学科精品课程与教学资源

依托工作室，发挥团队优势，打造学科课程与教学新范例，发挥示范辐射引领作用，引领学科教学改革发展，形成品牌课型、典型课例、特色案例、课堂教学范式、专项课改项目成果（课题与论文）等。推选一批具有课堂教学风格、魅力且形成个人教学主张的优质课以及工作室建设特色报告等成果向全国推广展示。卓越工作室至少开展4个专题讲座、6节示范课。

（七）开展学科专项课题研究

工作室要选择本学科相关教育、教学前沿问题或亟待解决的问题，组织团队，每年至少围绕一个专题进行研究。三年内，卓越工作室至少3个课题分获省级立项。工作室要积极争取国家级课题立项。

（八）形成学科教育教学成果

包括专著、省级以上（含省级）获奖（发表）论文、省级以上（含省级）比赛获奖课例（课题）、调查（研究）报告、反思和点评报告等。三年内，卓越工作室至少6篇省级以上（含省级）论文获奖（发表），3个省级以上（含省级）课例（课题）获奖。领航工作室要出版（学术）专著。

（九）创建特色专题网页

工作室主持人的博客网页既是一个宣传的窗口，也是一个交流的平台。要利用网页传播先进的教育理念和教学方法以及工作室最新动态与成果，定期开展在线交流、研讨，在线解答教师的学科教学问题，要把网页建成动态工作站、成果辐射源和资源生成站。

（十）开展对外交流展示活动

工作室应通过省际互访、省内互访、组织成员省外访学、参加学科展评、媒体报道等方式开展学习、交流、推广、宣传等活动，展示工作室项目实施特色与成效，交流工作经验与特色，扩大工作室实施影响力。

《海南省中学卓越教师工作室管理及考核实施办法（试行）》节选

第四章

名师工作室的活动样态

一、聚焦课堂教学实践的活动样态

教师学习的需要往往来自日常教学中遇到的亟待解决的实践性问题，学习的目的直接指向教师的教学行为。名师工作室开展具有针对性的教学实践学习，能有效地把理念和教学行为紧密联系起来，让教师在解决具体问题、分析具体问题的过程中提高自身的专业能力。名师工作室的活动多数是立足于课堂教学情境，以名师教学示范、课堂诊断、集体备课等形式展开，以解决教师实践中出现的各种问题。

（一）名师教学示范

名师教学示范是工作室主持人通过亲身示范以促进工作室成员能力提升的培训方法。名师是课堂教学领域的专家，在多年的教育教学中积累了丰富的经验，形成了独特的教学风格，具有明确的教学主张。名师的教学示范课尤其是优质示范课是学员重要的学习资源，从一定程度上讲，上优质示范课特别是优质常态课是学员最期待的活动。工作室主持人通过"亲自做给你看"，直观示范有效教学在实践中的具体样态，并辅之有目的性、策略性的讲解和指导，促进成员对教学的理解、研磨、掌握和自主创生。名师的教学示范课展现了主持人精巧的课堂设计、丰富的教学经验、鲜明独特的个人教学风格和教学智慧，讲一堂高水平、高质量的精品课，是主持人专业能力的主要体现，也增强了工作室的核心凝聚力。

主持人熊纪涛老师给我们上了一堂"简约而丰实"的示范课《猫》。这堂课给我们最大的震撼是，唤醒和激发了学生对语文的喜爱。

熊老师引导学生体验、发现、感悟语言文字之美、作者情感以及文章意境；鼓励学生扎实读书，工整写字，认真习作。熊老师课堂上的语文训练活动没有固守一定的模式，而是进行与文本高度契合的因时制宜、因生制宜的绝妙点拨，练在无痕，水到渠成。学生在灵活的教学环节、鲜活的教学资源、活跃的课堂气氛、灵动的学习思维中学语文、用语文……非学无以广才，非研无以成教。主持人熊纪涛老师从课堂的设计理念、教学目标、教学重难点、教学过程、教后反思等方面进行说课。工作室成员在评课环节畅所欲言，谈论教学中的种种困惑，探讨教学的新思路。

工作室导师张老师从教学环节设计、教学过程展示、教学效果达成等方面对授课老师的课堂进行了详细点评。他充分肯定了熊老师课堂教学、思维拓展、能力培养、教学主张的表达等亮点，也指出了知识的层次、系统性等问题。

主持人熊纪涛老师最后总结，每位老师都要有充分利用教材的意识。教材无非是个例子，要用教材教，用教材培养学生的文化自信，提高学生的语言运用能力、思维能力和审美创造力。教师在挖掘教材的过程中，要从教材的文字到插图，从单元导语到每一个课后练习题，研究挖掘教材的教育和教学价值，要试图多角度、多层面地使用教材来提升学生的核心素养。

精彩的点评、专业的引领、高度的提升，为工作室继续深研课标、深研教材、深研学情指明了方向。

海南省熊纪涛中学语文卓越教师工作室培训纪实

根据教学示范外显程度的不同，主持人的教学示范可分为隐形指导类教学示范、显性指导类教学示范。[1]隐形指导类教学示范是主持人弱意图性地向工作室成员展示常规教学实践来引导成员贯彻、分析与理解教学实践性知识，但不向其解释常规教学实践背后的教育学逻辑与意义。隐形指导类教学示范对工作室成员理解教学、养成专业品格、提升教育机智有重要影响。工作室主持人将自身教学理念和行为嵌入日常教育教学情境中，能够向工作室成员展示教学作为一种专业生活的整体图景，引导工作室成员理解课堂教学技能之外的为人处世之道与专业品格，帮助工作室成员理解主持人的教育机

---

〔1〕廖伟、刘淼、党倩：《教师教育者教学示范的类型、策略及其对教师学习者的影响》，载《教师教育研究》2023年第1期，第49~55页。

智的实践样态。显性指导类教学示范是指主持人强意图性地向工作室成员展示教学中的核心实践并解释其背后的教育教学逻辑与意义以提升工作室成员的教学能力。显性指导类教学示范可以帮助工作室成员从复杂的教学情境中明晰教学实践重点，并理解教学实践背后的学理逻辑，使工作室成员获得理论和实践相融合的体验，从而深化其对教学实践的理性认识。许多工作室第一次的活动设计中就含有工作室主持人的教学示范课，以此来促进成员对工作室主持人的了解和增强成员对主持人的认可。

（二）课堂诊断

基于教育数据挖掘的课堂诊断是提高教师反思能力和专业发展的有效途径。[1]课堂诊断即诊断教学，是指将诊断的步骤应用于教学，通过观察和总结教育经验，改进教学过程。[2]课堂诊断是指运用专业思维来开展教师的听评课活动，具有经验-解释型、指标-诊断型、教学-切片型三种典型范式。经验-解释型课堂诊断以观察者的经验作为判断依据，注重评价教学效果，多采用定性分析。指标-诊断型课堂诊断以既定的编码、量表和规则作为判断的依据，揭示教育规律，多采用定量分析。教学-切片型是"互联网+"、人工智能背景下产生的基于教育数据挖掘与应用的一种新型诊断方式，借用生物学和医学的切片概念，是一种录像和现场观察相结合、定性与定量相结合的方式。教学-切片型课堂诊断通过选取典型的教学行为片段，归纳背后的教育经验和教育规律，将完整的课堂教学活动分解为若干教学片段，使课堂教学研究的诊断更加精细化。

课堂教学，尤其是常态课，集中体现教师的教学水准，反映老师独特的教学风格，同时也暴露出各种问题。科学地进行诊断可以帮助教师发现教学中的闪光点和存在的问题。课堂诊断分为目标式诊断和主题式诊断。目标式诊断就是分析课堂教学的整个过程，包括教学组织形式、教学方法、教学语言和板书设计、学生的表现、教学目标的完成情况等各个环节。主题式诊断则是指工作室的导师和成员根据实际情况预先确定主题，对课堂教学进行方向明确的专题性诊断。这种诊断，可以是对不同教师在不同班级连续执教同

---

〔1〕 崔宇路、张海、王以宁：《教学行为演化分析：课堂诊断与教师教研的新视角》，载《教育科学研究》2020年第12期，第46~52页。

〔2〕 胡小勇、林梓柔：《精准教研视域下的教师画像研究》，载《电化教育研究》2019年第7期，第84~91页。

一内容的持续诊断，能够有效地引导教师对教材、学生、教法、学法、教具使用评价方式及语言表达、板书设计等进行深入研究，营造了浓厚的学术氛围。

近年来，由于课堂诊断量表的使用暴露出操作复杂、盲目照搬以及诊断过程全凭经验、主观性过强、归纳不足等问题，同时为了提高对工作室成员指导的针对性，教学-切片型课堂诊断应运而生，其因清晰的操作思路与步骤，受到工作室的欢迎。教学-切片型课堂诊断的基本思路是从个案到一般，通过典型的教学片段，分析出某一教学设计的基本规律。[1]工作室的教学-切片型课堂诊断操作程序分为"两环节、四步骤"，两环节中的第一环节为现场选取切点，第二环节为切片分析四步骤。

现场选取切点这一环节的主要目的是让工作室成员共同寻找一节课中值得分析的教学活动片段，一般是工作室成员教学活动中的典型片段。[2]在这一关键环节，工作室成员将细致入微地参与到听评课活动中，专注于捕捉并记录那些极具分析价值的典型教学设计片段。具体而言，成员们会对每一个被选中的片段进行简要的描述，包括其发生的确切时间、持续时长，以及为何该片段被视为典型的核心理由。优秀的典型片段，作为一线教师精湛教学技艺的代表，不仅生动展现了他们长期实践探索的成果，更是宝贵的教学智慧库。通过对这些片段的深入分析、系统归纳与提炼升华，我们能够将其转化为具有广泛适用性和高度实践性的教育理论，为教育教学实践提供强有力的理论支撑与指导。另外，不足的典型片段同样不容忽视，它们直观反映了教学设计中的常见问题与挑战，具有鲜明的普遍性和代表性。深入剖析这些"问题"片段，有助于我们更加清晰地认识到教学过程中的薄弱环节，从而有针对性地提出改进策略。

第二环节的切片分析是一个深度挖掘与提炼典型片段价值的过程，旨在揭示并归纳蕴含其中的教学经验。此环节又被精心细化为四个循序渐进的步骤，以确保分析的全面性与准确性。第一步，定性分析。此阶段的核心在于精准判断每一典型教学设计活动的属性，将其从具体个案提升至普遍适用的

---

[1] 魏宏聚：《教学切片分析：课堂诊断的新视角》，载《教育科学研究》2019年第2期，第63~67页。

[2] 魏宏聚：《教学切片分析：课堂诊断的新视角》，载《教育科学研究》2019年第2期，第63~67页。

教学设计高度。在主持人的引领下，成员们共同将典型片段精准归类至三个层次：一是针对特定课程的具体教学设计；二是跨越课程界限，聚焦某学科内某类教学设计的共性；三是进一步去学科化，提炼出具有普遍指导意义的教学设计原则。第二步，确立标准。基于丰富的实践经验和深厚的理论功底，主持人与成员携手合作，广泛参考相关文献资料，精心总结并提炼出一套具有可操作性的教学设计活动评价标准。这一标准旨在为后续的分析提供客观、科学的依据。第三步，对照标准深入分析切片。此步骤采用双重视角进行审视：一是聚焦教学功能或效果的达成情况；二是深入剖析教学操作的具体实施过程。通过对照预设的评价标准，可能会发现三种情况：一是实践操作与标准完美契合，展示出高效的教学效能；二是实践操作偏离了标准，暴露出潜在的问题与挑战；三是实践操作超越了标准，展现出创新的教学探索。第四步，总结归纳。在深入分析的基础上，成员们共同提炼出特定教学设计的理想教学功能及其相应的操作要求，进而生成具有普遍指导意义的教学设计规律。

2020年7月17日，海口市琼山华侨中学，宋如郊中学语文卓越教师工作室、教育部"国培计划"中小学名师领航工程方仁艳中学语文名师工作室联合举办"群文阅读教学策略"研修活动。

一、量体裁衣，深惟重虑

在课例展示之前，4位授课教师分别围绕自己的课堂讲解教学内容和观课重点。观课教师需要在方仁艳老师工作室创新的观课议课表上做记录。

杜海燕老师与徐芹老师选取了《祝福》《药》《孔乙己》3篇文章进行群文阅读教学，通过"看客"一点展开。两位老师同班教学，进行梯度课堂展示，杜海燕老师铺垫"看客特征与心理"，徐芹老师则带领学生"通过'看

客'，反观自身"。

同样选取《紫藤萝瀑布》《一棵小桃树》为群文教学内容，重视以读代写，杨玉平老师逻辑分明地阐释了自己的教学重点后，还请大家观课时关注自己课堂"环节之间是否有递进性""活动是否具有逻辑性"；朱宛玉老师重视从文中总结摹物的手法，让学生口述景物特征、仿写片段，最后总结模板。

二、长风破浪，教海拾珠

镜头一：课例展示时，杜海燕老师以亲切大方的微笑鼓励学生归纳"看客特征"。学生站起身来很认真地表演了看客"看"的姿态，并解释"看客很多，所以很多时候要踮起脚尖、往前挤、仰着头，因为很好奇，还要瞪大眼睛……"

杜老师的图表正是这堂课的精华所在，她通过提问引导、片段提示等方法启发学生聚焦"看客"这一群体，并分别概括3篇课文中看客的"异"与"同"，异中求同地揭露了"看客"就是一群不分男女、不分穷富、无时无刻不在看别人笑话的人。

徐芹老师的第二节课名为"别在苦难边上看'风景'"，正是承接了第一节课中"看客加剧他人的苦难"的观点，更带有明确的价值导向——勿做伤害他人的看客。

镜头二：徐老师面对学生时亲切耐心，点评一语中的。课上提问："鲁迅先生说，'所以我的取材，多采自病态社会的不幸人们中，意思是在揭出病苦，引起疗救的注意'。请同学们讨论：谁才是鲁迅的小说想要着力表现的对象？"

多位学生站起来表达观点，一位学生说："看客们麻木、愚昧，鲁迅意在唤醒'20多岁的人'。"另一位学生在表述上不够清晰："祥林嫂这一人物的产生正是由于鲁迅提倡'妇女解放'，她是主要人物……"徐老师为他接续："祥林嫂也抗争过，一个抗争者的毁灭也见悲剧，更让人痛苦！"

杨玉平老师"静听物语，悦读人生"一课，将两篇课文中的物象情感具体化，带领学生从内容、技巧两方面去"听物语""赏花开""悟情思"。

镜头三：在"赏花开"活动中，杨老师要求学生自选角度、美句，加以赏析。他具体展示了景物描写的赏析方法，如修辞手法、抓关键词、写作手法、描写角度、表达效果、作者情感等。提供的方法让学生"有的放矢"，果然两位同学展示的成果都有模有样、令人惊喜。

朱宛玉老师在课堂中充分展现"倾听者"的姿态，充分发挥"鼓励者"

的作用。

镜头四：朱老师在"口述特征，谈触动"的活动中，提供方法，引导学生打开心扉，畅抒情感。学生争相展示自己的写作成果，朱老师听完一位女学生的展示，非常热烈地评价道："每个人都是一颗星星，我们聚在一起就会成为满天星，还你一片繁华！"

三、各抒己见，齐头并进

17日下午，评课活动采用分组方式进行，高中教师围绕着周厚东导师、龙敏导师，分成两组进行评课；初中教师围绕着方仁艳导师、颜思丽导师、杨玉平老师，分成3组进行评课。

柯慧老师代表小组进行发言，她围绕着"梯度问题"展开细致点评，令人受益匪浅。

周俊文老师代表小组进行发言，他从"聚焦选点""预设与生成"等角度进行评课，深入浅出。

何静老师代表小组进行发言，她从两位初中授课教师的教学内容与观课重点出发，提出群文阅读应准备导学案、写作环节改成仿写、群文阅读应有比较点等建议。

龙敏老师代表小组进行汇总发言，她首先肯定授课教师课脉清晰，强调了"群文阅读应寻找聚合点"的观点，进而提出教学中"阅读与写作的关联在哪"问题，引人深思。

程林老师代表小组进行汇总发言，他指出两位初中授课教师环节打磨用心、活动层层推进；用关联点把两篇课文有机结合，从共同点出发、求同存异，特别是杨老师用"花和人都会遇到各种不幸"作为引子。

教育部"国培计划"中小学名师领航工程方仁艳中学语文名师工作室/海南省方仁艳中学语文卓越教师工作室活动纪实节选

（三）集体备课

集体备课是名师工作室较为常见的教学研讨形式。名师工作室集体备课通常是以名师为主导，对教学目的、教学重点、教学难点、教材的取舍、教法和进度等有关教学内容共同确定和研究，在上课过程中具体实施，并及时查漏补缺，积累有指导性成功经验的系列教研活动。名师工作室集体备课通过成员深入钻研，成员之间交流合作，把集体智慧和个人才能结合起来，利用名师工作室的团队智慧，发挥工作室群体作用，促进成员之间取长补短，打破教学过程中的思维习惯，突破思维的瓶颈，最大限度地减少教学中的不足，促进名师工作室中各个成员的个体专业发展，提高成员的整体教学。

根据需要，名师工作室集体备课有专题式集体备课、教学式集体备课、专家指导式集体备课、网络集体备课等多种形式。不同的集体备课形式目标指向和操作要点各有侧重，具体实施时需要根据集体备课的目的，确定采用哪种备课形式。名师工作室集体备课突破了传统集体备课的年级、学科、学校鸿沟，充分利用名师工作室的协同作用，打破界限，实现跨年级、跨学科、跨学校、跨地区的集体备课。

8日上午是新教材研习工作坊活动。首先由海中的冯锦倩作语篇分析与设计案例分享。她认为要分析语篇就得从 what—how—why 三方面去研读语篇，从主题角度、内容、文体、语言去挖掘文本的育人价值。接着，分小组进行新教材研习。学员都表示非常喜欢这样组内集体备课的方式，自己先阅读、思考、分析、设计，然后轮流说出自己的看法和想法，最后大家一起进行组内讨论、修改、成稿、分享，在短短一个小时内就完成了一篇有深度的阅读理解的教学设计。这样高效的集体备课方式，非常值得学习和借鉴。

教育部"国培计划"中小学名师领航工程吴爱姣中学英语名师工作室/海南省吴爱姣中学英语卓越教师工作室开展团队建设暨新教材研习工作坊活动纪实节选

课程标准（课标）是课程设计、教材编写、课堂教学、作业设计、考试命题的根本依据。自新课标颁布以来，工作室尤其注重依据新课标开展集体备课，将依标备课贯穿集体备课的全过程全要素，主要体现在以下几个方面：一是力求课标具体化，集体备课的主题要聚焦课标中的某一内容和要求；二是围绕主题开展教材分析时，将课标结合教材的逻辑进行具体化阐释，研究知识的形成过程与知识之间的逻辑关联；三是以学生发展为中心设计和分析教学活动，在保证课标内容要求的前提下，兼顾班级学生整体情况和个体差异，研究学业质量标准达成路径；作业设计要始终围绕课标中的学业质量要求，保证教学评的一致性；四是集体备课的教案完成后，需要对照课标进行反思，完善集体备课的内容和环节，不断提升依标备课的质量。

工作室集体备课的步骤通常有四步。[1]第一步，由工作室某一位成员担任主备课人，主备一节课，反复研读新课标，探寻教材设计思路，深入分析班级学情，查阅各类优质教学参考资料，独立创设课堂情境、选择教学方法、设计问题串、学生活动以及师生互动和挑战性任务。第二步，在工作室集体备课时，主备课人展示基于某班级学情的教学设计初稿，向全体成员讲解设计思路，在其他成员事先认真研读该教学设计的基础上，工作室主持人从教学目标与课程标准的匹配度、课程内容与学生的适切性、问题设计对知识建构的生长性、教学活动设计的有效性、教学方法的针对性等关键维度引导成员进行研讨、打磨，提出修改意见，帮助主备课人形成教学设计第二稿。第三步，主备课人面向全体成员展示公开课，成员对教学设计在课堂中的实施情况做详细记录，课后工作室主持人再组织集体备课，聚焦教学目标的达成情况，根据听课过程中的行为观察，集中就主备课人的教学设计、教学行为，结合学生的反应进行再打磨，提出教学设计第三稿。第四步，主备课人根据前面工作室同伴的修改建议以自己的教学反思，综合修改形成第四稿，并且在执教的另一个平行班级进行再尝试。

（四）同课异构

同课异构是一种强调主持人、成员有效合作，通过构建有助于合作探究的环境，经过共同备课、集体观课、教学反思等环节，共同打磨凝练有效教学实践，在行动中促使成员相互展示、开发资源、合作学习、持续深化教师专业精神和实践的活动方式。在同课异构的过程中，工作室成员可以获得"在行动中"的支持，这有助于工作室成员形成开放、多元和创新的教学观，在工作室中逐渐探索和逐步构建个人教师专业身份和教学风格。在工作室中，同课异构一般有四种情形，包括主持人与导师、主持人与学员、导师与学员、学员之间进行同课异构。

同课异构是指主持人、导师或学员对同一内容，根据学生实际、现有的教学条件和教师自身的特点、自己的理解，进行不同的教学设计，然后彼此讨论、修改和完善教学设计，紧接着各自在不同班级中组织实施教学、彼此听课，最后对课堂教学进行总结讨论。工作室同课异构的主要流程是：选定

---

[1] 韩志祥：《好课多磨：新时代教研组集体备课的实践路径》，载《人民教育》2022年第23期，第67~68页。

同一课题，工作室成员分组分别备课、分别磨课、观课，分别录像研究、分别召开发布会，形成同一课题下的不同路径的表现形式。在同课异构的过程中，每个小组都要经历前测访谈—备课—上课观课—后测评估—会议研讨—调整备课—再上课观课—再后测评估—再会议研讨这样一个循环往复的过程，且每一步都用录像设备记录过程并根据录像资料召开会议进行研讨。每一个成员都要经历"前测备课—上课观课—后测评估—研讨评课"的过程。同一节的内容由不同老师结合自身的教学风格和专业领悟，进行教学设计并开展课堂教学。由于任课老师不同，所备的课的结构、风格、所采取的教学方法和教学策略也各有千秋，形成了风格迥异的特色课。在同课异构的过程中，成员把其他人的教学闪光点合理吸纳到自己的教学设计中，使得自身的教学设计日趋完善，同时注重聚焦、审视不同授课者的教学内容如何与自身的教学实践产生联系的问题，提升了对教学的综合理解能力。

为了促进教师的专业化发展，推动教师自我反思、同伴互助、专业引领，进一步提高课堂实效。2020年7月16号上午，韦和平老师携工作室成员齐聚华东师范大学第二附属中学乐东黄流中学（以下简称"华二黄中"）开展了为期两天的活动。

本次活动的主题为"基于疫情下健康教育在生物课堂教学中的渗透研讨"，……

第二环节：同课异构《中心法则》。

临高中学王强老师以DNA复制、转录、翻译的相关视频导入课题；借助资料、视频通过三个任务梳理不同生物遗传信息的传递方向；拓宽视野，介绍双链RNA病毒、单链正RNA病毒、单链负RNA病毒，经分析新冠病毒属于单链正RNA病毒，以中心法则为依托，明确新冠病毒的遗传信息传递方向；疫情未除，防控不止，提升学生保护自身的意识。

华二黄中李海英老师从正常红细胞、镰刀型红细胞图片入手，引出基因、蛋白质、性状之间的关系；通过小组合作模型构建，让学生体验DNA复制、转录、翻译的过程；分析材料，总结不同生物遗传信息的传递方向；习题巩固，夯实中心法则；看图说话，理清新冠病毒遗传信息的传递方向。

两位做课老师分别介绍自己的教学设计。

主评专家林振老师对两节课进行点评：①教学环节安排恰当；②有效实

施任务驱动，以学生为中心，以活动为载体；③核心素养体现明显。教学建议：①注意关注新教材；②中心法则为高频考点，建议加入相应练习；③结合疫情加强学生的社会责任感。

听课教师围绕本次同课异构主题展开点评，充分肯定了两位教师的教学能力，同时也提出了建议：①问题设置需注意科学性、问题指向要明确；②活动设置要有明确说明，适时指导；③课堂语言表述要准确。

第三环节：同课异构《预防传染病》。

海口市义龙中学庄翠霞老师从社会热点入手——厄瓜多尔冻南美白虾外包装检测出新冠病毒，引起学生的学习兴趣；基于实例生成传染病的概念；以新冠肺炎相关内容为例，通过活动体验传染病流行的三个环节及预防措施；设置情境，加强学生的情感教育，提升学生的社会责任感。

华中师范大学琼中附属中学思源实验学校丁勇老师设置情境，导入新课——"同学们，你们从小到大得过什么病，病因是什么？"通过分析传染病及其病原体生成传染病的概念；创设模拟活动——传染病是如何传播的？结合新冠疫情，梳理传染病流行的三个环节并讨论传染病预防的途径；带领学生体验七步洗手法，熟记预防口诀，倡导健康生活。

两位做课老师分别介绍自己的教学设计。

主评专家冯成坚老师对两节课进行点评。对庄翠霞老师课的点评：①教学设计新颖、情境设置恰当，材料选择精心，展示蛔虫卵实验，提高学生学习生物学科的热情；倡导体验性教学，提高课堂趣味性；贴近学生生活，渗透生命教育；②课堂结构注重思维梯度，从事实上升到概念的生成，注重核心素养的养成；③教学亲和力、感染力强，善于捕捉学生的闪光点。对丁勇老师课的点评：①知识目标达成到位，联系热点，贴近学生生活；②创设情境，通过角色扮演，构建主干知识；③介绍七步洗手法，预防口诀，提高学生的健康生活态度。教学建议：①精心设计导入，吸引学生注意力；②注重学生的参与度，提升深度及广度；③注重概念的生成，落实概念教学的效果；④资料的呈现方式多样化。

教师之间进行了知识与知识的交流、智慧与智慧的碰撞。本次同课异构教研活动形成了浓郁的教研氛围，达到了大家共同学习、共同研究探讨、共同提高的目的。

"水光潋滟晴方好，山色空蒙雨亦奇。欲把西湖比西子，淡妆浓抹总相宜。"相同的课题，不同的表现；一样的目的，别样的场面，同课异构是思想的火花碰撞，也是灵感的集中展现…………

海南省韦和平中学生物卓越教师工作室赴三亚开展主题研修活动纪实节选

（五）课例研修

课例研修作为实践教学范例在改进教师课堂教学方面具有卓越效能，是工作室比较常用的活动方式。课例研修是指基于建构主义学习理论和自主创生的螺旋理论，以具体学科教学课例为载体，以工作室民主、互助、探究的研修文化为环境，开展撰写课例教学设计，工作室成员课例教学观摩、课例说课、片段教学、同课异构教学等观摩研讨及行动研究等一系列临床教学研究活动。课例研修具有情境性、反思性、建构性等特点。情境性指的是课例研修重视工作室研修内容的特殊性、成员认识的特殊性及教学情境的特殊性，以学科教学课例为载体创设类似于教师常态课的教学情境，通过主持人和导师指导、成员互助、自我反思等形式直面教师教学情境中的具体问题，促进教师作出选择和判断，形成专业性的见识，解决基于个人经验所生成的实践性问题。反思性是指工作室通过一系列临床教学研修活动，引导成员重视"反思性"实践教学，开展"行为中的反思"。建构性是指工作室通过引导，促使成员带着自己的教学问题、教学经验主动地参与工作室的研修活动，并在导师的指导及同伴的帮助下，在做课例过程中，拓宽专业视野，以新的教育理论理解、检验和批判性地反思自己的实践性知识，改造与丰富原有的教学实践性知识结构。

工作室进行课例研修时，可以按照"三段八环"的步骤进行。"三段"是指"课例准备、课例研磨、课例转化"三个阶段。"八环"指三个阶段的"八个环节"，即课例准备阶段的"确立主题，制定量表""精选内容，独立设计"；课例研磨阶段的"组内初磨，反思优化""课例初上，分组观察""议课改进，内化重构""课例再上，再观再研"；课例转化阶段的"方法归纳，成果提炼""内化运用，迁移推广"。[1]

第一个环节，确定主题，制定量表。工作室成员根据教育教学过程中产

---

[1] 黄胜、杨晓蓉：《三段八环：教师课例研修的有效路径》，载《江苏教育》2021年第91期，第58~60页。

生的真实问题、共性问题，从小切口入手，以容易操作、利于开展后续研究的教学问题作为课例研修的主题。随后，基于主题设计观课维度和观课要点，研制课堂观察量表，便于收集课堂上真实的数据和细节，为课堂重建、课堂对比奠定基础。

第二个环节，精选内容，独立设计。在工作室主持人的引导下，根据所定主题，成员共同确定教学内容、教学课题，一般运用教材上的选文，选定的内容和课题必须具有典型性，与研修主题具有高度契合性。根据选题，工作室成员各自进行独立的教学设计和评价练习题研制。

第三个环节，工作室内初磨，反思优化。开展工作室磨课，确定一名执教者。执教者从学段目标、能力体系、单元编排、文体特征、课后练习等角度分析、理解教材的编写意图，从学生具备的学习基础、存在的学习困难等方面把握具体学情，阐释设计的教学内容、确立的教学目标与依据以及围绕目标预设的教学活动等。工作室主持人和其他成员根据主题与共识，从教学目标的准确性、全面性、适切性、可测性和教学活动、评价任务与教学目标的一致性等方面给执教者"把脉问诊"，提出具体的操作建议，进一步优化执教者的教学设计。执教者再根据工作室磨课的成果进行反思内化，形成"课例研磨"的初稿。

第四个环节，课例初上，分组观察。在上课堂教学前，主持人将所有观课成员进行分工，并分为两个观测组，一组着重观测学生的课堂表现，另一组重点关注执教教师的课堂行为，两个观测组分别就观测重点进行数据和细节进行记录。

第五个环节，议课改进，内化重构。工作室执教者上完课后，回看自己的教学视频，反思自己确立的教学目标是否科学合理，开展的教学活动是否紧扣教学目标，设计的评价检测是否有效达成。各观测组梳理、分析执教者课堂教学的长处与短处，提出优化建议。随后，执教者按三个步骤进行课例重构。首先，学生行为观测组和教师行为观测组分别公布各项数据，分析教学目标确立的科学性、教学过程与目标的一致性、教学目标达成的有效性，结合学生课堂过程表现、学生学习结果表现，从促进学生学习的教学方式、活动设计、过程评价等角度，提出课例重构的看法。接着，执教者针对研修主题谈教后进行反思及改进。最后，主持人进行总结，帮助执教者梳理出整个课例的重构体系，优化重构设计。

第六个环节，课例再上，再观再研。执教者再次执教不同的班级，或者另换一人执教,根据优化重构设计进行二次教学,两个观测组教师再次带着任务观课,流程同"课例初上"环节。随着对教材的不断深入理解,对教学设计、教学方法的改进优化,执教者对教学的关注点也会发生变化,会去规避原有的问题,更关注学生的参与程度、学习过程和学习方法,会把握利用生成的课堂资源,生成更多的教学策略,形成教育智慧。观测组教师根据不同任务,继续依据课前制定的观察量表,捕捉教学中的"关键事件",对比课例初上的处理,观察执教者教学策略的调整,聚焦教师的行为改进。经过"课例再上,再观再研",若既定目标仍未达成,还需要反复重构、循环跟进。

第七个环节,方法归纳,成果提炼。课例观察完成后,主持人再次召集所有成员基于数据对比分析,聚焦变化做反思汇报,共同完成研修报告。

第八个环节,内化运用,迁移推广。参与本次研修活动的所有成员根据本轮的"课例主题",运用上述的方法,结合自己参与研修的深切体会,各自设计一个教学课例,以巩固自己的收获,并转化为研修成果。

本次研修活动以"教学目标的确立与达成"为研修主题,并从教学目标确立的科学性、教学过程与目标的一致性、教学目标达成的有效性三个维度,研制了《基于"教学目标的确立与达成"主题的课堂观察量表》。

所有参与教师根据"教学目标的确立与达成"主题,以中学语文《记承天寺夜游》为例,经过研读课标、研读教材、研读学情,认真整合资源,基于已有经验,按照常态的备课过程完成自主教学设计。同时,组织者基于《记承天寺夜游》的教学目标,研制了评价练习题:"根据'初试身手'比较以下两个比喻,借助资料,试着运用本课所学的说明方法向别人介绍哪一句的表达效果更好及原因。"该题旨在检测学生理解比喻方法和运用比喻方法的能力,促使学生的分析能力在实践运用中提升。

主持人将工作室成员分为学生学习效果观测组和教师课堂行为观测组。两个观测组借助《学生学习效果观察表》(如下表)、《基于"教学目标的确立与达成"主题的课堂观察量表》客观记录师生表现,在教学结束后进行课后检测,统计出检测数据,同观测数据一起对教学进行定量与质性相结合的分析,印证教学目标的达成,进而反思其教学设计还有哪些地方需要优化与完善,为重新建构打下基础。邓垂换老师优化设计第二次教学,两个观测组的教师再次带着任务观课,这次重点观察执教者教学策略的调整,聚焦教师的行为改进。

工作室成员对比执教者前后变化，深度追问、反思，重点从原有问题的改进优化及原因剖析角度撰写课堂观感；主持人根据本次确立的"课例主题"与"解决问题所预设的主要方法"进行深度反思，提炼策略或方法，由此形成一个可以推广的课例。同时，布置迁移实践任务，要求所有参与者继续聚焦"教学目标的确立与达成"主题，运用已经取得的研修成果，自主设计并进行课堂实践。

参与本次研修活动的所有教师根据本轮的"课例主题"，运用上述的方法，结合自己参与研修的深切体会，各自设计一个教学课例。

项目	具体要求	学习效果记录				
		组1	组2	……	总评	描述性评价
学生课堂过程表现	积极的心理准备和学习兴趣如何？					
	课堂上的注意力、做笔记、坐姿、答问等常规习惯如何？					
	思考问题的积极性如何？其深度和广度如何？					
	能否按照合作学习的要求，分工明确，展示充分，合作习惯和效果如何？					
	是否能提出或生成一些有意义的问题？					
学生学习结果表现	当堂练习质量如何？速度和效果如何？					
	对知识理解的情况如何？（课后检测）					
	能力发展情况如何？（课后检测）					
	情感态度和价值观方面的表现如何？					
总体评价						

备注：按照效果从高到低依次评定为：A、B、C、D。在引入、新授、练习等主要环节进行综合观察，全面分析后得出等级。

海南省熊纪涛中学语文卓越教师工作室课例研修活动纪实

二、聚焦开放共享的活动样态

（一）专题讲座

专题讲座是名师工作室最常用的活动方式，具有灵活性大、专业性强、信息量多、内容集中等特点。工作室主持人或省内外名师结合理论和自身教育教学实践，从教育思想、教学技术和教学艺术等角度进行个性化的解释，对教育教学的热点、难点问题进行理论解读与经验介绍，从理论、实践方面对相关理论进行全面解读。

工作室在安排专题讲座时，要注意数量不可过多，讲座主题要与工作室活动主题、目标相呼应，主持人要做好专题讲座的意识形态把关。工作室的专题讲座要注重普适性与针对性相结合，既要有理论的阐述又要有实践案例的分析。例如，在海南省黄金玉中学语文卓越教师工作室"单元联动教学"主题研修活动中，黄金玉老师、谢先丽老师和田乃娟老师同师门学员们带来"单元联动教学——解决单篇和群文教学矛盾的教学实践""激趣·夯基·提升——'教学评'一致性理念下的文言文教学策略探究""'问—思—言'模式下3Q课堂的'教'与'学'"专题讲座，既阐释了"单元联动教学"的相关理论，又分享了她们在教学实践中的具体经验和做法。

专题讲座的设计应当紧密衔接于整体活动的框架之中，确保其在内容上呈现出清晰的阶梯式进展与内在的逻辑连贯性。精心布局，不仅能使每个讲座自成体系，还能使其与前后的活动环节相互呼应，形成一个有机统一、逐步深入的学习路径。这样的设计有利于引导成员在参与过程中逐步构建知识体系，深化理解，确保学习效果的最大化。同时，前后呼应的讲座内容还能增强整体活动的连贯性和吸引力，提升听众的参与感和满意度。例如，海南省周厚东中学语文卓越教师工作室开展"素养本位的语文单元整体'设计·教学·研讨'"专题讲座，主要目标是引导和培养学员学习掌握大单元教学设计并实施的能力，活动流程为：学员事先备课、磨课—学员上研究课—导师根据学员的研究课和说课开设微讲座—专家围绕主题作专题讲座（理论与实践经验）—学员进行主题式同课异构—专家上示范课。

（二）名著阅读

工作室经常以"共读一本书""教育名著赏析""读书心得评比""在线朗读"等形式，举行各种名著阅读活动。工作室导师、主持人经过挑选，推荐优质书籍给学员；或者学员向工作室推荐阅读书籍；或者工作室根据教育教学实践，针对困惑点、疑难点、热点或同一客观材料，选定书目，再围绕主题进行共读共研活动。各个工作室制定阅读计划，按照计划研读一定数量的教育教学书籍，撰写读书报告，定期召开读书交流活动，交流读书心得和收获，探究问题解决策略。一些工作室要求学员在工作室主页发表自己的读书心得、教育反思性文章、读书笔记等，分享自己的阅读感悟、体会和心得，以任务驱动的方式让学员从阅读中有所收获。读书报告会一方面可以起到督促教师读书的作用，帮助教师把理论内化，另一方面也让理论学习的成果在成员间互相传递、分享，大家相互汲取。工作室推荐的书籍不仅有教育理论书籍、专业学科书籍，还包括哲学类、心理健康类、文学类、艺术类等书籍，工作室通过开展名著阅读活动不断打开教师的眼界，提高教师的综合素养。

我们工作室要求领衔人在工作室网站主页不定期推荐阅读书目和文章等，以及给工作室成员布置寒暑假阅读规定书目和交流读书笔记的任务。2015年至2016年的任务是自选阅读一本与温暖教育相关的书籍并分享，2016年至2017年度共读书目是《正面管教》《非暴力沟通》《积极心理学》。每一次的理论学习，我都会要求大家学以致用，哪怕只是选择其中一种技术，将其迁移到自己的教育教学实践和生活实践中，用以改善自己的工作和生活。
海南省李惠君中学心理健康卓越教师工作室期满考评自评总结节选

工作室三年建设里，我们自始至终都重视引领学员热爱阅读、参与阅读，提升专业理论和文学文化素养。我们开展"同读一本书"活动，工作室成员人手一本《大教育家最具施教力的教学思想》，学员读后，在集中活动之余，我们也进行了读书交流。我们为每位学员购买了一批教育教学理论及文学方面的书籍，让学员自学、自读，每一次集中培训，我们都会安排时间做读书交流、问题研讨。工作室组织学员参加全民阅读活动，做公益阅读推广人，在为当地或其他市县师生做阅读分享讲座的同时，也迫使学员多读书。阅读让学员眼界更宽广，对教学思想方法的认识更全面深入，也有助于解决学员在教学中出现的一些困惑。
海南省邢益育中学语文卓越教师工作室期满考评自评总结节选

（三）专题研讨

名师工作室的专题研讨，有别于只有少数人在讲台上发言的研讨会或报告会，它是真正充分调动工作室成员全部参与其中的会议。专题研讨指邀请相关领域的专家、学者，根据主题，进行结构化的探讨，让彼此的想法自由地交流与碰撞，给予工作室成员充分的话语权、发言权，为其提供交流与对话的平台。成员们根据课堂教学案例或者既定的主题，交流教学思想，总结教学经验，探讨教学方法，探讨更加有效的教学设计、教学组织形式、教学资源生成等。工作室成员进行头脑风暴，发散思维，在交流与碰撞中吸取长处，阐明问题，激发深入思考、真正理解，提高教学水平。

工作室进行专题研讨要注意几个关键点：一是要科学选取研讨主题，既要把握难度，又要明确广度，还要利于问题的聚焦；二是要指导研讨过程中的方法运用，比如如何搜集文献和数据，如何挖掘文献、课堂现象、课堂数据背后的价值等；三是要有效引导团队合作，通过合理分工、明确任务、制定制度等确保工作室成员的参与。

专题研讨给予工作室成员交流与对话的平台，让工作室成员在个人思考的基础上，以个人的意见为基础，取其精华，去其糟粕，这不仅使得工作室成员看到了自己原先没有注意到的更本质、更深刻、更高效的问题，从而形成更高层次的向上性发展共识，更使得工作室团体智慧大于每个成员的个体智慧的总和，实现了信息共享、经验共享、智慧共享。可见，专题研讨的开展能让成员在相互的论辩中达到共同提高的目的，并将学习能力转化为现实的教学生产力，促使自身向更高层次上发展。

12月1日下午，工作室成员齐聚东方市八所中学多媒体报告厅，开展"单篇教学与群文教学的'教'与'学'设计"专题研讨沙龙活动。

第一环节：授课老师对自己上午的示范课进行说课和总结。

翁小妮老师说课：通过比较史铁生和海伦·凯勒的成长经历，结合课文内容，让学生在阅读中感受到母亲与莎莉文老师的爱对二人产生的影响，认识到母爱的伟大和教师对学生的重要性。正是这种爱给史铁生和海伦·凯勒带来了信心、勇气和力量，让他们能够勇敢地面对生活的种种困难和挑战。以此启发学生要珍惜身边的人和事，感恩生命中给予自己支持和帮助的人。

许玉燕老师说课：通过设置三项富有挑战性的闯关任务，带领学生回顾了课文内容，以朗读的形式让学生进一步感受作者的情感，并帮助他们掌握了一种重要的写作手法——托物言志。整个教学过程的设计，目的不仅在于让学生掌握重要的知识点，还有锻炼学生的阅读理解、口语表达和写作能力。

第二环节：工作室成员就"单篇教学与群文教学的'教'与'学'设计"这一主题发表自己的观点和见解。

王超旭老师发言：从教材的编排来看，单篇课文的篇幅占据了相当大的比例，与此同时多篇课文组合而成的单元也需引起足够的重视。在进行单元教学时，我们需要把握核心概念的主线，将大单元的内容细化，以便进行群文阅读。同时，教师在引导学生深入品读文本的过程中，应聚焦语文的核心要素，实现对人文主题的关照。

黄金玉老师发言：教师的授课要做到真正基于教师的教学需要和学生学情，实实在在，不流于表面的热闹形式。在进行语文教学时，教师需要树立语文意识，扎根于文本，不断思考文本中深刻的思想、厚重的精神、细腻的情感、独特的个性是如何透过不同类型的语言呈现出来的。无论采用何种活动或形式，教师都必须以语言为基础进行语文教学。以散文教学为例，教师需要引导学生深入品读语言文字，感受作者的内心世界，体验百态人生。教师不是带着知识走向学生，而是带着学生走向知识。

田乃娟老师发言：对群文教学而言，议题的制定是关键。师生可围绕一个或多个议题选择一组文本进行阅读，在这一过程中，教师是思维的引导者、资源的选择者、议题的制定者、课堂的组织者。如果将单篇教学比作挖井，那么群文教学则犹如挖池塘。单篇教学注重落实单元核心目标并挖掘文本学习的深度，而群文教学则基于单元目标的整体规划，对同一单元的课文或一组文章进行梳理，侧重拓宽阅读学习的广度。

李培东老师发言：深入研读文本，细致感知文字，根据文体特点来探讨单篇课文的教学目标、教学内容及教学思路，是每一位语文教师都应高度关注的重要问题。在此基础之上，通过比较分析，掌握同一单元下不同课文的内容特点，挖掘其中的内在联系，进而实施课文的联动教学。这一方法对于开拓学生的阅读视野和培养学生的逻辑思维具有重要的价值和意义。

龚思老师发言：单篇教学侧重深度挖掘，大单元教学或群文教学则强调广度和高度，二者各具特色和价值。然而，无论选择哪种教学方式，都必须充分考虑学生的实际情况，如此才能最大限度地发挥其作用。对于基础较为薄弱的学生，深耕单篇教学可能更有利于夯实其基础；而对于基础较为扎实的学生，尝试群文教学则可以更好地发挥其优势。同时，语文教师在教学实践中不仅要关注人文情怀，也应重视语文教学的工具性。

为了更加系统而深入地探究"教学评"视域下"单元联动教学"问题，12月1日下午至2日上午，谢先丽老师、田乃娟老师和黄金玉老师为学员们带来了三场精彩的专题讲座，分享"单元联动教学"的相关理论以及她们在教学实践中的具体经验和做法。

海南省黄金玉中学语文卓越教师工作室初中
组专题研修活动（东方站）纪实节选

（四）名校访学

名校访学作为一种独特的现场教学方式，其精髓在于将理论与实践紧密结合，为参与者提供了两种层次分明的学习体验。一是广度的参观学习，旨在通过全面而广泛的校园探访，让学习者宏观把握名校的教育环境、文化氛围及先进设施，拓宽视野，激发灵感；二是深度的跟岗学习，这一环节侧重让学习者深入教学一线，亲身体验名校教师的教学风采与课堂管理艺术，通过亲身实践，深度理解并内化名校的教学理念与方法，从而实现个人教学能力的显著提升。工作室比较常用的是广度的参观学习，尤其是对省外学校的参观学习。有深度的名校访学，工作室主持人或活动组织者要对名校访学的主题、目标、内容、形式、管理、评价等进行系统设计，帮助工作室成员围绕主题全方位学习名师教学设计与实施、名师成长、学校队伍建设、课程建设、文化建设等方面的经验，明确职业榜样与努力方向，反思自己的优势与不足，找到工作改进的方法。[1]针对以往名校访学出现的学校选择随意性、访学课程粗放性、教师现场学习力不足、访学管理专业性不够等问题，可采用"SPIS名校访学"模式，即结构化挑选访学学校、协同研制访学课程、提升访学教师的现场学习力、明晰多方管理要求。[2]进行名校访学要注意以下几点：

---

[1] 陈丽：《SPIS访学模式：提升"国培计划"中西部项目名校访学活动品质》，载《继续教育研究》2021年第4期，第78~81页。

[2] 陈丽：《SPIS访学模式：提升"国培计划"中西部项目名校访学活动品质》，载《继续教育研究》2021年第4期，第78~81页。

第一，结构化挑选访学学校。在精心策划名校访学活动时，结构化地挑选访学学校至关重要，这一环节直接关乎访学活动的整体品质与成效。首先，要聚焦学校的发展特色，精选那些在工作室研修主题领域内表现卓越、富有创新成果的名校，确保学员能在专业领域内获得深入且超前的学习体验。其次，在学校的选择层次上，要采取梯队式策略，着眼于接近型、引领型与前瞻型三大类学校。接近型学校的选择，旨在促进学员间的情感共鸣与经验共享，由于存在诸多共性，学员间的交流将更加自然顺畅，会共同探讨面临的挑战与解决方法；引领型学校则如同一盏明灯，为学员指明前进的方向，激励学员追求卓越，明确个人成长与努力的目标；而前瞻型学校的加入，则为学员提供一个窥见未来教育改革与发展趋势的窗口，拓展学员创新思维与前瞻视野。最后，在区域分布上，要充分考虑访问对象的多样化，精选来自不同城区的学校开展访学活动，例如可以把工作室访学活动放在郊区学校、城镇学校、城区学校、乡村学校等不同区域的学校。这样的安排不仅有助于学员了解不同地区的教育生态与特色，还能促进跨地域教育经验的交流与融合，拓宽学员的视野与思维边界。2017年，海南省宋如郊中学语文卓越教师工作室学员赴广东省深圳市开展交流访学活动，并与广东省宋如郊名师工作室、深圳市张学新名师工作室联合进行名师课堂教学展示与观摩交流，并对中国科学院深圳先进技术研究实验学校、育才中学和学府中学共三所学校进行了为期5天的考察学习，让成员受益匪浅。

第二，协同设计访学课程，确保课程内容的精准对接。工作室积极携手访学学校，共同规划访学课程体系，力求精准满足学员的多样化需求。在课程设计初期，工作室要深入调研，全面梳理成员的显性学习需求与潜在发展期望，并将详尽的学员需求分析报告及个人信息资料提前交给访学学校，以便双方能够精准对接，共同打造定制化课程。访学课程要紧密围绕研修核心主题，涵盖教学观摩、教研深度交流、特色活动体验、同课异构研讨、校园文化沉浸体验等多个维度，既注重课程内容的个性化定制，又兼顾共性知识的传授，同时强调观摩实践与深度反思的有机结合，以及专家引领与即时点评的相互促进，全方位提升学员的学习体验与成效。

第三，聚焦教师现场学习力的提升，激发访学能动性。现场学习力是教师访学过程中至关重要的驱动力，访学时要注意唤醒并增强工作室成员的这一关键能力。首先，通过构建学习支架体系，为教师提供捕捉学习要点、深化反思能力、促进知识转化的有效工具，如设计详尽的访学任务单，明确学习目标、内容及要求，助力学员有的放矢地进行学习。其次，依托专家团队的强大资源，包括工作室主持人、资深导师及访学学校的名师，依凭他们前瞻性的教育理念与丰富的实践经验，引导学员精准捕捉访学亮点，深刻反思自身不足，并提出针对性的改进策略。最后，鼓励成员间的同伴互助与智慧共享，通过访学后的反思分享会等形式，每位成员都能分享个人感悟与收获，同时从他人的视角中汲取新的灵感与启示，共同促进访学成果的最大化转化与应用。

第四，明确对工作室成员访学的管理要求，旨在强化管理的专业性与规范性。这些要求不仅涵盖了访学前的准备阶段，包括要提前了解访学学校基本情况，研制访学任务单，让成员清楚访学要求，还延伸至访学过程中的监督与指导，以及访学结束后的总结与反馈，全方位保障访学活动的质量与效果。通过细化管理流程、明确责任分工、加强沟通协调，构建一个有序、高效、专业的访学管理体系，为工作室成员提供优质的访学体验与成长平台。

12月10日至11日，牛星惠中学数学卓越教师工作室全体成员相聚在美丽如画、和谐向上的中央民族大学附属中学海南陵水分校，迎来了"基于直观想象素养的培养"的专题活动。

当我驻足于中央民族大学附属中学海南陵水分校的广场时，我有点"傻了"。贵校犹如一位仙女站在我的面前，使我这位从未见过世面的乡镇教师变得更加"猥琐"，开始了自己的"追踪"计划。于是，我利用学习的空隙时间参观贵校，自己像发了疯似的。先是走马观花式地看看校容校貌，再是走进教室，了解班级文化；走进办公室，感受集体备课的氛围；走进卫生间，看看是如何创建卫生校园的；看看公示栏，了解学校制度文化；参观各种教学配置，感受高科技给教育带来的便利；然后欣赏贵校办学成果、师生成绩和各种课程开发……贵校不仅注重一草一木、一砖一瓦的校园文化建设，还特别注重班级文化打造，每个班级文化都有不同风格，学校制度、管理文化建设等。学校很注重每个角落的文化打造，每一间教室、科室、饭堂都在"说话"，每一面墙都在"说话"，每个地方"说"每个地方的话，不仅同时抓校园的硬文化和软文化建设，还同时抓亮化、绿化、美化的建设……

不知不觉来了诗兴，便油然而生地吟起歪诗一首《颂中央民族大学陵水分校》表达心中感触。

民族陵水分校园，清馨幽静师生欢。
莘莘学子把书念，堂堂师者育俊贤。
语数外理四基好，德智美体音育全。
勤奋好学进步快，将来一定上尖端。

海南省牛星惠中学数学卓越教师工作室成员
钟海陵水集中学习活动的心得体会节选

（五）网络研修

网络研修是一种以网络协同平台为技术支撑而开展的有组织、有引领的研修方式，它不是对传统面对面集中活动的取代，而是对传统的教师集中培训的增容、延伸和发展。网络研修具有时空自由、成本低、角色多元、氛围轻松、交流开放、资源共享等特点。工作室的网络研修形式丰富多样，涵盖多个互动与学习的模式。具体而言，包括：实时互动的在线直播，让学员能够即时参与并获取最新知识；系统化的在线培训模块，为成员提供全面而深入的专业学习路径；创新的在线评课功能，促进教学相长，通过同行评审提升教学质量；活跃的在线论坛平台，鼓励成员交流思想、分享经验，形成浓厚的学习氛围；便捷的在线授课工具，支持教师灵活授课，打破地域限制；深入的课后研讨环节，巩固学习成果，促进知识的内化与应用。这一系列网络研修活动共同构建了一个全方位、多层次的学习生态系统，有效促进了工作室成员的专业成长与能力提升。在疫情期间，网络研修是名师工作室研修活动的主要形式。

做好网络研修要注意以下两点：第一，构建网络研修总体功能架构，推动研修有序进行。工作室需深入剖析每位成员的专业优势，充分考量其专长领域、年龄层次、个人时间分配及兴趣爱好，在确保不影响成员日常工作的前提下，优化资源配置，使每位成员都能最大限度地参与到网络研修活动中来。网络研修的整体架构具体划分为三个层级，以确保高效运作与深度参与。一级为"网络研修战略策划群"，汇聚了工作室主持人、资深导师及核心成员，他们扮演着领航者的角色，负责网络研修的总体蓝图规划，包括理念的引导、研修主题的精选、活动效果的预测与评估以及项目结束后的总结提炼，为整个研修过程奠定坚实的理论基础与方向指引。二级为"网络研修协调执行群",由工作室的中坚力量——骨干成员组成,负责具体的运营管理工作,包括进度的实时监控、成员间意见的收集与反馈、活动细节的沟通协调等,确保研修计划的顺利推进与调整优化。三级为"网络研修实践执行群",广泛吸纳工作室全体成员,作为研修活动的主体执行者,他们可直接参与网络研修的具体实施与操作,包括但不限于在线学习、研讨交流、课程设计与讲授,以及课后反思与提升等环节,通过亲身实践深化专业知识,促进个人与团队的共同成长。

第二,基于深度学习来设计工作室网络研修活动。工作室网络研修设计要突出教师混合学习方式的特征,以解决实际教学问题为导向,基于真实的专业情境,体现互动性,遵循前期准备、知识习得、知识内化、问题解决、成果生成、反思评价的步骤。前期准备阶段主要完成问题征集与诊断、问题整合与主题凝练工作。知识习得阶段主要组织了解研修目标、自主学习、互动交流、专家答疑、巩固新知等活动。知识内化阶段主要组织分析与研讨问题、明确问题解决路径并形成方案等活动。问题解决阶段主要经历线上研讨、资源共享、名师答疑等环节。成果生成阶段的形式可以是教学反思、优化教学设计、研究成果推广等。反思评价阶段主要是对成员的网络研修活动进行评价,评价在网络研修中尤其重要,是一定程度上促进学员参与网络研修的重要手段。

网络研修平台的建设也是网络研修的重要一部分。随着网络和数字技术的发展,名师工作室积极建立名师工作室网络平台,探索和运用现代技术开展新型的名师工作室学习活动。工作室充分利用新媒介的及时性和互动性,实现优势互补,借助文字、图片、视频,以微信、微博、博客等公众平台为传播工具,推进名师工作室的教师专业发展阵地建设,引领工作室成员的价值导向,实现了工作室活动的移动化、随时性、持续性。

名师工作室网络平台是名师工作室的重点建设领域,其基于网络这一虚拟环境,利用博客、微信、QQ等平台构建具有共同学习任务的学习团队。工作室成员在学习过程中相互沟通、交流,分享各种学习资源,共同完成一定的学习任务,建立了相互影响、相互促进的人际关系。

三、聚焦任务驱动的活动样态

（一）制定职业生涯规划

职业生涯规划是指个人对其一生中所承担职务的相继历程的预约和计划，这个计划包括一个人的学习与成长目标，以及对一项职业和组织的生产性贡献和成就期望。[1]制定科学合理的职业生涯规划，是个人实现自我价值持续增长与自我超越的关键路径。它不仅助力个体不断攀升职业阶梯，提升个人能力与素质，还显著增强个体了对复杂工作环境的驾驭能力以及对职业挑战与困难的克服能力。通过精心规划，个人能够更清晰地认识自我优势与潜力，明确职业目标与发展方向，从而在职业生涯中稳步前行，实现个人与职业的双重飞跃。

教师的职业生涯规划是根据教师自身的优势和特点出发，根据时代、社会的要求和所在学校的共同愿望，做出的能够促进教师有计划、可持续发展的预期性、系统性的自我设计和安排[2]。教师的职业生涯规划包括短期规划、中期规划、长期规划，制定教师职业生涯规划不仅是教师专业发展的需要，更是教师终身教育的需要。

工作室成员加入工作室后，在导师的指导下，专业成长方向更加明确，专业成长路径更加具体，个人发展规划更加清晰，且其加入工作室的重要任务之一是制定自己的职业生涯规划。工作室成员根据导师的指导，分析自己的个性特点、教学风格、教学上的优势与不足，制定出个性化发展规划，导师也将根据学员的个性制定出针对性的个性化指导方案，帮助学员成长。

工作室成员在工作室主持人的指导下制定教师职业生涯规划。首先，主持人要引导成员认识到制定职业生涯规划的必要性和重要性；其次，主持人要帮助成员了解教师专业发展的基本规律、不同专业发展阶段的关键点以及教师专业发展规划制定的技术与方法；再次，主持人要引导成员了解职业需求，了解自身与外部环境的相互关系，对自身与外部环境需求进行分析，例如国家、社会、学校、家长等对自己职业提出的需求，以及自身发展的需求，

---

[1] 庞海芍、何玫、刘卫民：《大学教师职业生涯规划研究》，载《中国青年研究》2009年第6期，第55~58页。

[2] 庞海芍、何玫、刘卫民：《大学教师职业生涯规划研究》，载《中国青年研究》2009年第6期，第55~58页。

找到发展的方向，合理确定规划目标。然后，工作室要提供多种途径帮助学员了解主持人、导师、其他名师的专业成长之路，给成员以启发和鼓励。最后，成员的职业生涯规划完成后，主持人和成员本人应对其进行评估和反馈，提出指导性意见。

（二）微课制作

伴随着教育信息化的发展和要求，"微课"作为一种以微视频为载体、由多种资源有机构成、支持多种学习方式的新型课程，对教师专业发展产生重要的影响。微课掀起了一场"微学习革命"，推动着教师的智慧学习和终身学习。名师工作室通过"微课理论与制作学习—微课制作—微课发布—多元主体微点评—教师微实践、微反思、微反馈—再次接受微点评"的过程，形成了一个动态交互螺旋式的"微学习生态系统"，创生了教师"微生态"成长模式，实现了工作室成员专业知识、专业能力、专业情谊、专业智慧的螺旋式动态发展。

工作室学员要完成微课制作的任务，必须学会微课制作的原理和技巧，因此首先要接受微课制作培训。例如，海南省施琼英中学美术卓越教师工作室邀请海南师范大学李翠白教授讲授了微课的制作原理和方法，阐述了如何选择微课主题、如何进行微课设计制作、如何实施教学等内容。工作室成员制作好微课后，发布在工作室博客、视频号、公众号、美篇等网络平台，由主持人和其他成员进行点评互动，这有利于进一步拓宽成员的知识视野、深化成员的理论认识。在此基础上，成员再进行微课反思，作出微反馈，再次接受微点评，进而形成了智慧型交互网络系统——知识在交互中扩展、能力在交互中提升、智慧在交互中内凝。海南省施琼英中学美术卓越教师工作室制作的《海南乡土美术课程》《纸艺空中课堂》系列微课在2020年疫情期间为海南省美术学科"停课不停学"提供了强有力支撑。

值得一提的是，微课反思是工作室成员在微课观摩和微课实践中，以自我和教学活动为对象，不断进行计划、检查、评价、反馈、控制和调节的过程，能有效促进工作室成员专业智慧的内凝。教师在不断地"分享—实践—反思—反馈—再实践—再反思"的螺旋式动态发展中，专业知识不断丰富、理论视野不断拓展、教育教学认识不断深化、团队协作能力不断提升、创造性科研创新能力不断提高。

微课具有内容小、时间短、易于设计实施的特点，通过开发微课，工作室成员摆脱了课程开发的畏难情绪，提升了自我效能感和课程开发能力。此外，微课开发极大地提高了工作室成员的行动研究能力，工作室成员在理论的指导下开发微课作品，在实践中检验微课成果，在"理论—实践"交互中丰富理论羽翼，循环往复，不断推动着自身行动研究能力的螺旋式发展。[1] 工作室成员在微课开发过程中不仅学会了微课开发的技巧、方法，更重要的是实现了微课开发理念的更新、理论素养和实践素养的提高、教学能力的提升，形成了可持续发展的强大动力。

许多工作室将工作室微课建成微课资源库，有效促进了工作室成员专业智慧的提升。微课资源库是以微课为核心的在线网络视频课程资源及其配套资源（教学设计、课件、练习测试、评价、反思、反馈等）的总和，包括看得见的微课资源和看不见的微课资源，为教师专业发展提供了多元的智囊团和人际资源。微课资源库的主体是包括学科专家、教师、微课技术人员等在内的来自不同学科背景、不同文化背景、不同理论体系的多元主体。多元主体之间的交互是一种优势互补的智慧型交互，"专家—教师"的交互提升了教师的理论深度，"教师—教师"的交互丰富了教师的实践经验，"教师—技术人员"的交互提升了教师微课开发、设计的技术水平和能力，这种多元的智慧型交互为教师的专业发展提供了多角度、全方位、立体化的智慧支持。

（三）专题研究

工作室把主题式、专题式的研究作为活动形式，针对教育与教学存在的问题或遇到的普遍问题、疑难问题和热点问题进行专项研讨，通过对日常教育和教学中的问题进行提炼和处理，凝练专题，作为研究的主题。工作室将成员组成课题组，进行教学研究。例如，海南省王连诚中学信息技术卓越教师工作室成员围绕"计算思维和项目学习方式"这一研究主题，从不同视角切入，取得了一系列研究成果。

运用教育科学研究方法，课题组结合具体课题研究过程，有目的、有计划、有组织、有步骤地开展合作性的教师行动研究，在研究过程中实现课题组成员之间的有效互动。工作室成员以课题研究的方式进行合作，教师与同事或者专家学者围绕着课题进行讨论和有效交流，针对研究主体展开资料收

---

〔1〕李慧方、罗生全：《论微课促进教师专业发展的实践机理》，载《教育理论与实践》2014年第35期，第27~29页。

集，增强了学员文献收集、分析能力和问题解决的能力，培养了教师的问题意识，促使教师有意识地反思自我教学实践，探索问题的解决策略。工作室通过行动研究、论文写作的方式，以专题研究为驱动，解决教育中遇到的难题，提升学员的科研能力。

活动第二部分——工作室申请的国家课题开题报告会模拟。工作室邀请省级课题开题审议专家参加活动，主要有海南省教育科学规划办王女老师、生物特级教师林振老师、三亚市第一中学梁荣海老师、华东师范大学第二附属中学乐东黄流中学刘成良、温晓利老师。

第一环节，课题主要负责人陈坤老师代表课题组作了《高中生物学学科核心素养教学实践研究》开题报告。陈坤老师首先介绍了课题组成员的组成：主持人杜修全老师（海南省省级骨干教师，海南省中学生物教研员），核心成员韦和平、陈坤、冯成坚、李洋、黎江娃、冯银银、李海英7人，其中正高级教师1人，高级教师2人，一级教师3人，省级学科带头人1人，省级骨干教师5人，其他成员王芸、王志伟、张例、魏成湘、吴冠、廖涌权、庄翠霞、丁勇、罗许敏、梁丹凤、梁锋、王强、黎华、李晓燕、吴海涛、王敏、张小勤、钟颖妮18人，其中省级骨干教师11人。课题组成员大都为韦和平中学生物卓越教师工作室的成员。接着陈老师就本次课题的研究与实施方案，重点从课题的研究现状及意义、理论依据、研究目标与内容、研究方法及研究过程、课题组分工及完成课题保障条件等进行了深入详细的介绍，并描绘了本次课题的预期成果。

第二环节，专家组对开题报告作了审议，各位专家成员对该课题的研究内容进行深入分析，剖析课题研究的重点，探讨课题研究的方法与实施方案的可行性。

王女老师点评：①课题紧扣素质教育，落实核心素养；②课题组成员专业力量强大，为课题研究提供了有力保障；③研究成果丰富，具有实践指向性。建议：①问题的描述不够清晰，应加强问题指向性；②核心概念的界定，应加上"教学实践"；③研究内容要紧扣研究目标；④研究内容要细化；⑤将课题研究成果进行推广。

林振老师点评：①在实践的基础上进行不断反思，将核心素养落地生根；②分工要明确具体；③课题研究的进程要合理把握，避免前松后紧。

梁荣海老师点评：①聚焦大概念，建构核心内容框架；②教学实践活动是提升核心素养的重要途径，注意区分探究活动与实践活动的区别及联系；③核心素养明确要求教学中以真实情境为依托创设情境，在具体教学中注意挖掘贴近学生生活实际的情境。

刘成良老师点评：①对课题进行建模分析，以教学实践为自变量，以核心素养为因变量；②研究方法加入教学实验研究法，注意实验方法的选择；③研究对象的确定需更严谨；④成果呈现应更丰富，可多角度挖掘。

温晓利老师点评：教学成果应更丰富，多寻求其他教学实践路径。

第三环节，与会人员向审议专家提出问题，咨询正式报告时需要注意的问题和答辩的技巧，审议专家进行一一解答。

海南省韦和平中学生物卓越教师工作室活动简报节选

（四）送教下乡

引领与辐射是工作室的重要功能，送教下乡是发挥工作室辐射作用的重要方式。送教下乡是加快城乡教育均衡发展，解决农村师资力量薄弱问题，提升乡村教师教育教学质量，更新教育教学理念和教育教学方法的重要举措。送教下乡活动的开展不仅有利于农村教师观摩教师培训团队的示范课，学习较为先进的教学设计思路和科学有效的授课方法，获得优质教育资源，提高专业发展水平从而步入专业化成长快车道，还加速了农村教师群体的成长速度，实现了资源的充分利用，打破了学校、地区、城乡之间的壁垒，协同整合了资源。通过送教下乡的任务驱动，工作室成员转变为引领者、示范者、指导者，倒逼自己不断提高教学技能，反复打磨送教课例，在与农村教师的交流反思中实现了共同成长。

送教下乡有示范教学、磨课研课、讲座、农村教师课堂诊断等多种形式，通过合作实现送教者与受教者的共同成长。示范教学可灵活采用说课展示、实际授课以及课后评课等多元化形式，关键在于确保研修任务的设定既具体又明确，以便参训教师能够清晰地把握学习方向与目标。磨课研课是工作室送教团队深入乡村学校，与参训教师所在学校的教研室或学科组紧密合作，围绕既定的培训主题，依据明确的研修任务，深度融合校本研修的精髓，共同开展的一项深度教研活动。开办的讲座要符合农村教师的实际需求，针对农村学校比较关注的学生作业设计、家校沟通、课堂管理、班主任工作等主题进行，以方法、策略、实践案例等"干货"为主。调研发现，示范课和为农村教师做课堂诊断是农村教师最喜欢的两种送教方式。在送教过程中，要注意营造合作的文化氛围，以分享、信任、支持为核心，以共同成长为目的。

第五章

名师工作室的运行机制

一、名师工作室的运行流程

名师工作室的运行一般由教育行政部门、高校、研训机构、名师工作室共同发挥作用。如下图，工作室从无到有再到完善，一般经历六个步骤。

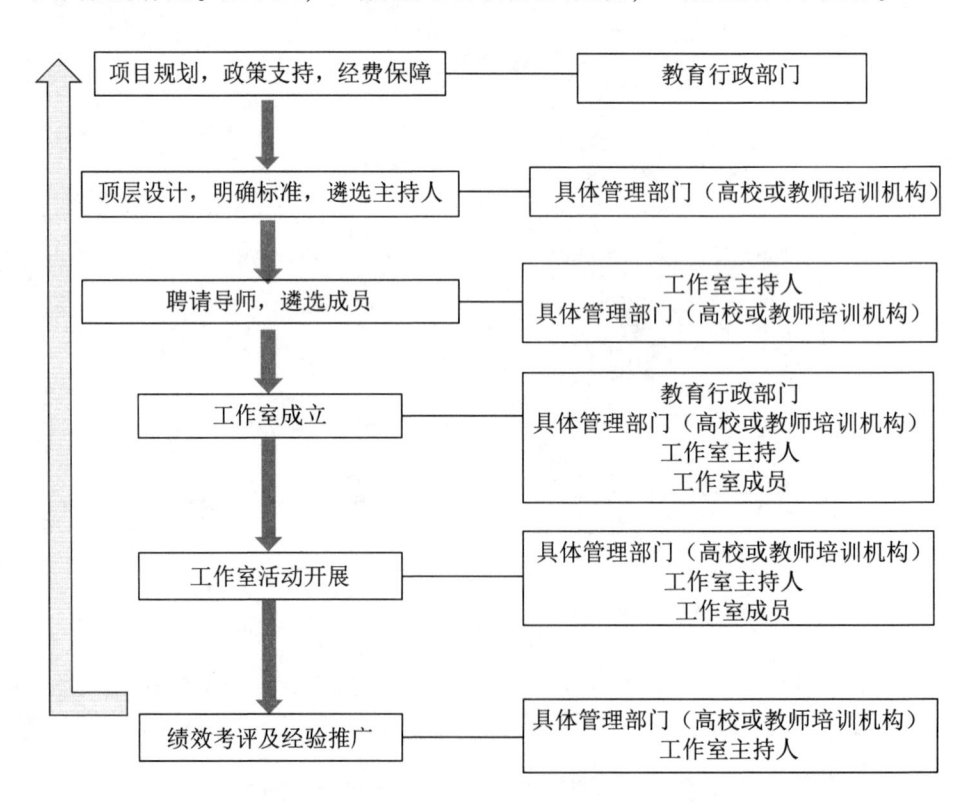

```
项目规划，政策支持，经费保障 ── 教育行政部门
           ↓
顶层设计，明确标准，遴选主持人 ── 具体管理部门（高校或教师培训机构）
           ↓
聘请导师，遴选成员 ── 工作室主持人
                   具体管理部门（高校或教师培训机构）
           ↓
工作室成立 ── 教育行政部门
            具体管理部门（高校或教师培训机构）
            工作室主持人
            工作室成员
           ↓
工作室活动开展 ── 具体管理部门（高校或教师培训机构）
                工作室主持人
                工作室成员
           ↓
绩效考评及经验推广 ── 具体管理部门（高校或教师培训机构）
                    工作室主持人
```

第一步，项目规划，政策保障，经费支持。教育行政部门主要负责名师工作室的整体规划、方向指导、政策保障、经费支持。教育行政部门在筹划名师工作室布局时，应深入洞察本区域基础教育工作的核心要点与薄弱环节，以此为依据科学设定工作室的学科分布、学段覆盖以及类别比例。在规划过程中，教育行政部门需秉持全局视野，确保各教育领域均得到兼顾，同时精准聚焦，对关键领域与迫切需求给予特别重视。此外，教育行政部门要制定相关政策，肯定工作室在区域教育中的重要地位，出台相关细则确保工作室主持人、成员身份受认可、协调工学矛盾、资源调配等，特别是对于工作室的建设予以明确的经费支持。海南省将名师工作室列入海南省"十四五"教育现代化规划、海南省中小学"好校长、好教师"培养工程，有力确保了名师工作室的重要地位。

第二步，顶层设计，明确标准，遴选主持人。名师工作室的具体管理一般由高校或者省级、市县级教师培训机构来进行。在教育行政部门的精心规划设计与坚实政策保障下，名师工作室的具体管理部门紧密围绕本区域教育教学面临的瓶颈难题及亟待推进的重点工作，对工作室的学科布局、研究方向及核心工作领域进行高瞻远瞩的项目顶层设计。相关部门要严格制定工作室主持人及成员的选拔标准与流程，确保每一位成员都具备卓越的专业素养、综合素养与高度的责任感。

在此基础上，遴选工作室主持人。具体管理部门要明确考评指标，围绕工作室的规划、运行、建设、成果等构建系统、全面的考评指标体系。此外，具体管理部门还要对工作室主持人进行培训，帮助工作室主持人提升学科领导力，促进角色转化，深入了解培训者、工作室建设等方面的理论与实践，以有效提高主持人的专业引领能力、工作室建设能力、组织管理能力等。

第三步，聘请导师，遴选成员。工作室主持人确定后，开始进行导师聘请和成员遴选。由工作室主持人根据自己的特长、研究领域、工作室建设初步设想形成工作室建设方案，工作室主持人凭借其独特的专业特长、深耕的研究领域及前瞻性的工作室建设愿景，初步勾勒出工作室的发展蓝图与建设方案。随后，具体管理部门借助正式文件、网络平台等多种渠道，全面而详尽地公布工作室的各项关键信息，包括工作室的独特命名、主持人的个人简介与风采展示、建设蓝图与实施路径，以及导师团队与成员阵容的规模与构成等。此举旨在让有志加入的教师群体能够清晰了解工作室的长远规划、主持人的研究方向与独特优势，同时明确导师与成员的基本资质要求、所享有的权益及应履行的职责，从而帮助广大教师建立起对工作室主持人及其未来发展规划的全方位认知与深刻理解。工作室主持人依托本人丰富的省内外资源，聘请省内外名师、教研员、高校教育理论专家、学科教学论老师为工作室导师。符合条件且有意愿的教师填写《成员申请表》，通过电子邮件发送至主持人邮箱，表明申请意向。工作室主持人遵循既定条件，采取一系列全面而细致的选拔方式，包括但不限于组织专业考试、开展网络沟通对话、实施电话深入访谈、安排面对面交流、核查过往教学业绩、积极征求所在学校意见、广泛征询教师个人想法，并参考同事间的综合评价等，以确保选拔过程的公正性与全面性。在这一精心策划的初步遴选阶段，主持人致力于全方位地了解申请教师的个性特质、教学扎实程度、科研能力水平以及独特的研究专长，力求精准筛选出与工作室建设愿景高度契合、能够共同推动工作室发展的优秀成员。

海南省中学卓越教师工作室成员申报条件

每个工作室招收 10 名至 15 名学员。学员为海南省在职市县级青年骨干教师，40 岁以内，具有良好师德修养，专业知识基础扎实，工作积极主动，虚心好学，自觉学习先进教育理念，热心参与教育改革实践，同时具备下列条件之一：

（一）市县级学科骨干教师或教学能手、教坛新秀；

（二）近五年在市县区级以上课堂教学大赛或论文评比中获奖；

（三）主持市县级以上教育规划课题并顺利结题。

（注：省级学科带头人、骨干教师不申报；已是 2020—2021 年度中学卓越教师工作室成员的教师不再申报）

《关于启动 2022—2024 年度海南省中学卓越教师工作室暨开展市县学员申报工作的通知》节选

第四步，工作室成立。随着工作室主持人的精心筹备与选拔工作的圆满完成，工作室正式向具体管理部门提交关于成员选拔的初步建议。具体管理部门经过严格审核后批准的，工作室正式成立，从此也便开启了携手并进、共创辉煌的新篇章。通常教育行政部门和具体管理部门还会为工作室举行揭牌和成员入室仪式。

第五步，工作室活动开展。工作室在主持人的带领下，充分征得成员的研修需求、成长需求，共商建设愿景，进一步完善工作室建设方案。主持人组织成员有秩序地在线上线下开展各种类型的高质量研修活动，工作室成员按要求完成各类研修任务。

第六步，绩效考评及经验推广。具体管理部门在教育行政部门的指导下，依据工作室考评指标体系，组织专家对工作室进行绩效考评。考评方式包括工作室自评、资料查阅、现场汇报与答辩、推门听课、学员访谈、学校访谈等形式。具体管理部门要及时反馈工作室绩效考评结果，并引导工作室提炼典型案例，凝练模式方法，形成特色经验进行推广。此外，工作室也要制定学员考核指标，对学员进行考核评价，以评价的方式促进学员参与工作室活动的积极性和研修质量提高。海南省中学卓越教师工作室由海南省中学教师继续教育培训中心（挂靠海南师范大学）采取年度考评、期满考评相结合的形式进行考核，注重过程考核，考核结果由"海南省中小学教师培训工作领导小组办公室"公布，如《关于海南省（2020—2022年度）中学卓越校长（教师、班主任）工作室、中小学英语教师新加坡研修人员工作站期满绩效考评结果的通报》。

二、名师工作室的运行机制

名师工作室的运行机制本质上是其系统的内在联系、功能及运行原理，在某种程度上决定着名师工作室的运行成效。名师工作室运行机制的建构是一项复杂的系统工程，直接制约着名师工作室各个部分的有机整合。对此本书从动力机制、整合机制、激励机制、控制机制、保障机制五个方面进行阐述。

（一）动力机制

名师工作室的动力机制应当着眼于工作室主持人和成员的发展需求，设定工作室的发展目标、愿景规划。工作室成员的切身需求是名师工作室发展的动力源泉，工作室的目标导向是其发展的风向标杆。

1. 发展动力与学习需求

名师工作室的成员是具有自我意识的人，自我意识是人成为自我发展主体的必要条件，个体正是通过自我意识来认识和调节自我，在环境中求得独特发展的[1]。工作室成员的专业发展意识和专业成长需求是其实现提升的出发点和内在动力。从前端说，即关照每个成年群体及其所有成员在不同生活空间与生存境遇下，其学习行为为基本而特定的元素；从中端说，即关注他们的学习权利与学习机会；从高端说，即关切他们的生活模式与生活质量；而从终端说，是希望社会所有成年人都能够成为自我存在、自我生活、自我创造的主人，都能领悟生命的真谛，活出生命的精彩。[2]

名师工作室要做到：首先，尊重成员的合理需求，包括尊重工作室成员的学习需求、发展需求、学习风格、思维方式、学习习惯等。成员在工作室内得到充分的尊重，增强归属感、认同感和尊重感，是工作室持久、稳定运行的基本前提。其次，在工作室成员本身具有一定的专业发展需求的基础上，通过让成员参与工作室活动，不断激发其内在动力。名师工作室在运行过程中，应当时刻关注成员从何而来、引导成员向何处去、如何帮助成员从起点走向终点等问题。这一切的实现必须基于工作室成员有持续学习的动力，如此也才能保证工作室稳定、持久地运行。再者，工作室的目标、定位、培养方式、活动方式能满足成员的多样化需求，帮助成员真正实现眼界拓宽、技能提升，是学员持续参加活动、保证工作室活力的重要因素。最后，保证工作室成员平等的参与机会、学习权利、对话机会、展示机会等，让工作室成员充分感受到平等与尊重，激发成员的专业自主意识，并进一步激发成员的学习动力，如此不仅能增强成员的主人翁精神，也能保证工作室的持续运行。

虽然说一直以来，我都对自己有所要求，也设有目标，但是并不够明确，尤其是对自己的职业生涯规划，总是因受到各种客观因素的影响而不够坚定。通过这段时间在工作室的学习以及和导师、成员的交流，我的思想得到了进一步的提升，能够更加明确自己的职业生涯规划，并且下定决心努力实现。另外，在工作室的学习中，导师和主持人帮我解答了我教学实践的很多问题，并指导我逐步改进。与此同时，我所在班级的英语成绩明显地提高了，这让我更加深刻地意识到理论是可以真真切切地和我们的一线教学联系起来的，通过把教学与研究有机结合起来，通过合作开展行动研究，并有目的地改进

---

[1] 宋明钧：《优质教育与教师专业发展》，载《全球教育展望》2006年第11期，第47~49页。
[2] 高志敏：《成人教育研究的反思与前瞻》，载《教育研究》2006年第9期，第64页。

教学，能优化自己的教学方式。希望自己以后能够在课堂教学中，更加注重理论联系实际教学，从而提升教学的质量……

论文撰写一直是我的弱项，很长一段时间里我都不懂得如何更好地把自己的教学经验通过论文的方式体现出来，更不懂得如何去提升自己撰写论文的能力。但是从功利的角度，因为评职称的需要，我非常需要掌握这种能力。李敏教授的讲座给我极大的启发，让我更加深刻地意识到做教学研究的重要性，懂得如何撰写一篇论文。我自己尝试写了一篇论文，主持人和导师都给我提出了很多宝贵的意见，这对我来说是非常需要的……参加工作室的活动已经成为我的期待。

海南省王英中学英语卓越教师工作室成员傅秋丹研修学习心得体会节选

2. 目标导向与个体责任

目标导向是一种重要的动机变量，名师工作室将目标导向定位于能力提升、专业发展，相比职称评聘、荣誉奖励等，更能推进工作室成员自主学习的积极性，进而形成自我导向、自我激励、自我监督的学习动力。当工作室的目标导向与个体的发展目标和根本利益相一致时，就能够在工作室整体提升的基础上，达成各方利益。工作室在运行过程中，既要关注工作室组织目标的实现，同时要最大限度地实现工作室成员的个体目标。通过制定"工作室发展规划"和"个人专业发展规划"等方式，做到"整体目标"和"个人目标"的有机结合，这在一定程度上也保证了工作室的持续运转。

工作室成员的个体责任的强化能有效促进工作室的顺利运行。在工作室中，每个成员都承担一定的任务，分担共同的责任，有权对工作室的活动、规划、建设等发表意见，这在一定程度上强化了工作室成员的责任感，增强了其主人翁意识，有助于提高工作室成员个体的发展动力，促使其及时调整自己的态度，为工作室整体目标的实现而努力。

2021年10月15日，我在霍春莲老师的带领下，来到书香雅致的海南华侨中学参与了工作室的启动仪式等活动。在启动活动中我详细了解了工作室的宗旨、愿景和建设目标。在主持人的指导下，借用布鲁姆的教学法，我给自己树立了三个目标。

一、认知目标

我选择了"师生关系"的研究主题小组。我将严格按照工作室的总体目标,即①深耕一个领域;②孵化一批成果;③带出一支队伍;④辐射一片区域,深刻落实自己的班主任工作,把工作做精、把工作做细……我愿意通过三年一体化的科研实践去处理此项关系。

二、情感目标

在研讨会上我明确了自己的目标,要成为一名卓越的老师,要有情怀、有理想、懂教育、懂管理、有能力、用心做。作为班主任,孜孜不倦地做事、侃侃而谈地做事、不厌其烦地做事,就是我的情怀……今后我计划在工作中学习制作微电影、微视频,用此新兴手段去促进师生交往,呈现出班级、年级、学校、教育的正能量。

三、行为目标

在"乱"孩子不少的义务教育局面下,我将抓好学生思想教育,理清理顺学生的思维和逻辑,培育有梦想、有希望、有修养、有激情、能专注、有毅力的学生。

在新时代教育背景下,在参与霍春莲中学卓越班主任工作室的工作中,我坚定落实好"教育的成功首先是思想道德的成功"这一理念。

海南省霍春莲中学卓越班主任工作室成员万馨蔓第一次研讨会心得节选

(二)整合机制

1. 共同愿景与个人规划

愿景是一种人们通过努力可以达到的预期目标,是需求、欲望、信念和价值观的结晶,它由目标、价值观和使命感共同构成,是指为实现目标而付诸行动的一种精神。共同愿景对于激励个人、团队和组织的发展以及持续学习有重要作用。美国管理学家彼得·圣吉认为:"共同愿景对学习型组织至关重要,因为它为学习提供了焦点和能量。"[1]工作室规划共同愿景时,要充分考虑到成员的个人规划,做到工作室目标和个人目标的契合、统一;同时工作室成员在规划个人发展目标时,也要在一定程度上考虑和结合工作室的整

---

[1] [美]彼得·圣吉:《第五项修炼——学习型组织的艺术与实务》,郭进隆译,杨硕英审校,上海三联书店1994年版,第238页。

体规划，如此能让每个成员都成为工作室的主人，全身心地投入工作室的建设之中。

在两天的学习中，我们工作室的主持人王英老师从团队构成、宗旨主张、文化建设、管理机制、建设目标和行动路径等几个方面对工作室的运行机制和三年规划进行了阐释。从王英老师的阐释中我也了解到了我们工作室的课堂教学主张——"深活英语"，即基于英语学习活动观，根据学生生活实际创设情境，设计一系列具有实践性、创新性、关联性和层次性的教学活动，让学生在活动探究中发展思维，实现深度学习，从而触动心灵，涵养品格，最终实现学科育人目标。可以说我们工作室的这一课堂教学主张和我们即将公布的义务教育阶段新课标和目前正在开展的"双新"和"双减"的教学改革及其理念是不谋而合的，更是与我对英语教学的理解与行动是高度契合的。在工作室"深活英语"教学主张的引导下，我也将积极完善自己的教学，用自己的教学去"演绎"、践行"深活英语"，希望能更加丰富这一教学主张，也希望能凝练出自己的教学主张。

海南省王英中学英语卓越教师工作室成员李宛微第一次研修学习心得体会节选

2. 整体利益与个体利益

根据行为科学中个人及组织动机的理论，组织所具有的某些特征不是它的各个部门之和，组织不是个人的简单集合，而是一个整体，一个系统，组织与个体之间、个体与个体之间具有一种复杂的相互关系，这种关系必然影响到个体行为，并最终影响组织的行为。社会组织的行为受到利益、认知和情感的左右，社会各方行动的冲突由利益、认知、情感的不协调所引发。由此可见，名师工作室在运行过程中，必须兼顾工作室的整体利益和成员的个体利益，实现二者的有机整合。

具体而言，整体利益和个体利益的认同整合以名师工作室的整体利益为基石。工作室的整体利益包括名师工作室的建立目的、工作室文化及核心价值体系，三者相辅相成，密不可分。当工作室成员将个体利益与工作室的整体利益紧密相连时，工作室成员会对工作室的整体利益产生认同感，从而会自觉维护工作室的整体利益，愿意为工作室的整体利益的实现而努力。因为成员深知，工作室的整体利益实现了，个人的个体利益也会随之实现。甚至在二者相互冲突的时候，成员甘愿牺牲部分个体利益，从而实现整体利益的最大化，不知不觉中，工作室个体之间就凝聚成一个紧密相连的利益共同体。工作室整体利益与成员个体利益实现高度整合，工作室自身的内聚力也相应增强，不仅能使得工作室内部成员关系融洽，团结合作，也能更好地发挥名师工作室的作用。

3. 多元化资源

工作室由不同的群体构成，故其运行过程也是各种资源的整合过程。大学资源与基础教育资源、城市资源与农村资源、理论资源与实践资源、跨区域教育资源的优化整合，为工作室的运行提供了坚实的载体。

名师工作室通过不同的活动，带来各个名师、导师的优质资源，工作室成员也同样能带来大量的课例、教育问题等资源，主持人、导师、成员等各类教育资源的整合、升华，既能满足成员对优质学习资源的需求，又为工作室提出持续研究的要求，保证了工作室的持续运行。大学老师的加入为工作室带来了丰富的教育理论资源，特别是其深厚的理论基础和严谨的治学风格以及前沿的研究热点，这些资源也正是一线教学所需要和缺少的。一线教学本身就是教育研究的重要对象，课堂教学呈现出的问题，也为大学教师的研究提供了思考方向和实践案例，是重要的研究资源。在工作室运行过程中，大学资源和基础教育资源实现了整合，二者相互促进，相互获益。在工作室的送教下乡活动中，城市优秀教师与农村教师进行交流，实现了城市资源与农村资源的有机整合，特别是长期交流所积累的人脉资源和形成的友谊情感，更有利于两种资源的优势互补。

（三）激励机制

动力机制和整合机制是名师工作室发展的前提和基础，激励机制是工作室持续前进的加速剂。有效的激励可以充分点燃个体的参与热情，从而激发个体的强烈动机，使其产生自我实现的追求，并且将自身潜藏的巨大内驱力显现出来，释放自己的全部激情和活力。激励机制是指工作室在运行过程中，为了引导成员的学习行为和方式，按照既定的规章和制度将资源分配给成员，以促进其实现工作室愿景。它是工作室引导成员行为方式和价值取向的过程，也是激活其内部成员发展动力的过程。工作室只有形成合理有效的激励机制，才能持续发挥作用，为自身愿景的实现提供源源不断的动力支持。

1. 个体需求与资源配置

激励一方面可以被视为根据社会需求调节个体的主观能动性和激活个体的创造性的行为导向，另一方面可以被视为个体自我调节、自我发展的主观心理状态的内在心理机制。[1]工作室主持人设置激励机制之前，需要详细地分析成员的需要内容、需要层次、需要结构、需要程度以及行为动机的表征，合理配置、整合各种资源，引导、矫正、满足成员的个体需要，规范与激活其行为，通过个体需要的达成，实现工作室的目标愿景。

2. 激励标准与激励手段

激励机制包括激励标准、激励手段两个要素。激励标准是对工作室成员进行激励的方向和强度所作的规定；激励手段是指采用某种具体的激励方式激励工作室成员，如功利型是以实物形式的给予为激励方式，主要用来满足成员的物质需要；伦理型是以授予某种具有象征意义的符号，或将对教师的行为方式和价值观念作出认同和高度赞赏等作为一种激励性手段，以此满足工作室成员的合理需求。

3. 功利型奖励与伦理型奖励

激励是激发个体动机的心理过程，通过激励，个体受到鼓励，达到振作兴奋、愿意不断进步的状态。在这一过程中，组织创造各种满足个体需要的条件，激发个体动机，使其产生特定的行为。激励的有效性在于人们对决定于自身需要的事情成败的过分关注，而趋利避害的本能会使人将面临的压力变为动力。

一般而言，愿意加入工作室的老师一般具有较强的成就动机，渴望通过参加工作室活动和自身的不断努力，在工作室中获得成长和发展，从而实现自我价值。工作室应当运用多种方式发现、认同、鼓励教师个体的价值与成就，从而激励成员为了取得更大的成就与发展而不断努力。名师工作室的激励机制应当兼顾功利型奖励与伦理型奖励。功利型奖励，一般可以是一些书报费补贴、书籍激励、文具激励等；伦理型奖励指通过引导成员多渠道发展，例如刊发文章、做主旨发言、开展专题讲座、做指导教师、评比科研成果、评选先进个人等，来激发成员的专业发展动力。在激励手段上，不仅要注意物质奖励和精神奖励的结合运用，同时要做到赏罚分明。

---

[1] 黄志成、程晋宽：《教育管理论》（第2版），上海教育出版社2001年版，第288页。

因为我遴选工作室成员的条件比较高，因此能进入我工作室的一般都是学习动机比较强、求上进的老师。工作室成员一般有三个梯队：校级骨干、市县级骨干、省级骨干。校级骨干最需要的是提高教学能力，获得一个市县级的赛课奖，好有机会评上市县级骨干，对于这个层次的成员，我的激励措施是表现优异、愿意承担工作室任务的，工作室集体帮他打磨一节精品课，让他去市县赛课。市县级骨干最需要的是一个省级教学奖和一篇省级论文，我的相应激励措施就是让那些表现优异的学员自己选精品课或者论文，工作室举全力帮他想方设法磨课或者发论文。省级骨干要评特级和正高级，最需要的是省级课题和送教下乡工作量，我的相应激励措施就是指导那些表现优异的学员申报一个省级课题，这个光靠我们工作室还不行，还要聘请大学教授、有经验的前辈来指导，真的是"多对一"的指导，毕竟一年才一次，尽量是申报一个成一个。我们工作室的送教下乡的示范课、专题讲座也尽量给省级骨干成员来做，因为他们的确需要送教工作量……我感觉我的这些激励措施还是不错的，不同的人有不同的需求，把需求和激励联系起来，才能真正实现激励的最大作用，毕竟激励到人家的"心坎"上了。

海南省何文胜中学数学卓越教师工作室主持人访谈节选

（四）控制机制

1. 组织控制

名师工作室成员的自我超越需要在借助名师工作室提供的各种资源和现实条件的基础上才能实现。一定的外控力量的介入有助于工作室初始阶段的有效运行，但工作室的可持续运行主要依靠组织控制。组织控制是指工作室主持人对为实现工作室的共同目标而进行的一切有关工作室活动进行调节和管理。组织权威是组织控制的主要方式，主要表现为工作室成员参与各种活动按组织要求进行，以工作室的集体利益为重。

2. 制度控制

要使教师专业学习共同体的能动性得到最大限度的激发，促进学习、研究、提高一体化，需要有一套行之有效的制度作为保障，做到自上而下，民主开放，管理有效，操作性强，以此规范学习者和助学者双方的行为。[1]组

---

〔1〕 康丽颖：《学校的责任与教师专业发展》，载《教育研究》2006年第12期，第34~39页。

织控制最好的形式是建立规章制度，名师工作室的正常运行离不开制度的支撑。通过建立规章制度，工作室的各项活动变得有章可循，能明确工作室各类成员的职责，保证各项活动有序开展。名师工作室的制度有别于其他刚性、强制的命令、制度，它强调对名师工作室主体的解放，促使名师工作室成员实现专业发展和持续激发学习动机。名师工作室应建立课堂教学、课改实验、课题研究、师资培养、学员考核等教学和管理机制，规范学员行为，培养和增强成员的学习动力、学习能力和参与热情。

3. 文化规范

任何共同体都表现出一种忠诚的关系和稳定的结构。这种忠诚的关系是由共同的愿景、价值观所凝聚而成的，可以说文化是共同体的灵魂。任何共同体的本质特征均体现在其成员间深厚的忠诚纽带与稳固的结构框架之中。这种忠诚关系，其根源深植于共同的愿景与核心价值观之中，将个体紧密相连，共同塑造出共同体独有的精神风貌。因此，文化不仅是共同体不可或缺的组成部分，更是其灵魂所在。

文化哲学将文化定义为"历史地凝结成的生活方式"，生活方式是"生活主体同一定的社会条件相互作用而形成的活动形式和行为特征的复杂有机体"，主要构成要素是人、价值观和行为方式。工作室文化通过濡化功能的发挥，深刻影响着成员的行为。工作室文化的濡化功能是指成员有意识无意识地接受特定工作室活动环境中的价值观念和行为方式，以适应特定的工作室活动环境并学会适合其身份和角色的行为。濡化的过程实质是对个体潜移默化的熏陶过程，人们不可能总是清晰地意识到这一过程，彻底被"濡化"的人也很少能意识到文化在塑造他们行为的过程中所扮演的角色[1]。因此，工作室文化的濡化功能以工作室活动样态、价值取向、人际关系为载体，通过"曲线""婉转"的方式，将内容"隐藏"在工作室的活动中。

工作室文化濡化工作室成员的过程中，会自觉、不自觉地将其内化为工作室成员的心理过程和心理尺度，形成这一工作室活动中特有的价值观念和行为方式，并促使成员自觉遵从工作室的价值规范和行为规范。因此，濡化是工作室文化保持稳定的重要机制，体现在工作室文化对工作室活动的规约

---

[1] 万明钢：《文化视野中的人类行为：跨文化心理学导论》，甘肃文化出版社1996年版，第232页。

与影响上。它维持了工作室活动常态,保证了工作室活动的正常进行。此外,成员在工作室的活动环境下耳濡目染、潜移默化,有意识、无意识地接受、学习、遵从工作室中特定的价值规范和行为规范,进而从深层次制约和引导自身的行为。

(五) 保障机制

保障机制是名师工作室开展各项工作,确保其正常运行的前提基础。具体而言,保障机制是指名师工作室对其正常运转所需要的时间、经费、技术、环境、制度的维护与保障,避免工作室的各项工作陷入无序状态。

1. 政策保障

为了保证工作室的各项工作能顺利实施,教育行政部门应出台相关政策,肯定名师工作室的重要地位与作用,将工作室纳入教师队伍建设的重要项目;鼓励名师工作室发挥示范引领辐射和改革创新作用;鼓励教师加入工作室,对教师参与工作室各项活动的时间、经费予以保障,对教师在工作室创造的资源和成果予以认可;鼓励学校支持工作室活动的开展,减轻工作室主持人的学校工作量,对工作室主持人和成员的工作量予以认可,支持工作室活动场地、教学设备等资源的使用。此外,教育行政部门应充分发挥政策导向与保障的作用,为工作室开展活动创造良好的环境。海南省先后发布了《海南省"十四五"教育现代化规划》《海南省中小学"好校长、好教师"培养工程(2021—2025年)实施方案》《海南省新时代基础教育强师计划实施方案》《关于构建优质均衡的基本公共教育服务体系促进基础教育高质量发展的实施意见》等文件,充分肯定卓越教师工作室的重要意义和地位,并采取了重要保障措施。

2. 经费保障

经费保障是名师工作室开展各项活动,发挥其在课堂教学、课改实验、课题研究、师资培训等方面的示范、指导、引领作用的物质基础,直接影响着工作室的运转。工作室的经费一般来源于三个方面,一是教育行政部门的拨款。海南省教育厅每年为海南省中学卓越教师工作室拨付活动经费5万元。二是配套经费。一般下一级教育行政部门或者省(市县级)教育局、教师培训机构或者学校会为工作室配套一定的经费,例如海南省文昌市教育局为海南省邢益余中学语文卓越教师工作室、海南省黄金玉中学语文卓越教师工作室配套2万元。三是自筹经费。工作室通过企业、学科建设项目等多渠道筹措经费。

3. 技术保障

在名师工作室的运行中，持续性地参与、对话、交流是主要的互动方式，随着信息技术的迅猛发展，互联网技术在工作室的交流互动、资源共享、平台建设等方面发挥了重要作用。互联网技术的即时性、互动性、开放性、便捷性、海量性、集成性等，促使教师在数字化、虚拟化、生动化的情境中自主学习。工作室可以利用互联网技术进行协商交流学习，建立数字化、信息化交流平台，开展互动式学习。同时利用海量文本资源、图像资源、视频资源等，拓展教师的学习资源，形成资源共享平台。利用互联网技术，营造一个教师广泛参与、互动交流、平等开发的环境，实现资源的共享。例如，工作室建立博客、公众号、视频号等多媒体矩阵。目前，各类教师专业培训平台在工作室的研修中也发挥着积极作用，丰富了工作室的活动方式，促进了工作室的跨区域交流，缓解了工作室活动的工学矛盾。各类平台的建立、使用和组织的互动交流，都需要依靠相应的技术保障。技术保障一方面依赖于专门的信息技术老师，另一方面依赖于专门的技术机构，而这两方面都需要一定的政策或经费予以保障。

第六章

名师工作室与教师专业发展

随着名师工作室的发展,名师工作室的研究视角、发展样态、组织运行已经有了新的诸多变化。但名师工作室与教师专业发展始终是无法割裂的关系,教师专业发展依然是名师工作室的"初心"与"期待"。本章将从教师专业学习共同体视角下名师工作室的主持人、成员、导师三个主体来具体地讨论名师工作室中的教师专业发展。

一、工作室成员的专业发展

(一)知识积淀

名师工作室通过针对性、个性化、系统性的活动,有效促进工作室成员专业知识的积淀,以下从本体性知识、条件性知识和实践性知识三个维度探讨工作室对成员知识积淀发挥的重要作用。

1. 本体性知识的补充

本体性知识是教师必备的学科知识,如语文知识、数学知识、物理知识,虽然相关领域专家研究显示:教师的本体性知识与学生的学业成绩之间并不存在绝对的线性关系,但教师的本体性知识却是其成为一名优秀教师的必要条件。教师的本体性知识具有高度结构化、系统化、组织化等特征,是教师从事教育教学活动的基本前提,决定教学内容的正确性、科学性,在具体的教学情境中直接影响教师对教学内容的处理、分析与整合。随着对教师综合性知识的要求越来越高,有研究认为,教师的最佳知识结构主要是以自己所从事的职业与专业知识为基础,广泛涉猎其他学科或领域知识,形成"T"型的知识结构。

教师的本体性知识一般分为四个类别。其一,学科的基础知识。教师对学科基础知识的掌握不仅要有广度，还要有深度，并且要熟练掌握学科基础知识的相关技能、技巧。只有这样，教师才能保证知识传递的正确性，同时在熟练掌握学科知识的基础上才能将更多的精力投入对学生的学习状态关注和学习指导。其二，学科的关联性知识。当前的学生考试考查的着重点是学生的综合性能力，学生学习是综合性的学习类型，因此要求教师对其学科的关联性知识有一定的了解，以适应当前的综合性学习和考试。教师可以与相关学科的教师协商，组织学生开展综合性实践活动。其三，学科的发展历史和未来趋势、当前热点。教师通过向学生展示学科的发展历史、趋势前景等，让学生了解学科的人文价值，激发学生进行学科探索的欲望。其四，学科精神。教师通过展示学科专家在创造发现过程中展现的学科精神和人格魅力，增强学生的探索精神和创新意识，实现学科育人的目的。总而言之，教师只有熟练掌握、深刻理解学科知识，才能更好地驾驭教材、处理教材、使用教材，才能完整准确、生动灵活地讲授知识，才能清楚解决学生随时提出的疑问，满足学生的求知欲望，启发学生思维。

一般而言，教师的学科知识主要是在职前教育习得，形成自身学科知识结构。但随着社会的发展，学科知识的不断更新，各类新知识、新成果、新技术日新月异，决定了职前教育的学科知识远远不能满足职后教学实践的需要，而参与名师工作室的活动正是职后学科知识补充的有效途径。

在工作室中，学科知识的积淀主要有专题讲座、课题研究、集体研读等方式。专题讲座主要是指聘请一线名师、大学老师等为成员讲授学科的新知识、新研究、新发展等，帮助教师掌握学科知识的动态。课题研究主要是指工作室成员以课题为抓手，整合工作室资源，结合现实情境，进行专业研究，这不仅能帮助成员系统地把握本学科知识的完整体系，熟悉本学科研究现状，还有利于成员掌握这门学科的研究方法。集体研读主要是指工作室集体教材研读，这就要求教师不仅熟悉学科中的每个概念、每个内涵，还要熟悉各个内涵、原理在教材中的地位、作用及各个章节的内在联系。

2020 年 8 月 30 日下午，韦和平老师携工作室成员齐聚三亚西岛生态环境实践教学基地开展了为期两天的野外见习活动。

具体安排如下：

时间	内容	地点	主持人
8月30日 20：00—22：30	1. 专家报告 《潮间带海洋生物多样性及环境适应》 主讲人：王海山（博士） 《海南岛海岸带植物资源及热带海岛常见植物野外辨识》 主讲人：陈光宙（教授）	酒店会场	韦和平
8月31日 08：00—11：30	2. 野外实践活动 第一小组野外实践活动（动物） 主讲人：王海山（博士） 第二小组野外实践活动（植物） 主讲人：陈光宙（教授）	三亚西岛生态环境实践教学基地	韦和平
8月31日 14：30—17：00	3. 野外实践活动 第二小组野外实践活动（动物） 主讲人：王海山（博士） 第一小组野外实践活动（植物） 主讲人：陈光宙（教授）		韦和平
8月31日 17：30—19：00	4. 对采集标本的辨认、讨论学习 主讲人：王海山（博士） 主讲人：陈光宙（教授）		韦和平
9月1日 08：30—9：30	5. 讲座与研讨 《如何指导学生开展生物探究活动》 ——以学生获奖课题《海蛇尾形态结构和运动行为的探究》为例 主讲人：韦和平		杜修全

第一部分第一环节：2020年8月30日20：00—22：30由海南热带海洋学院王海山（博士）、陈光宙（教授）讲授《潮间带海洋生物多样性及环境适应》《海南岛海岸带植物资源及热带海岛常见植物野外辨识》理论知识。

王海山（博士）以西岛的珊瑚礁生态系统为切入点介绍喜礁生物、生活在礁表面附近的生物和定居在礁表面上的生物……

陈光宙（教授）以海南岛的海岸带的概念为切入点介绍可供食用的海岸带植物资源，结合海南的实际情况介绍红树林……

第一部分第二环节：8月31日08：00—11：30、14：30—17：00由王海山（博士）、陈光宙（教授）分别带领第一小组、第二小组进行交互式野外见习。

陈光宙（教授）带领大家进行植物见习，沿着路边介绍各种植物，以生活中的常见实例（菠萝蜜和草莓）讲解难分辨的分类问题，如聚花果和聚合果的区分，当然我们还见到了大叶榄仁……

王海山（博士）根据潮汐图带领大家在潮间带进行动物见习，我们见到了许多珊瑚和海参……我们还找到了其他许多动物，如短桨蟹……

第二部分讲座：以《海蛇尾形态结构和运动行为的探究》为例，如何开展生物实践提升生物核心素养。开展生物实践探究最主要的是以激发学生的学习兴趣作为原动力，引导学生进行头脑风暴或为学生的奇思妙想提供开展探究的技术支持，引导学生科学思考问题，辅助学生完成探究……采取观察法、统计法、比较法、等距分析等方法，进行海蛇尾的密度研究及周围生物调查。

海南省韦和平中学生物卓越教师工作室赴三亚市开展主题研修活动简报节选

2. 条件性知识的完善

1983年，帕尔斯（Parsi）在陈述性知识和程序性知识的基础上提出了条件性知识，他认为条件性知识是个体在什么时候、为什么以及在何种条件下才能更好地运用陈述性知识和程序性知识的一种知识类型。约翰·杜威（John Dewey）认为，教师必须把本体性知识"心理学化"，强调教师要学习心理学。条件性知识包括教育科学知识和心理科学知识，教师通过这些知识将自身所具有的本体性知识以一定的方式传授给学生。教育科学知识既包括教育的本质、教育的目的、教育的内容、教育的方法、全面发展的理论等，也包括教学的实施过程、教学组织形式、教学手段、教学原则、教学模式、教学风格等，还包括课程改革的发展趋势、教学模式的新探索、学习方法的最新研究进展等教育科学知识研究前沿。心理科学知识主要包括学生的认知发展特点、规律、学生身心发展特点、规律、个性特征、年龄特征等。条件性知识有利于教师认清复杂的教育教学规律，增强工作的自觉性，有助于教师对本体性知识的思考和重组，从而更容易实现学科本体性知识转化为学生能够理解和掌握的知识的目的。

职前教育是教师条件性知识获取的主要渠道，能建构起教师条件性知识的最初结构。但是，职前教育传授的条件性知识不能完全满足教学实践的需要，随着教师投入真实的教学实践和自身专业发展的需要，教师对于条件性知识的需求更加具有针对性、迫切性。名师工作室的各类研修正是针对成员自身专业成长实践需要和问题解决开展的，旨在对条件性知识进行补充和提升。

嵌入式的理论学习是名师工作室一种重要的学习方式，简而言之就是把丰富、深奥的理论嵌入具体的教学案例之中进行学习。与传统的学术报告、理论专题讲座有所区别，名师工作室的活动注重结合具体的课例进行专题研究，把理论蕴于案例之中进行探讨。这一学习方式有两个重要的特点：其一，工作室研究的具体案例具有典型性特征，由工作室成员整理自己的教学实例，这些教学实例虽然不一定蕴含丰富的理论背景，但都来自成员的教学实际，取材鲜活、真实而生动，能够帮助成员更好地解决自己在教学实践中遇到的问题。可以说，对案例的整理、撰写、研讨，是工作室成员对自身教学活动的理性反思，是隐性知识显性化的过程。其二，成员在名师工作室分享教学案例，主持人、导师、全体成员对教学案例进行剖析、评价，也就是对其中蕴含的教育理论、心理学理论进行挖掘与升华，把工作室成员的专业反思提升到新的高度。

三年来，工作室以"基于核心素养背景下的教学设计"为主题，开展系列活动。包括学习教学设计的经典著作《追求理解的教学设计》，举办读书交流会，借鉴逆向设计的经验，采用教学目标设计四步曲的方法，开展系统的教学设计活动。通过专家引领，为学员提供教学设计的可操作性的途径，使年轻骨干教师能认真钻研课程标准，不断深化对核心素养的理解与把握。同时，鼓励将教学设计运用于课堂，力求使学科核心素养在课堂中落地生根，实现立德树人的教育追求。广泛开展对外交流与合作。与天津中学等学校开展同课异构与教学设计研讨活动，开阔学员的眼界。

《追求理解的教学设计 促进师生的深度互长》
海南省国赫孚中学卓越教师工作室成果展示节选

3. 实践性知识的领会

20世纪50年代，英国著名物理化学家、思想家波兰尼（Polanyi）在其著作《人之研究》一书中提出人类有两种知识，一种是显性知识，一种是缄默知识。[1]显性知识具有理性、批判性、意识性、可陈述性、公共性等特征；缄默知识具有非理性、非批判性、非意识性、非言语性、非公共性等特性。实践性知识是教师在面临有目的行为时所具有的课堂情境知识及与之相关的知识。更具体地说，教师实践性知识是教师教学经验的积累，是教师处理和解决教学特定情境中的具体问题的知识，又被称为教师的教育智慧或教育机智。[2]教师的实践性知识居于教师已有的本体性知识和条件性知识的基础上，是教师的经验和智慧，决定着教师是否能合理、智慧地处理教学情境中的具体问题，是教师面临教学情境使用的"只可意会不可言传"的"缄默知识"。

实践性知识具有个体性、实践性、情境性等特征。个体性是指实践性知识带有浓厚的个人色彩，体现为教师个体化的处事风格和个人品质，也是教师的教学风格。实践性是指实践性知识是一种多义的、活生生的、充满柔性的功能性知识，其来自个人的教学实践，通常在教师的教育教学实践中以无意识的、"自动化"的方式表现出来[3]，注重教师个体对实际实践情境的个人理解。情境性是指教师的实践性知识并不是一成不变的，它在不同的情境下有不同的处理和表现方式，在一种情境下适用的实践性知识，在另一种情境下可能并不适用。

名师与一般教师最大的区别是实践性知识的多寡，名师在长期的教学实践中积累了丰富的、结构良好的"缄默知识"，这决定了名师的教育教学效果优于一般教师。尽管名师的实践性知识潜藏于教师的观念之中，成为教师个体系统不可或缺的一部分，是内隐的，是情景化的，是"只可意会不可言传"的，但是它还是可以通过一些形式外化。名师工作室的行动研究，就是促使成员领会名师的实践知识，促进成员自身实践性知识积淀的有效途径。

名师工作室的行动研究主要是指以一种"探究—介入"的方式改进教育实践，其不是与名师工作室成员的实际教育教学相平行或者相脱离的教育教学研究，而是名师工作室成员进行专业实践的一种工作方式。"探究"是名师

---

[1] 靳玉乐、张丽：《教师参与课程发展：问题与对策》，载《当代教育科学》2003年第23期，第11~13页。

[2] 申继亮主编：《新世纪教师角色重塑——教师发展之本》，北京师范大学出版社2006年版，第54页。

[3] 余文森等编著：《教师专业发展》，福建教育出版社2007年版，第65页。

工作室成员进行教育叙事、教学反思等的主要方式,通过系统地探讨教育教学实践中出现的具体问题,分析其原因、意义及改进策略;"介入"是指名师工作室将通过自身反思和团队互助所提出的结果运用到自身的实际教学实践当中。名师工作室"探究—介入"的行动研究方式,是一种"反躬自省"的研究方式,也是实践过程中的即兴思考方式,它也就是日本学者佐藤学提出的"实践性思考方式"。"实践性思考方式"具有五个基本特征:一是实践过程中的即兴思考;二是对于不确定状况的敏感,主体的参与对于问题表征的熟悉态度;三是实践问题的表征与解决中多元视点的综合;四是临床建构实践情境中所产生的问题、现象以及相互关系的语脉化的思考;五是基于教学展开的固有性不断地重建问题表象的思考方略。[1]

在名师工作室中,教师是实际的参与者,不再是被观察者、被调查者、被实验者,不再是教育行政部门政策方案的执行者,也不是为了从实践中抽离出来的某种教育"规律""原理""模式"。工作室成员反思和研究的是自己的课堂教学实践,目的是获得能够改进自己教学实践的智慧。在名师工作室中,成员的深度沟通与合作,使得工作室成员能进行集体反思,使得"探究—介入"式的行动研究的成果在相互批判中得到分享与升华,并使得成员之间逐渐形成一种理解、接纳、信任、开放、合作、支持与共享的关系。这种关系使得教师的信念、知识、观点可以相互分享与交流,当工作室成员不同的观点在同一时空并存与碰撞时,成员之间就学会了相互欣赏,并能逐渐形成工作室内共同的文化内涵和特定话语体系。因此,尽管实践性知识是"缄默"的、难以言传的,但它又是可以对话的,通过工作室成员的行动研究能使其"显性化""可传播"。

(二)技能提高

随着社会经济和信息技术的快速发展,教学实践对教师的教学技能提出了更高的要求,不仅要求教师具备理论学习能力和教育实践能力,还要求教师具有创新精神,教学技能的要求也变得更加全面化。教学技能不单纯指课堂教学技能,还包括课前教学设计、课后教学反思、教学评价、教育教学研究等,贯穿教师教育教学的全过程;同时教学技能不仅是教师的一种外在行为,也是教师自身的修养、学识和教育教学观念的表现。因此,教师教学技

---

[1] [日]佐藤学:《课程与教师》,钟启泉译,教育科学出版社2003年版,第229页。

能的发展变化体现为教师综合水平的发展变化。名师工作室促进教师教学技能的发展变化主要体现在以下五个方面：

1. 教学设计向多元化转变

"教学设计是依据对学习需求的分析，提出解决问题的最佳方案，使教育教学绩效得到改善的系统决策过程。"[1]它主要包括教材分析、学情分析、教学目标及重难点的设计、教学用具设计、教学方法和过程设计五个内容。在名师工作室的环境下，成员的教学设计主要产生如下变化。

（1）由"大众"到"个性"。

教学设计时一般首先要进行教材分析，许多成员表示，在没有加入名师工作室之前，其教学设计只是单纯地根据课标要求对教材进行"普遍的""大众的"分析；经过在工作室的学习，其所作的教材分析注重针对不同学生的理解能力，对教材内容进行分层次划分，并设计相应的"个性化"解决策略。在学情分析方面，一般教师大多是针对一个年级或一个班级的普遍性特征进行分析，而通过在工作室的学习，教师逐步确立了"以学生为本"的教育观念，所作的学情分析不仅注重对大的层面的学生群体的分析，更注重对每个学生的特点和个性的分析，学情分析更加科学、系统、全面；在教学目标的确定上，通过在工作室的学习，教师能根据学生不同的学习能力设计教学重难点，并且更加注重学生的情感、态度和价值观，使教学进一步转向教育；在教学方法的选择上，通过在工作室的学习，教师更加注重根据学生的个性特征选择合适的教学方法，等等。通过在名师工作室的学习，成员的教学设计能基于学生的个性特点，结合自己的教学风格，从"大众"走向"个性"。

（2）由"封闭"到"开放"。

"以学生为本"的教育理念不仅要求教师关注学生的个性，更要求教师尊重学生的思想，充分发挥学生的自主性。教学设计中的问题设置，能检验教师是否真正"以学生为本"。通过在工作室的学习，成员在教学过程中设计的问题，不再是简单地用是否、对错来回答，而是包含了具有一定深度的开放性提问，学生要回答出这个问题，必须充分开动脑筋，通过自主思考或者小组头脑风暴的形式。在这一过程中，必将产生疑问、冲突，教师需要在尊重、理解学生的基础上正确引导，更深刻剖析知识点，巧妙运用课堂生成。在针

---

[1] 李龙编著：《教学设计》，高等教育出版社2010年版，第18页。

对学生反馈的设计中，教师不再将学生的思想禁锢在一个封闭的状态下，尝试适当赞许学生思想的合理独到之处，为学生塑造一个"开放"的学习氛围，工作室成员的教学由此从"封闭"转向"开放"。

参见本书附3 基于核心素养的教学评一体化教学设计——"超重和失重"

2. 课堂教学更加动态化

课堂教学是教师给学生传授知识和技能的全过程，它主要包括导入、课堂互动、教具的使用、课堂观察、板书书写和突发事件处理等。通过在名师工作室的学习，教师的教学技能发生了诸多变化。

（1）由"灌输"到"体验"。在传统的课堂教学中，教师主要以讲授的方式对学生进行"灌输式"的教学，注重对知识目标的达成，但在调动学生的积极性和培养学生的情感、态度、价值观方面比较欠缺。通过名师的引领、成员的互助，工作室成员的课堂教学技能逐步提高，最明显的特征是由"灌输式"教学转变为"体验式"教学。

例如在课堂互动中，很多成员表示，之前的课堂互动中往往是老师是主角，老师通过一种主导式的讲解把知识灌输给学生，直接把答案、问题的解决方法告诉学生，没有让学生体验独立思考、解决问题的快乐，学生没有自我展示的机会，这样的教学难以调动学生的积极性，忽视了教育的主体性的问题。通过在名师工作室的学习，成员开始立足学科特征，在课堂教学中开展合作式学习，教师只是问题的提出者、学习的引导者，学生通过亲自对问题进行探究，"体验"学习的快乐，如此不仅学生的积极性被调动了起来，加强了老师与学生之间平等的交流，也使得学生的团队合作意识得到了培养，学习效果明显提升。

（2）由"关注部分"到"关注整体"。在以前的授课中，教师的授课效果往往是一部分学生理解学习内容，而其他的学生则没有实现教学目标，这就要求教师的教学要从"关注部分"转变为"关注整体"。教师要做到"关注整体"，就必须具备较高的课堂观察能力，及时掌握学生在课堂的动态，对教学内容和节奏进行动态调整。在工作室的学习中，尤其注重工作室成员在课堂中"关注整体"能力的提升，帮助成员实现从"关注部分"到"关注整体"的改变。

（3）由"固定"到"灵活"。在课堂教学突发事件处理方面，工作室成员有了较大转变。"课堂突发事件是指与课堂教学目的、教学计划无关而出乎教师意料之外突然发生的、直接影响和干扰正常课堂教学的事件。"[1]比如，课堂上学生交头接耳、嬉戏打闹等造成课堂秩序混乱，传统的方法往往是：先提醒学生，如果没有奏效，就严厉批评。这种方法对高年级学生比较有效，但对年龄较小、心智不成熟的学生不适用，往往会导致其哭泣、离开教室等更严重的影响课堂秩序的事件发生。通过在名师工作室的学习与分享，教师逐渐学会不同阶段不同课堂突发事件的处理方式，处理方式由"固定"向"灵活"转变。例如，对于年龄较小、心智不够成熟的学生，要寻找学生扰乱课堂秩序的原因，以理解和宽容为主，调节好课堂的氛围；对于年龄较大、心智较为成熟的学生，应以说理为主，既要体现教师的尊严，又要充分关注学生的自尊心，让学生接受、理解、信服。

2020年9月，在牛星惠老师的指导下，我在三亚市第一中学上了题为《12.2 全等三角形的判定1》的探究课，用多媒体和师生演示相结合，使学生既掌握新知识，又培养探索能力，激发学生的求知欲。

2023年11月，根据工作室的安排，我在琼海市嘉积中学上了一节《二次函数 $y=ax^2$ 的图像和性质分析》，课后做了题为"反比例函数的教材解析与教学策略"的讲座，从四个模块六个问题结合课例进行阐释。

工作室导师点评道，从两次课和一次讲座，可以看到三年来我"破茧化蝶"般的成长。第二次教学中，真正实现了教师是知识的组织者和引导者，引导学生积极地探索、发现讨论、交流概括总结，使课堂真正成为学生自主参与的阵地。通过小组讨论演示评价，激发了学生的兴趣，充分发挥了学生的潜能，学生的知识和能力得到了内化，每一个学生都得到了不同程度的发展。由此我的教学更加行云流水，化有招为无招了。尤其是专题讲座，让我的教学有了理论的基础，不再是"经验式""模仿式"，而是能根据教学总结出自己有效的路径策略，并供其他成员借鉴学习，这确实是质的飞跃。

---

[1] 尚升强：《处理课堂突发事件"三要""三忌"》，载《思想政治课教学》2012年第5期，第89页。

在导师的指导下，我的教学设计《二次函数 $y=ax^2$ 的图像和性质分析》发表于国家级期刊《教育学文摘》。

《收获·思考·前行》海南省牛星惠中学数学卓越
教师工作室成员杨全芳事迹节选

3. 教学反思转向自主式

教学反思是教师专业发展的重要手段。"教师越能深刻分析自己在课上的工作，就越能顺利地掌握教学、教育技艺。教师在自我分析时能获得课上进行自我控制和自我完善的强有力的武器，理解梳理活动的方法，这反过来又使他从劳动中得到满足，充实教师的精神力量和他们的创造热情。"[1]通过在名师工作室的学习，教师逐渐掌握了教学反思的正确方法，形成了教学反思的习惯，教学反思逐渐主动化、科学化、常态化。

(1) 由"被动"到"主动"。在加入名师工作室之前，教师往往把教学反思看作一种被迫的任务，只是为了应付教学检查，没有正确认识到教学反思的重要价值。在名师工作室的学习中，教学反思是每个成员的日常任务，是每个教师重要的成长档案，教学反思由"被动"向"主动"转变。成员主动地进行教学反思，能够有效回顾与总结教学过程中存在的问题与不足，总结经验教训，并逐渐提出解决问题的方案，从而在下一次教学中更好地完成教学任务，收获更好的教学效果。这一过程是教师自我完善的过程。一次次更好的教学效果，有利于提高教师的自信心，激发教师的创造热情，使教师更加积极主动地进行深层次的教学反思，教学反思也成了课堂教学活动的常态。

收获源于反思，在李仁华中学政治卓越教师工作室的学习中，我有了前进的动力，激发了自己的潜力，由以前懒于学习反思转变为现在勤于总结反思。作为一名初中政治教师，我深知自己肩上的担子很重，教材教法要吃透、教学艺术要创新、教学成绩要突出等，要不断学习，更要把反思当成教学日常的一部分。

海南省李仁华中学政治卓越教师工作室成员吴艳研修心得节选

---

[1] [苏] И. А. 贾雄编：《教学·教育技艺原理》，诸惠芳、邱瑾、王莉译，人民教育出版社 1993 年版，第 140 页。

(2) 由"终结性"到"全程性"。在以往的教学中，教师对于教材内容、教学过程等的思考往往是经验性的，就像是在做学期工作汇报或年度工作汇报，这种反思是一种机械僵化的终结性反思，不但没有成为推动教师自身发展的利器，反而成为束缚教师向前发展的阻力。

教师的教学反思应当贯穿教育教学过程的始终，并且着力分析、解决自己在教育教学实践中遇到的问题，将日常教学和教学反思研究融为一体，正如许多工作室成员所言，"通过在工作室引领下不断地进行教学反思，我从一名单纯的教学者逐步成长为一名反思型的教师"。教学反思贯穿工作室研修活动的全过程，能促进成员在自身的教育教学过程中，不断地发现新问题、新意义，对平时的教学工作始终保持一种敏感和探索的习惯，不断改进自身的教学计划，并逐步形成理性认识。

4. 教学评价注重发展性

美国教育评价学者弗雷德·N. 柯林格（Fred N. Kerlinger）提出，教学过程可以划分为教学目标、学前评估、教学活动、学后评价四个方面。本章所探讨的教学技能中的教学评价部分主要指学后评价这一方面，也就是教师通过什么样的方式评价学生的学习成果，主要包括课后作业的设计和考试试卷的设计。

(1) 由"单一化"到"多元化"。在传统的教学评价中，教师主要通过课后作业和定期考试对学生进行教学评价。课后作业往往是统一的，没有考虑到不同学生的水平差异，评价标准也是统一的，教学评价比较单一。这就造成了学习能力较强的学生能够轻松完成作业，而学习能力比较弱的学生则完成作业比较吃力，起不到作业"培优补差"的作用。在名师工作室的影响下，成员们尝试从学生的个性、学习能力、学习基础出发，设计"弹性作业"，制定"多元化"的评价标准，增强了学生的自信心，发挥了学生个性能力的优势，使得大多数同学都能体验成功，取得进步。

(2) 由"抽象化"到"生活化"。在以往的教学中，教师往往将课后习题、练习册、试卷作为课后作业，这些作业往往比较枯燥，只是为了达到知识目标，在能力目标等其他方面比较欠缺。在名师工作室的学习中，学员们反映自己对课后作业有了新的认识。课后作业中不再是设置大量的枯燥的习题，而是增加一些"生活化"的习题，比如去超市购物，运用所学知识对所购的物品进行价格的估算和结算；在春节，自己制作、创作对联；参加野外活动，寻找同类型的植物等。这些课后作业不仅让学生真切地感受到知识贴近生活，又让学生实现了掌握知识、运用知识的目的，还对学生进行了美育，从而让学生得到了全面的发展。

（3）由"应试"到"感悟"。在以往的教学中，教师往往通过分数来衡量教学效果，忽视学生的主体感受和全面发展。通过在名师工作室的学习，教师教学评价的目的发生了变化。在课后作业和试卷中，教师除了设计一些基本知识题目，还会设计一些挑战题、操作题等，以让学生获得成功的体验，感受学习的乐趣。

5. 教育研究常态化

新时期下，教育教学研究已经成为教师教学技能的重要组成部分。通过教育教学研究，教师能够了解最新的教育动态和教育理念，掌握教育的发展趋势和规律，加强理论与实践的融合，加深对教育的认识和理解，从而提高自身专业素养。在名师工作室的影响下，教师逐渐尝试将教育研究与自己的教育教学相互融合，教育研究呈现常态化取向。

（1）由"理论"到"实践"。在教育教学研究中，主要有理论研究、实证研究两种方式，其重要目的之一都是更好地指导教育教学实践活动。在名师工作室的学习中，工作室主持人引导教师逐渐尝试对教学反思、教学随笔、教育故事等原始素材进行深入分析，运用科学的教育研究方法开展教育科学研究。教师在教育教学实践活动的基础上开展的教育研究更加贴近实际，更加客观全面地反映教育教学的过程，这是纯粹的理论研究难以实现的。教育研究不仅可以丰富和强化工作室成员的教育理论知识，还可以促使教师将研究成果运用到实际的教育教学当中，促进教育教学的进一步提升，实现教育教学良性的循环，对教师的专业成长发挥重要作用。

（2）由"突击式"到"常态式"。以往在教师心目中，教育研究不仅"高大上"而且"枯燥乏味"，与教师实际工作相离甚远，教育研究往往是教育领域内专家学者的"专利"，教师们对教育研究常常是"望而却步""绕道而行"。在名师工作室的学习中，成员们共同研读研讨、承担课题研究，参与理论学习，共同剖析教学素材，这使得他们逐渐意识到，教育研究并非脱离日常教学生活的"突击式"的任务型研究，而是与自身日常教育教学实践紧密相连，甚至是伴随日常生活的一种研究。

作为一个农村中学的老师，我总是感觉科研离我很远。地处偏远地区，没有人指导，没有同伴互助。我怀着忐忑的心情加入了牛星惠中学数学卓越教师工作室，起初只是希望为迷茫期的自己找到一束光。但不知不觉，在牛老师人格魅力的感染下，在那么多的优秀同行的相伴下，我好像找到了自己的另一个发展通道——科研。我在工作室活动中听大学教授教大家如何做科研的专题讲座，很多同行也分享了自己作为一线教师做科研的经历，我尝试第一次写教育科研论文，牛老师还给我配了个理论导师。没想到一发不可收拾，有了第一篇就有第二篇、第三篇。我把科研和自己的教学以及自己所处的农村教育结合起来，不仅写出了数学教学的专业论文，还写出了班级管理的、学困生管理的、家校合作的相关论文等。科研已经成为我的教育教学中的一部分……

功夫不负有心人。我主持的小课题《课堂提问的设计对学生数学核心素养的影响研究》获省级一等奖，撰写的《基于核心素养的课堂提问设计的实践探索》论文，在海南省中小学教师省级优秀小课题论文评选中获省级二等奖。2020年11月2日，被海南省教育科学规划领导办公室评为第二批海南省中小学教师小课题指导专家。撰写的论文《初中数学课堂的师生互动与教学研究》在《数学大世界（下旬）》2020年第4期发表，并被中国知网收录。撰写的论文《班级民主管理的策略与实践》在海南白沙思源实验学校第七届班主任工作论坛论文评选中荣获二等奖。2020年9月10日被聘为琼中黎族苗族自治县科研骨干。

这些，以前对于一个农村中学的老师是不敢想象的……

海南省牛星惠中学数学卓越教师工作室成员刘刚研修总结节选

（三）专业精神形成

一名教师只有具有专业精神，才会忠于自己的专业，才会不断对自己的专业提出更高要求，并付诸全力达到要求，这样教师才是真正意义的专业教育者。教师专业发展的落脚点是教师专业精神的生成与完善，成员在名师工作室这一专业组织环境中，通过研修活动和环境濡化有效促进其教师专业精神的生成与发展。名师工作室这一特有的专业学习共同体场域，对成员教师专业精神的生成具有独特的优势。

教师专业化的标准可以概括为专业知识、专业能力、专业精神三个方面，其中专业知识是教师专业化的基础，专业能力是教师专业化的保证，专业精神是教师专业化的动力，决定着教师的行为。[1]叶澜等认为，教师专业精神是教师做好本职工作的重要保证，是教师教育人格和伦理的核心组成，包括专业理想、专业态度、专业动机和职业满意度。[2]李瑾瑜认为，教师专业精神是教师在信念、追求上充分表现出来的风范和活力，包括敬业乐业精神、勤学奋进精神、开拓创新精神、无私奉献精神、负责参与精神。[3]朱旭东等将教师专业精神分为教师专业认同、教师美德、教师使命三个发展层次。[4]教师专业精神建立在教师较高水平的专业知识和专业技能的基础上，是一种精神风范体系，表现为价值取向、活力风范。

教师专业精神是指教师在较高水平的专业知识和专业能力的基础上形成的，以教育专业认同为起点，以专业态度、专业信念、专业思维、专业情感、专业追求、专业信仰为核心的精神风范体系，是教师从事职业教育专业工作时以及追求教育理想中表现出来的价值取向与活力风范。教师专业精神具有丰富的内涵：第一，职业院校教师专业精神的形成要在较高水平的专业知识、专业能力、专业技能的基础上。教师的专业精神区别于一般的职业精神，体现在它依附于"教师"这一专业，要求教师掌握一定水平的教育知识、专业知识和具备较高水平的学科教学专业能力、专业科研能力，并不断自觉寻求专业发展空间和方向，以不断提高专业素质。具有专业精神的教师必定是将教育的规范、要求、品质娴熟于心，倘若一个老师教育教学水平、专业技能水平有限，但热爱学生、爱岗敬业，只能称其具有较高的职业道德，尚未形成教师专业精神。第二，专业认同是教师专业精神发展的起点。专业认同是教师对教育进行的理性思考，一方面是指教师个人对专业的认识，包括对专业知识的理解、对其专业的态度和信心、教师所具有的性情和其专业性质的匹配度以及教师个人的价值观和其专业价值观的一致性，另一方面是指教师对自身和其所在组织机构关系的认识。[5]第三，教师专业精神是一个丰富的

---

[1] 何芳：《论高校教师的专业精神及其专业发展——英国教师专业发展研究的策略及启示》，载《贵州师范大学学报（社会科学版）》2010年第1期，第130~135页。

[2] 叶澜等：《教师角色与教师发展新探》，教育科学出版社2001年版，第146页。

[3] 李瑾瑜：《专业精神——教师的必备素质》，载《中小学管理》1997年第4期，第13~15页。

[4] 张华军、朱旭东：《论教师专业精神的内涵》，载《教师教育研究》2012年第3期，第1~10页。

[5] 朱旭东等编著：《教师专业精神研究》，北京师范大学出版社2017年版，第9页。

精神风范体系。专业认同、专业态度、专业信念、专业思维、专业情感、专业追求、专业信仰遵循着从认知、认同到热爱、敬业再到反思、创新的教师专业发展过程，它们共同发挥作用，确保教师专业价值与功能的发挥。第四，教师专业精神外显于兴趣、态度、风格、行为，体现为教师教育教学、指导学生时的精神风貌和价值取向，直接影响着教师教什么、如何教以及教的效果，最终落脚于学生的发展。

优秀教师和普通教师的差异不仅仅是专业知识和专业能力的差异，更深层次是教师专业精神的差异。优秀教师不仅掌握较高水平的专业知识和专业技能，在处理教育教学问题中展现出专业态度、专业思维、专业追求，并且具有高度的专业忠诚度，严格践行教师职业价值观，以自己从事的教育教学自豪，享受教育职业的乐趣，不断要求自己和尽力实现专业进步，甚至具有较高的专业使命感和奉献精神，能够创造性地化解职业教育发展中的制约因素，以学生的发展以及推动教育的发展为己任。

1. 专业精神的生成路径：专业认同—专业自信—专业精神

分析教师专业精神的生成路径，能够帮助我们更好地理解优秀教师的核心品质，探讨优秀教师的成长路径。教师专业精神的生成一般经历专业认同、专业自信、专业精神三个阶段，如图：

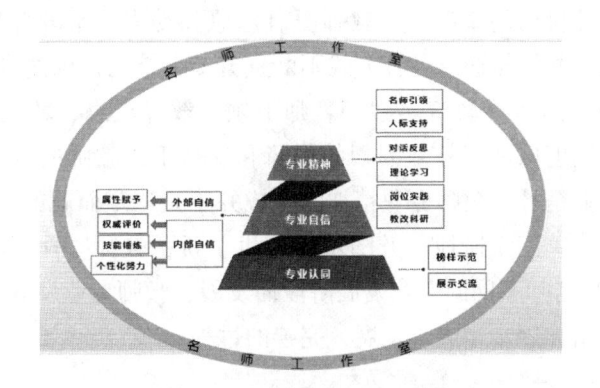

图 6-1　教师专业精神生成路径

教师专业认同是对教学专业产生情感依赖的桥梁，标志着教师的专业情感已经达到相对稳定的状态，从而为更具有主体性和更加关注个人特质的专业精神的形成奠定基础,因此教师专业认同是教师专业精神发展的起点。[1]"认同是个体对自身的行为、语言和实践与社会情境和环境相互关系的解释和归因中,引发的自己与环境之间的复杂的动态平衡的过程。"[2]教师专业认同一般可以通过专业学习、岗位实践、在职培训、榜样感染与环境熏陶等途径形成。教师的专业认同具有统一性,是教师内在特质与职业教育专业要求相契合而达到的一种统一的状态。当教师内心获得这种平衡感和融合感时,教师才更有意愿去不断地学习、实践、反思,进一步提升自身的专业知识水平和专业能力,进而实现教学质量和教学效果的提升,受到学校、学生、家长、企业、行业的肯定,发展出更高层次的精神力量,逐步产生教师专业自信。

教师专业自信是教师对自己有能力成功地完成各项教育教学活动的信任程度的心理特征,包括在专业理念、专业知识、专业能力共同基础上形成的自我认同感。[3]教师专业自信包含专业外部自信和专业内部自信,教师专业自信的核心是发展教师的专业内部自信,也就是让教师在同行面前拥有自信。[4]教师专业内部自信的关键是在同行、学校、企业、行业中拥有自信,因此,行业专家或权威人物的评价对教师专业自信的形成尤为关键。专业自信是教师一种重要的内在心理品质,它能不断激发教师的潜能,激励教师不断提高教育教学水平,实现自我价值。

在教师专业自信的基础上,教师更有意愿和动力从事教育教学、技能锻炼、技术研发,并希望通过各种方式不断提升专业能力。通过专业知识学习、教育理论学习、高水平教育实践、名师引领、教育反思、教改科研等方式,在人文关怀、制度保证等外部因素的保障和支持下,教师的专业自信逐步升华为教师的专业精神。教师专业精神的生成并不是一蹴而就的,要经历萌芽、雏形、生成、完善四个阶段,并随着在校生、新手教师、骨干教师、优秀教师、"双师型"名师不同的专业发展阶段而发展,教师专业发展的过程实际上也是教师专业精神逐步生成、发展、完善的过程。

---

[1] 朱旭东等编著:《教师专业精神研究》,北京师范大学出版社 2017 年版,第 41 页。

[2] 沙莲香主编:《社会心理学》(第 3 版),中国人民大学出版社 2011 年版,第 123 页。

[3] 徐德斌:《农村中学教师专业自信的个案研究——以江苏省海安县孙庄中学为例》,南京师范大学 2008 年硕士学位论文。

[4] 丁道勇、张锦玉:《教师的专业自信及其发展》,载《中小学管理》2012 年第 9 期,第 32~34 页。

教师以专业认同为起点，经历专业自信的升华，最后形成自己的专业精神。理性反思、学习展示等是教师专业认同形成的重要方式，权威评价、技能锤炼、个性化努力是教师专业自信建立与保持的重要方式，丰富的高水平岗位实践，专业权威人物的示范、指导与激励，环境熏陶，专业反思，教改科研，是教师专业精神生成与完善的重要方式，名师工作室正是具备以上功能的专业学习共同体。

2. 名师工作室促进教师专业认同的形成

（1）榜样示范，激发理性思考。教师专业认同既是一种理性思维的结果，也是一种感性体悟的结果，因此教师专业认同的形成一般要经历理性思考阶段和感性体悟阶段。理性思考阶段包括教师对自身专业素养的客观评价、对专业环境的审视以及对专业行为的深度反思，这些反思与审视正是名师工作室活动的重要目标和过程。教师对自身专业素养的评价不能仅仅依靠主观判断，客观的评价必须建立在专业、科学的认识基础上，具有丰富的依据和支撑。名师工作室主持人和导师通过学员参与活动的表现和任务的完成情况，例如上研究课、评课议课、研讨互动、科研论文等，向成员反馈其专业素质的情况，包括已有的基础、优势、劣势，发展的方向等，为成员评价自身专业素养提供判断依据。教师对专业环境的审视同样需要外力的协助和支持，由于社会环境的影响，目前教育环境中充斥着一些负能量，这就需要更加清晰、科学的判断和正向的引导。名师工作室通过理论学习、主题论坛、榜样示范、专业发展规划指导等形式帮助成员正确审视专业环境，积极吸取专业环境的正能量。教师对专业行为的深度反思需要以科学的反思方法、有效的反思载体为基础。在名师工作室中，成员们习得反思的相关理论和科学方法，通过上研究课、同课异构、课堂诊断、微课制作、教育叙事撰写、技能操练、技能竞赛等方式，了解自己的教育教学情况和专业技能水平，不断科学地、深刻地反思自己的专业行为。在对专业素养、专业环境、专业行为理性思考的基础上，教师发展出对专业的归属感和认同感，这便是教师专业认同的感性体悟阶段，理性与感性交融，教师个人生活与专业生活相融合，最终获得专业认同的精神性体验。

（2）展示交流，提高自我效能感。约翰·杜威认为，教师拥有一定的自主权和认同感，才更有积极性和动力去研究教学内容，并通过学校或者其他团体组织的认可,获得对自身的专业认同。[1]名师工作室是一个专业学习的平台,工作室成员自愿加入名师工作室,本身有着较强的学习意愿。成员通过积极学习名师和其他成员的教育教学理念和技能,提升了教育教学水平,加深了对教育的认识。认识和能力的提高必然带来教学质量的提升,学生的发展,学校、家长、社会的认可,这又进一步增强了教师的职业认同。名师工作室是一个展示的平台,例如成员在读书分享活动中分享教育见解,在上研究课中展示教育教学能力,在科研活动中展现科研水平。成员各种形式的展示获得专业名师、行业权威专家和其他同行的认可,能提升其自我效能感,促进其专业认同的形成。主持人、导师也通过名师工作室这一平台,有效发挥了辐射引领作用,使得自身的专业认同得到进一步升华。

3. 名师工作室促进教师专业自信的建立

(1) 权威评价,建立专业自信。课堂教学中的师生状态受到多方面因素的深刻影响,这些因素从宏观层面可大致划分为物质因素与心理因素两大维度。在心理因素这一层面,教师的自信度扮演着举足轻重的角色。教师专业自信包含专业外部自信和专业内部自信,外部自信是教育的专业属性所赋予的,是指教育专业外部,包括学生、家长及其他非教育行业人员赋予教师的自信,内部自信是指在教育专业内部,包括其他教师、学校管理者、科研人员等赋予教师的专业自信。同行业专家和教师的评价是教师界定身份、建立内部自信的主要依据。成员在参与工作室活动的过程中,不断获得专业人员,尤其是名师和行业专家的评价和鼓励,有利于更好地建立专业内部自信。

(2) 技能锤炼,体验职业成功。要想培养某一个人在某一任务上的自信,可以让他在执行这项任务的过程中多次练习且能够反复体验成功。而要想熟练掌握某种行为,最有效的一个策略是建立学习共同体。[2]在名师工作室中,成员们通过同课异构、上研究课、共建精品课程等活动,在名师的指导下通过备课、上课、评课等环节反复打磨自己的教育教学技能,从技能练习、课程教学改革等活动中提升自己的专业技能水平、改革与创新能力,深刻体验到进步的快乐与成功的乐趣,专业自信得到进一步增强。

---

[1] 丁永为:《工业社会、民主与教师专业精神——纪念杜威名著〈民主与教育〉出版一百周年》,载《教育学报》2016年第1期,第94~103页。

[2] 袁文珍:《信息技术环境下中小学教师心理资本现状与提升策略研究——以江西省为例》,江西师范大学2017年硕士学位论文。

（3）个性化努力，获得专业身份。个性化的努力能够增强教师的专业内部自信。[1]加入工作室的教师本身就具有较强的学习动力，因此愿意付出除常规教学、指导学生等工作以外额外的个性化努力。以工作室成员参与课题研究为例，工作室的科研主要以专业教学的难点、问题、兴趣点为研究内容。在研究过程中，教师对教学理念、教学内容、教学方法、专业技能进行深入研讨并进行个性化解读，形成自己对教育、专业知识、专业技能的独特见解。教师在这个过程中获得了作为研究者的新的身份，新身份的获得正是教师个性化努力的结果。这种额外的、个性化的努力，使教师在同行面前获得了一种非制度化、更独特的身份，增强了教师的专业内部自信。

4. 名师工作室促进教师专业精神的生成

（1）名师引领，激发职业情感。教师专业精神可以通过辨清认知、影响熏陶来培养。[2]社会认知理论认为，人们主要通过观察生活中重要人物的行为来习得某种社会行为。教学名师不仅教学技能高超、能力突出，而且对教育有着深刻的认识和理性的把握，对教育的价值意义有非凡的理解和信仰。[3]名师的成长经历、教学风格、教学智慧、专业追求、教育信仰、人格特质等都将潜移默化地影响成员。成员在自愿选择的基础上加入工作室，对工作室主持人及工作室目标愿景的认可较高，更容易受到优秀职业教育同行行为和人格的感染、同化，以工作室主持人、导师为榜样，积极学习、对照、效仿，深化情感认知，提升职业幸福感。正如海南省牛星惠中学数学卓越教师工作室成员杨全芳老师说的，他们对于数学教学发自内心的热爱让我感动，对于数学教学的永不停步的勤勉钻研让我敬佩，彼此之间共享智慧、交流所长的真诚又让我倍感温暖、愉悦。

（2）人际支持，克服职业倦怠。随着当今社会对教育的要求和期待越来越高，教师面临的压力也越来越大，教师专业发展途径有限，容易导致教师产生职业倦怠。在这种情况下，教师需要同行的人际支持和人文关怀。莫勒

---

[1] 丁道勇、张锦玉：《教师的专业自信及其发展》，载《中小学管理》2012年第9期，第32~34页。

[2] 赵静静：《教师专业精神的内涵及培养》，载《咸阳师范学院学报》2016年第2期，第100~104页。

[3] 白玲、张桂春：《职业教育"名师工作室"的本质游离与回归》，载《职业技术教育》2019年第31期，第36~41页。

（Moller）认为，共同体的支持共有三种，即学术性支持（academic support）、认知支持（intellectual support）、人际支持（interpersonal support），有利于实现全员性的互助服务。[1]名师工作室是一个超越校本实践、人际利益关系的团体和组织，成员之间共享信念和愿景，形成相互信任、支持、依赖的系统。在这个系统中，主持人指导成员制定专业发展规划，以个人经历、教育智慧帮助成员缓解职业倦怠，成员之间相互倾诉焦虑，甚至发泄负面情绪，达致彼此理解、支持、帮助，同行共情，找到共鸣，有效缓解了职业焦虑。正如一名师工作室成员分享的："在这里我们发牢骚而不必积压，有些事情分享出来反而能够心情舒畅，对于我来说，工作室不仅是个学习提高的地方，也是一个放松和减压的地方。"[2]

（3）对话反思，增强主体意识。专业主体意识是教师重要的职业品质，对教师的专业成长发挥着导向、激励、维持、调节与监督的作用，引导教师关注专业生涯中的"我是谁""我在哪里""我将走向哪里"等问题，让教师意识到教育活动不仅是为了学生，也是自己人生价值实现的途径。[3]专业主体意识是教师专业精神形成的重要影响因素，主要通过对话反思、专业发展规划制定与实施等途径逐步形成。反思是教师专业成长的起点，美国学者斯蒂芬·D.布鲁克菲尔德（Stephen D. Brookfield）提出，培养教师的反思能力有四种途径：通过自传式反思培养反思能力；从学生的眼中认识自己；在与同事的合作中提高自己的反思能力；从理论的视角提高自己的反思能力。名师工作室为成员提供了一个高水平的反思平台、公共的反思空间，建立了对话反思的学习机制。工作室成员集体学习教师反思的理论与方法，工作室的活动都是以反思为指向的活动，鼓励工作室成员进行合作共享，围绕共同关注的问题开展对话，引发集体反思，进而检验、修正、丰富原有专业理论，进一步激活、拓展实践反思，不仅提升了工作室成员的反思能力，也帮助成员有计划、有目的地实现了自己的专业发展目标，在反思中促进了专业主体

---

[1] Leslie Moller, "Designing Communities of Learners for Asynchronous Distance Education", *Educational Technology Research and Development*, 1998, 46（4）：115~122.

[2] 杨轲：《高职院校名师工作室对青年教师专业精神的提升研究》，载《智库时代》2019年第10期，第152、154页。

[3] 何芳：《论高校教师的专业精神及其专业发展——英国教师专业发展研究的策略及启示》，载《贵州师范大学学报（社会科学版）》2010年第1期，第130~135页。

意识的树立。

品课访谈，杏坛论教

开展美术教师专业成长论坛，让学员发声，助力专业发展。教而不言、研而不议，都不是理想的状态。几乎每次工作室活动都会拟定一个议题展开讨论，多角度多方位的议题总有一个符合学员的感知认同，做到尽可能让每一位学员都参与研讨活动。工作室集体开展翻转课堂教学模式研究，翻转课堂是一种有别于一般传统课的教学模式，课后品课访谈是工作室较有针对性和有特色的活动。

海南省施琼英中学美术卓越教师工作室宣传册节选

（4）理论学习，奠基专业精神。"教师个体学习和掌握教育理论对其教育信念、教育价值观和教师职业认同以及教师专业精神的形成具有奠基作用"，[1]教师专业精神的形成离不开扎实的教育理论知识储备。在名师工作室中，成员共读教育经典和学习教育理论最新研究成果、研究热点、发展前沿，能对自身的教育理论知识进行有益补充。工作室成员在丰富的教育实践的基础上，通过学习教育理论，进一步加深了对教育理论的理解、内化和运用，更好地促进了自身专业精神的形成。

（5）岗位实践，提高职业成就。名师工作室为学员提供了大量教学实践的机会，丰富的实践尤其是高质量的实践是教师专业精神形成的活动载体。名师工作室最常开展的同课异构活动正是学员高水平教学实践的主要代表。工作室成员经历了"同课异构，体验建构——诊断跟进，设计发展规划——连续干预，在改变中前行——在常态教学中研究真问题"等研修过程，教学能力和研究能力都得到大幅度提高，专业成就感进一步增强。[2]名师工作室主持人往往具有丰富的实践智慧，工作室成员通过参与教学实践得到了行业专家的现场指导、亲身示范，这个过程是教师专业技能不断打磨的过程，教师的技能水平得到较大提升，获得极大的专业成就感，促进了专业精神的

---

[1] 耿文侠、陆云清、封欢欢：《教育理论课教学对师范生教育理论价值判断及专业精神之影响的实证研究》，载《课程·教材·教法》2010年第2期，第88~92页。

[2] 童艳芳、张建荣：《专业学习共同体视角下职教名师工作室的运行机理与发展建议》，载《职业技术教育》2021年第11期，第38~42页。

生成。

（6）教改科研，提升研究能力。研究意识的养成是教师提高解决实际问题能力的前提，更是教师专业精神生成的前提。[1]工作室围绕课程体系建设、教学模式等热点，通过主持人带学员参与科研项目、教改项目等形式，让成员掌握教改、科研的方法，感知科学研究、改革创新的魅力。工作室成员通过论文写作、研究报告等任务驱动，逐步养成研究意识，提高科研能力。名师工作室的科研大多是行动研究，面向实践、在实践中、为了实践，以教师自己的教育教学活动为研究对象，是教师对自己的教育教学行为和专业知识与技能进行科学分析、发现问题、解决问题的过程，也是教师不断提高专业的自我觉察能力和专业素养，促进自身专业发展的过程。当教师的教育教学与科学研究交融在一起，教师的研究就转化为教师实际的教育教学行为，专业精神也就自然而然得以展现。

二、工作室主持人的专业发展

（一）增强教育使命感

名师有着扎实的教学功底、丰富的教学经验、丰硕的教学成果，在区域教育领域颇有名气，是教育资源的宝贵财富。如何用好这一宝贵财富，如何让名师资源发挥更大的作用，意义重大，名师工作室的成立正是用好名师这一宝贵资源的有效方式。工作室主持人由教育行政部门颁发聘书。教育行政部门还会出台相关政策，充分肯定工作室主持人的地位和作用，为工作室活动创造条件，鼓励工作室主持人充分发挥名师影响力，为区域培养出更多的优秀骨干教师。相关政策的肯定和保障，进一步增强了主持人的责任感和使命感。同时在工作室的建设过程中，也为名师的进一步发展提供了广阔的空间和平台，真正发挥了名师培养青年教师、教育先锋的辐射引领作用，帮助名师实现了自我价值，增强了自身的教育使命感。

（二）提升专业能力

站在名师工作室的大舞台上，同行共同直面问题，从不同角度运用不同思维方式共同研讨，找出问题解决的方法，工作室主持人的视野更加开阔，同时需要不断提升专业能力以使工作室产生专业向心力，更好引领工作室发

---

[1] 王坤：《论教师专业精神的养成》，载《当代教育科学》2016年第1期，第18~21页。

展。工作室的每一次活动也是工作室主持人自我展示的机会，工作室主持人通过准备活动，不断促使自身充实完善。每次活动中，名师都会暴露出不足与缺陷，这就要求名师听取不同的声音，从而有效突破专业瓶颈，促使自己不断反思、提升。

工作室的成立实际上也是一个督促主持人自己不断进步的动力，以我的工作室为例，32个成员中，15个是硕士，5个有高级职称，还有学科带头人、省级骨干教师，比如我们的成员汤成慧老师还带出好几个高考状元，他们年轻、有活力、善于学习，拥有先进的理念和新颖的教法。要做一个合格的工作室主持人，就必须不断提升自己，走在前沿，让大家有东西可以学，这样才能带好大家，才能让大家愿意留在工作室。

海南省王嫣雪中学语文卓越教师工作室主持人访谈摘录

（三）实现教学相长

在工作室开展活动的过程中，名师主持人通过专题讲座、上示范课、主持主题研讨、主持科研项目、送教下乡等，找到新的发展空间，新的空间为他们创造了新的发展契机。海南省中学卓越教师工作室王嫣雪（语文）、卓俊斌（英语）、张德明（政治）、韦和平（生物）四位主持人入选教育部基础教育教学指导专业委员会委员。

为了给学员上好课，主持人反复钻研教材，精心准备教学设计；为了给学员做好讲座，主持人查阅大量资料，更高层次地总结自己的教学经验，提炼自己的教学主张；为了解答学员的疑问，主持人也需要不断思考，更新自身的知识结构。在与学科教学论老师、其他名师等工作室导师的交流切磋中，主持人的理论素养得到提升，视野进一步开阔，教研能力和专业水平得到进一步提升。在活动过程中，主持人的付出得到学员的肯定和认可，其自我价值得到了充分的体现，这更进一步激发了他们的专业动力。主持人在工作室的活动中，进一步凝练、完善教育教学思想与教学主张，使之系统化、理论化，丰富了教学实践的意蕴。

工作室三年工作思路

第一年："自然"课题立项，构建基本框架

"自然语文"科研课题立项，开展主题教研活动，导师和学员围绕"自然语文"和新课改，拟定课题研究方向，构建"自然语文"基本框架。

第二年：问诊课堂，知行合一；辐射引领，互助提升

围绕"自然语文"开展教材处理、教学设计、课堂实施、专题培训等系列活动，剖析并反思课堂存在的问题，探索解决的策略和路径。同时，充分发挥工作室的辐射引领作用。

第三年：反思小结固化，完善理论构建和实践路径

完善"自然语文"理论建构和实践路径，推广辐射。紧跟新课程改革，拓展教学思路，创新教学计划。进行课堂反思，以论文、教学设计等形式固化成果，参加各级各类大赛，通过各种形式推广"自然语文"。

《让语文课堂回归"自然"》海南省宋如郊中学语文
卓越教师工作室（第2期）宣传册节选

（四）提高综合能力

在工作室建设过程中，主持人不仅是学科引领者，同时也是活动组织者、活动设计者，主持人成为培训者、管理者，让其名师的角色有了新的拓展。工作室建设是一个系统工程，包括工作室顶层设计、制度建设、活动设计、人员沟通、场地安排、活动组织、教研指导、培训管理、财务管理、综合评估等各项内容，在这一过程中，锻炼了工作室主持人的综合能力。同时主持人的组织协调能力、教师培训能力、策划沟通能力等得到了提升，扩展了自我发展空间。

三、工作室导师的专业发展

名师工作室的导师包括其他省内外名师、高校教育理论专家、高校学科教学论老师、教研员等各种类型。本部分着重探讨学科教学论老师加入名师工作室对其专业成长的重要作用。

（一）增强服务基础教育的责任感

新课改、新课标、新高考等给基础教育带来了重大的变化，如何应对这一系列新的变化、新的形势，是每位学科教学论老师必须思考的问题。学科教学论老师作为导师加入名师工作室，有了更多的机会深入了解基础教育的困惑和症结，特别是在工作室的送教下乡环节，其能更深刻地了解到农村教育的现状，从而更清楚地意识到自己对基础教育发展的责任，也对自己所加入的名师工作室的价值有了更深刻的理解。在种种因素的影响下，学科教学论老师的责任感、使命感进一步增强。

(二) 密切与基础教育的联系

学科教学论专业的生命力在教育一线，在课堂教学。从事学科教学论的老师，只有走进基础教育，研究基础教育，服务基础教育，引领基础教育，才能真正体现学科的价值，才能更好地实现理论与实践的融合。名师工作室搭建起了高校通向基础教育的桥梁，提供了广大学科教学论老师深入基础教育一线，走进课堂与广大一线教师面对面，亲身了解教育教学的现状的通道。同时学科教学论老师以其深厚的专业素养和独到的指导视角，为工作室成员的教育实践注入了丰富的内涵与活力。在细致入微地观察名师与学员的课堂教学实践后，学科教学论老师通过一系列深入而细致的交流对话，不仅能精准把握每位成员的教学特色与成长需求，还能够高屋建瓴地为他们提供专业发展的理论支撑与策略建议。这一过程不仅助力名师们在教学艺术上实现新的飞跃，更激励工作室成员勇于突破传统教学方法的束缚，以更加开放和创造性的姿态投身于教学实践之中，从而在不断的探索与实践中，逐步提升自己的理论素养与教学能力。

此外，名师工作室作为区域学科教学的代表，不仅象征着该领域教学的最高水准，更肩负着深化学科教学研究、引领区域教学水平整体提升的重任。其核心使命之一，便是聚焦教学实践中遇到的真问题、难问题，通过深入剖析与精准施策，推动学科教学的持续进步。值得注意的是，这一过程绝非仅凭经验堆砌，而是深深植根于坚实的理论土壤之中。理论不仅为学科现象提供了深刻的解释框架，更为解决教学难题提供了科学的方法论指导和依据。学科教学的研究必须有理论的支持、研究规范的指导，学科教学论老师既有深厚的学科教学理论素养，又熟悉学科教育研究方法，是学科教学研究的行家里手。在教育科研过程中，学科教学论老师利用自身的科研优势指导工作室成员选题、确定研究方法、撰写研究成果等，提升了工作室教育科研的质量和水平。在此过程中，学科教学论老师进一步拉近了与教学一线的关系，增强了自身的责任感、使命感，提高了自己的专业认同感，提升了自己的学科教学科研素养。

学科教学论老师加入名师工作室，加强了高校和名师工作室的联系，帮助名师工作室主持人和优秀学员走进了师范生课堂，提高了师范生的学习兴趣，为师范生提供了有效示范，从而促进了师范生教学技能的形成，提高了师范生的培养质量。以名师工作室为桥梁，对师范生的见习、实习以及校外教学基地的建设等大有裨益。

2022年上半年，为探索师范类高校教师教育课程与中小学教育实际的有效衔接与深度融合，我院聚焦《义务教育课程方案和课程标准（2022年版）》改革，大力探究"学、教、研"有机衔接课程体系。从该学期2019级师范生《学科课标解读与教材分析》课程着手，邀请来自全省中学名师工作室的13个学科47位基础教育一线优秀教师走进师范生课堂，参与师范生课程教学。课堂上，一线教师充分发挥自己的教学经验优势，从"新课标"入手，带领各学科师范生认真阅读学科课程标准，引领师范生准确领会新课标的要义和精神，帮助师范生形成在未来教学过程中始终践行新课标理念的执教思维。〔1〕

《一线名师进课堂 专业教育促成长——海南师范大学教师教育改革创新在行动》（《海南日报》2022年8月2日节选）

为拓宽学生的教学视野，增加与一线教师交流学习的机会，2024年4月26日至27日，我院2023级学科教学（语文）专业学生前往海南中学府城校区，参加由熊纪涛中学语文卓越教师工作室开展的"学用名师专业方法，提高语文课专业含量"的研修活动。活动中学生积极参与，通过名师授课认真学习语文教学的现状和未来发展趋势，了解了当前语文教学中的热点和难点，丰富了学科素养和专业知识，提升了教师专业能力，为下一步走向工作岗位打下了坚实基础。

《2023级学科语文研究生参加熊纪涛中学语文卓越教师工作室专题研修活动》新闻报道节选

（三）提升专业能力

目前学科教学论老师队伍的整体素质还有待提高，主体表现为科班出身的比较少，从事过基础教育的比较少，理论素养虽高，但实践不足，总体来说，表现为专业能力不强。学科教学论老师需要不断加强理论素养，丰富专

---

〔1〕郭晓君、杨盼盼、谢鑫泽：《一线名师进课堂 专业教育促成长——海南师范大学教师教育改革创新在行动》，载《海南日报》2022年8月2日。

业知识，树立终身学习的意识，同时还要加强与一线教育实践的联系。学科教学论老师一般以工作室导师的身份作为工作室的一员，其坚实的教学理论与工作室主持人高超的教学技能相结合，有效解决了长期以来一直存在的"学科教学论老师有理论无技能支撑，名师有技能无理论阐释"的问题。

学科教学论老师在与名师工作室成员的互动交往，以及为一线教师提供理论支持的过程中，自身理论素养也在不断提高，同时通过诊断实践，又加深了对理论的理解，丰富了相关理论。通过此过程，学科教学论老师的理论也有了落脚的地方，能够重新审视自己的研究成果，进一步获得专业发展。通过参与名师工作室的活动，学科教学论老师了解了基础教育的需求，积累了基础教育一线教师所创造的经验，并将收集到的大量的真实教学案例转化为本科教学的内容，使自己的课堂既有理论的深度又有实际生动的案例。同时又将自己的研究成果用于名师工作室的活动中，并推荐给一线教师，检验了自己的研究成果。通过了解一线教师所关注的焦点问题、热点问题、难点问题，学科教学论老师也能从中发现一系列有价值的研究问题，并进一步开阔自己的研究视域，将之转化为自己的研究课题。

我们省里好几个卓越教师工作室都邀请我做工作室导师，几年导师当下来，我从中受益良多。在参加工作室活动的过程中，我了解到当前许多学科教学理论在教学实践落实中存在的问题，例如"核心素质""大单元教学""群文阅读"等。在实践中发现的问题，进一步引起了我对语文教学理论的反思，也真正促进了学科教学理论与实践的有机融合，让我们大学老师的理论有了落脚点，让一线教师的教学有了理论高度。我的一些课题、论文很多也受到工作室活动的启发，工作室的很多教学课例成为我科研的重要案例，同时我也开展了一些课例研究，把一些优秀经典案例充实到我的本科、研究生教学中。另外，因为要指导工作室的科研，也督促我在研究方法、研究思路、研究设计等方面不断提升能力。可以说，参与工作室活动对我各方面的提升还是很多的。

海南省中学语文卓越教师工作室导师张所帅老师访谈节选

第七章

◆

高品质名师工作室的样态

名师工作室作为教师专业学习共同体，需要持续性发展，价值追求和工作样态也需要不断向上，并勇于创新突破。唯有如此，才能激发更多教师的潜能，广泛辐射一线教学实践研究，引领教育教学改革的浪潮，为提升整体教育品质贡献力量。高品质的名师工作室，在理论深耕、团队凝聚、活动创新、培养模式、成果积淀及价值导向等方面，均展现出鲜明的特色与卓越的成就。

一、理论上有探索、有建树，构建了独特的话语体系

作为学术研究与实践探索的高地，首先，名师工作室不能甘于浅尝辄止的操作层面，而应致力于将实践经验升华为理论智慧，勇于在理论探索上开辟新径，构建属于自己的独特教育理论框架。教学主张作为工作室的标志性符号，需紧随时代步伐，不断深化对学科本质的理解，更加契合教育教学的科学规律、贴近学生发展的特点、彰显学科的独特魅力，展现出正气浩然、视野宏阔、思维灵动、境界高远的鲜明特征。比如，陈素梅老师的"问辩课堂"、宋如郊老师的"自然语文"、王嫣雪老师的"简约语文"、王英老师的"深活英语"、吴爱姣老师的"润心英语"、罗禹老师的"深刻课堂"等教学主张，已经成为其工作室的鲜明旗帜和核心专业凝聚力，引领着团队成员不断走向学科深处。

其次，名师工作室要将优秀的研究成果凝聚为系统化的理论体系。以课程开发为例，工作室不能只满足于单一阅读材料的堆砌，而应精心设计多元化、特色化的课程"航道"，激发学生的潜能，促进其全面而个性地发展。围绕"课程缘起何在、核心本质为何、实施路径怎样"等核心议题，工作室深入探索，构建了一套全面覆盖、独具匠心且深层次的课程思维体系。其中，

既包含从宏观视角规划课程蓝图的系统思维，也涵盖整合课程资源、优化课程内容的创新整合思维；既有直面实施难题、寻求解决策略的问题导向思维，也不乏颠覆传统、逆向设计的教学创新思维，充分展现了工作室深厚的专业底蕴与前瞻视野。

最后，名师工作室还要致力于将优秀的教学成果转化成可传承、可推广的文本形式，如经典教学案例、高质量论文、深度研究报告及著作等。工作室的主持人或核心团队，凭借其敏锐的洞察力和卓越的总结能力，将实践中的真知灼见与宝贵经验精心提炼，通过发表学术成果、出版专业书籍，形成自身的教育教学理论体系。海南省中学卓越教师工作室经过几年沉淀，许多都出版了相关著作，例如方仁艳中学语文卓越教师工作室出版了《情意润泽：依体定教的中学语文课例》，吴爱娇中学英语卓越教师工作室出版了《基于"润心英语"教学主张的高中英语阅读教学设计》，国赫孚中学卓越教师工作室出版了《国赫孚实践教育与课堂重构》，邢益育中学语文卓越教师工作室出版了《真实，语文教学的命门》，韦和平中学生物卓越教师工作室出版了《高中生物学实验实践教学探索》等。

二、活动上有定式、有创新，形成了自己独有的活动范式

（一）活动有范式，创品牌

工作室在长期的积累中，总结出自身的活动范式，逐步打造工作室的品牌活动，对其他工作室的建设运行、人才培养等具有参考价值和启发意义。南通市作为我国名师工作室发展的先行者，树立起"名师工作室南通样板"的标杆形象。其策划的"中青年名师校园行""名师工作室领衔人课堂风采展示"以及"名师工作室领衔人高端论坛"等一系列品牌活动，不仅在当地精耕细作，更以其卓越的教育理念和丰硕成果，跨越地域界限，在全国范围内产生了广泛而深远的影响。

在活动范式的创新与拓展上，名师工作室可以开展跨学段、跨学科、跨区域的联合性活动，旨在打破传统界限，促进教育资源的优化配置与共享，通过多领域、多维度的深度合作，共同应对教学实践中遇到的复杂问题，携手为学生的全面发展与综合素质的提升铺设坚实道路。海南省李红庆中学数学卓越教师工作室进行跨学段融合创新，工作室成员既有初中数学教师，又有高中数学教师。初中教师观摩高中课，知道高中数学教学的要求应该是什

么;高中教师观摩初中课,了解初中数学的教学要求是什么,以及高一接手从初中升入高中的学生的实际数学水平是怎么样的,思考教学中应该注意什么。怎样做好初高中的知识衔接,关键在于打通基础教育两个重要学段的联系渠道。不同地区的工作室对此联合开展活动。例如,海南省宋如郊中学语文卓越教师工作室、方仁艳中学语文卓越教师工作室和深圳市张学新名师工作室以及广东省宋如郊名师工作室四方互动,通过在琼粤两地开展访学、互通交流,实现差异性互补互学,推动了课堂变革,共促了进步。海南省施琼英中学美术卓越教师工作室与沈阳、福州的美术名师工作室结成联盟,互相往来,共同学习,相互促进,结出友谊之花。陈素梅中学物理卓越教师工作室与浙江、江苏、湛江的物理名师工作室结成联盟。韦和平中学生物卓越教师工作室与热带海洋学院、海南师范大学等联合开展活动,实现了基础教育和高等教育的链接互动。张德明中学政治卓越教师工作室、李霜中学地理卓越教师工作室、唐彩霞中学心理健康教育卓越教师工作室三个工作室联合开展活动,实现了跨学科的联动。

工作室"培养基地校种子小老师,让种子学生发挥影响带动作用,营造学校美术氛围"的传帮带帮扶模式产生良好反响。工作室以基地校临高县东英中学为实践对象,组织工作室学员、基地校美术教师、部分海南师范大学优秀学生作为指导老师与基地校学生师徒结对,根据实际学情明确阶段性指导方向,采取开展写生、创作活动、举办校级师生书画展的形式,营造区域美术教育氛围,帮助基地校建立美术社团,通过结对帮扶实验研究,寻求撬动农村学校学科短板、由教师培养学生小导师、由学生小导师带动校园美术学习气氛模式的新途径,探索农村区域中学美术教学策略。

帮扶活动得到海南省美术家协会副主席、海南师范大学美术学院卢向玲教授的大力支持,她对9个社团逐一进行了细致的指导,赞扬了这种由教师培养学生小导师、由学生小导师带动校园美术学习气氛模式的新途径,"卓越教师工作室"这一教育品牌,在促进海南省农村美术教育的发展方面发挥了良好的导向作用,对于探索农村区域中学美术课堂教学策略,推动乡镇学校薄弱学科的发展,发挥工作室基地校的示范引领作用,逐步缩小城乡学校美术学科教育差距等具有重要意义。

海南省施琼英中学美术卓越教师工作室宣传册节选

（二）活动有创新，求实效

目前，在活动方式上各个工作室比较趋同，创新性不足。高品质工作室要敢于做教师培训的"试验田"，创新活动方式，充实活动过程。工作室应积极汲取国外"教师坊""教师研修共同体"等教师专业发展共同体的积极经验，并在本工作室中予以尝试、磨合、创新，力图在传统活动方式上有所突破。

互联网时代，名师工作室的活动要着眼于线上、线下，借助线上方式补充、完善、延续线下活动，二者互相补充，组合运行，提高实效。众多工作室通过建立专门网站、开设丰富的在线课程、灵活运用自媒体平台以及整合公共媒体资源，成功将传统的面对面教学模式转型升级为远程网络教学活动。这些创新举措不仅拓展了学习边界，还精心规划并开发了高质量的网上课程体系，巧妙融合了"现场沉浸式学习"与"灵活在线自学"的双重优势，打造出独具特色的混合研修模式。这一模式打破了时间与空间的限制，让学习不再受地域或时间的束缚，为广大学员提供了更加便捷、高效、个性化的学习体验。例如，施琼英中学美术卓越教师工作室开发了《海南乡土美术课程》和《纸艺空中课堂》等课程，在2020年疫情期间为海南省美术学科"停课不停学"提供了强有力支撑。该工作室在开展活动的同时，积极推广《纸艺》课程，帮助各推广校深入挖掘纸艺魅力，积极开发独具特色的纸艺校本课程。同时注重对《纸艺》课程内容的自我审视与完善，力求将这一课程内容打造得更加丰富多元，满足不同学习者的兴趣与需求。《纸艺》课程在海南省应用较广，极大地提升了美术教师开发校本资源的能力。该工作室还提出"在校在线草根"翻转课堂教学模式，该模式改变了翻转课堂教学需要建立网络平台、资源库的前提条件，弹性设置学生课前需在家里自主上网自学、完成任务并上传自学成果的要求，解决了学生自主探究学习的时间和空间、有效提高教学时效的问题。该模式能够解决普通一线美术教师授课班级多与重复示范负担过重问题，同时也能将学生从更加繁重的课前自学和课后作业双重压力下解放出来，轻轻松松进行美术课堂学习，有效提高了教学效率。"在校在线草根"翻转课堂教学模式，多次在省级会议及部分市县学校进行推广，得到了社会和同行的高度认可，运用较广。

三、涉及领域不断拓宽，具备研究姿态

名师工作室的研究一般是从课堂开始的，但随着研究的深入，研究领域应逐渐拓宽，立足课堂但又超越课堂。

（一）研究走向纵深

工作室的研究工作应当超越单纯的"教什么"与"怎么教"的浅表层面，向更深层次迈进，既有理论的构建，又有实践的纵深研究，开创一系列根植于实践、富有建设性的研究项目。名师主持人应进一步开阔思路，精准聚焦，以工作室主持人的学科专长为基础，以工作室成员的集体智慧为依托，立足人才培养模式、育人方式的创新与改革，强化素养育人、课程育人、学科育人价值功能的挖掘，从基础教育内涵发展和提高质量的关键领域、关键环节、关键问题入手，有针对性地开展深度教学研究。教育部名师领航工程吴爱姣中学英语名师工作室出版了《聚焦核心素养的课堂教学设计与实施》《英语语法微写作》，海南省吴益平中学化学卓越教师工作室出版了《普通高中新课程合格性测评指导·化学》，三本著作紧扣新课改、新课标、新教材和高中育人方式改革、学生核心素养等时代热点，以海南省学生学情为基础，描绘出高中英语、数学的知识结构，形成"整体性建构"，呈现出学科的内部关联，注重学生高阶思维的培养，为海南高中生提供了优质学习资源。

（二）研究走向融合

工作室不仅局限于本学科的研究，在学生综合能力评价的价值导向下，要尝试学科间融合的实践和研究。海南省符程中学物理卓越教师工作室匠心独运，策划了诸如"揭秘物体色彩背后的光学奇境"与"探秘大气压的非凡魅力"等一系列实践活动，鼓励学生将物理原理融入日常生活实验之中，极大地点燃了学生的探索欲与好奇心。物理教师白秀萍则独辟蹊径，采用文理交融的教学策略，引导学生从学科史的浩瀚长河中，挖掘物理学的重点人物、关键转折、深远影响，通过撰写小论文的形式，不仅让学生亲手编织物理知识的逻辑网，更在无形中塑造了他们独特的物理思维方式和深厚的学科素养。海南省李霜中学地理卓越教师工作室亦在创新教学的道路上迈出了坚实步伐，它巧妙地将地理学科与璀璨的文化遗产"联姻"，通过传统文化的桥梁，引领学生踏上了一场别开生面的学科探索之旅。工作室主持人将汉字这一中华文化瑰宝与地理教学深度融合，让学生在探寻字源奥秘的过程中，不经意间揭

示了自然地理的壮丽、社会地理的复杂以及区域地理的多样性。这样的教学探索，不仅让地理知识在逻辑上更加严谨缜密，更以其独特的魅力，彻底颠覆了传统课堂的沉闷与刻板，为学生打开了一扇通往广阔世界的新窗口。

四、坚持学生第一，关注全面发展

教育事业所有努力的核心均聚焦学生的全面发展与成长，名师工作室作为这一理念的践行者，更是将学生的发展视为工作的出发点与归宿。工作室所确立的目标、描绘的愿景以及策划的每一项活动，都深深植根于促进学生成长的土壤之中，致力于全方位、多角度地服务学生的成长。以海南省邓辉中学体育卓越教师工作室为例，其主持人在执教中负责长跑项目时，展现出了高度的学生中心理念。她并未简单地将教学局限于速度与技巧的机械训练，而是深刻洞察到速度与呼吸节奏之间微妙的相互作用，进而设计出一套循序渐进的教学方案。从基础的 50 米跑入手，逐步引导学生体验并掌握呼吸与步伐的协调，让学生在轻松愉快的氛围中逐步提升体能，同时培养坚韧不拔的意志品质。这种教学就是对"以学生为本"教育理念的生动诠释。它不仅仅关注学生在体育技能上的进步，更重视通过科学的方法激发学生的内在潜能，促进学生身心的和谐统一与全面发展。

11 月 27 日上午，全体成员先后听了四位学员为我们带来的研究课，第一节课是海口市第一中学孙尚老师主讲的《14.1.4 整式的乘法》，第二节课是琼海市华侨中学卢裕才老师主讲的《26.1.2 反比例函数》，第三节课和第四节课是分别由华东师范大学第一附属中学乐东黄流中学邢榕青老师和儋州市海头中学钟海老师主讲的同课异构课，内容是《3.4 实际问题与一元一次方程》。四位老师给我们演绎了精彩纷呈的课堂教学场景，让大家享受了当前最具课改信息的教学盛宴。为了激发学生的学习兴趣和求知欲望，培养学生的数学核心价值观，四位教师都利用信息工具辅助教学，启发诱导学生积极参与课堂，自主探究和分析思考数学问题，带着疑问大胆地进行合作交流，整堂课的教学层层递进，环环相扣，将传统落后的教学环节更新为学生自学→教师测评→学生练习→教师点评→学生自测，教学过程中渗透了转化、方程、数形结合、分类讨论和建模等多种数学思想和方法。每一节课的教学都充分体现了由传统教学中以教师的教学为主过渡为以学生的课堂学习为主的转变，教师在课堂中始终扮演着引导者、组织者和参与者的角色，真正把课堂的主动权还给学生，让学生成为课堂的主人。

海南省牛星惠中学数学卓越教师工作室培训纪实

五、外塑形象，内修成果，富有生命活力

名师工作室既要有鲜明的外在符号、标志、形象，也要有内在的文化韵味、思想意境；既要外塑形象，也要内修成果，这样才能永久焕发生命活力，保证工作室的可持续发展。

（一）鲜明的文化符号

文化符号是工作室内在精神的外在体现，主要体现为工作室的标志、服装、文化用品等。工作室标志具有丰富的文化内涵，体现工作室的核心价值观、奋斗目标、教学主张等。

海南省施琼英中学美术卓越教师工作室 Logo

施琼英中学美术卓越教师工作室文化符号里的调色盘以海南岛地形图为设计元素，寓意工作室在海南这片充满生机的热土上扎根，海南教育给了工作室平台支持，是工作室成员日常"唱念做打、苦练基本功、展示精彩教师生涯的舞台"。

调色板上立着的既是美术学科中的毛笔、钢笔、油画笔、铅笔、刻笔等各种画笔，又是工作室成员。那站立的一个个人，彰显着工作室团队的 1+N+X 模式。

（二）利用专业知识主动践行社会责任

社会责任是人类文明进步的重要标志，名师工作室在提升教师专业能力、培育教师专业精神的同时，要以社会道德、师德修炼为先，始终提醒成员对于自己所生活的社会有维护和建设的责任，要求成员自觉承担社会责任。名师工作室作为教师专业发展共同体，应当深刻认识到自己在社会转型与发展中的重要作用，自觉担当起联系社会、服务社会、促进社会的社会责任，这也是增强工作室核心力、提升工作室外在形象的要求。工作室要求每个成员

都能清醒地认识到自己的社会角色，自觉履行好自己的社会责任，做到角色到位、责任到位，使社会责任深入人心，并转化为社会成员的自觉行为。

疫情期间，我们工作室鼓励每一位成员积极行动起来，在原有专业知识的基础上认真学习有关疫情心理危机干预等方面的知识，积极参加教育部华中师范大学疫情心理援助热线平台工作、海南省心理援助热线志愿服务、团省委12355心理援助热线志愿服务及学校的网络心理咨询活动，参与编制学校心理防护手册、制定学校疫情心理危机干预方案、录制心理疏导讲座及微课、编写并发布初中心理家庭作业，用自己特有的方式积极参与抗疫，贡献微薄之力。

工作室于2020年2月2日至3月20日开展了"新型冠状病毒疫情心理危机干预及辅导"专项研修活动。该研修活动方案发布后，工作室全体成员在导师的带领下，分工协作，按时按量完成了各分项的活动，并将相关材料汇编成册，供社会各界分享使用学习，受到了业内同行的广泛赞誉，得到了社会大众的高度肯定。

工作室疫情专项研修成果主要有：

1. 各类人群心理防护手册

（1）第一小组编制的针对学生的疫情心理干预与辅导手册《心有阳光便是晴天——疫情期间学生心理自助手册》

（2）第二小组编制的针对教师的疫情心理自护手册《时刻准备，科学防疫——唐彩霞中学心理健康教育卓越教师工作室疫情期间教师自我心理防护手册》

（3）第三小组编制的针对家长的疫情心理干预与辅导手册《爱在我家，春暖花开——疫情期间家长心理自助及亲子关系手册》

2. 各学员学校心理防护手册汇编

工作室全体成员积极参与学校的疫情防控工作，制定了所在学校的学校疫情心理干预方案、疏导防护手册（学生、家长、教师），参与线上讲座或课程的讲授，并进行了收集与汇编，固化为成果后供同行参考，例如《舒心抗"疫"，构筑"心理防御墙"——〈校园心理防疫手册汇编〉》。

3. 国内中小学心理防护手册及公益课程收集汇编

（1）同学习促成长，助你我共抗疫——《国内中小学心理防护资料汇编》

(2) 国内业界大咖公益课程收集

抗疫心理能量包，咨询师必备！

4. 疫情心理辅导活动设计汇编

《唐彩霞中学心理健康教育卓越教师工作室"新型冠状病毒疫情心理辅导活动设计"》

共制作疫情心理辅导活动设计方案 24 篇，上传至工作室博客并在微信群中发布，助力疫情防控。

5. 疫情心理辅导微课录制及汇编

《"疫"起助力，共克时艰——唐彩霞中学心理健康教育卓越教师工作室心理防控系列微课》

工作室根据主题或自主选择课题的原则进行疫情心理辅导微课制作，最终录制了 32 节微课，并汇编成册分享至工作室博客，供社会各界学习和使用。

《手牵手共抗疫，心连心同成长》海南省唐彩霞中学心理健康教育卓越教师工作室主持人"疫情心理危机干预与辅导"专项研修活动研修体会节选

（三）杰出的教研成果

教研成果是工作室生命活力的体现，代表着工作室能够源源不断地产出高质量成果。工作室的成果不仅是成员课堂教学质量的提高、专业精神的提升，更有代表性成果的产出，例如优质课例、教学模式、课程资源、论文、著作等，能够辐射更多的教师和更广的区域。海南省李红庆中学数学卓越教师工作室以"科研立室共发展 名师领航同成长"为工作室理念与办室主张，自成立以来，取得了丰硕的教研成果。工作室论文获奖达 30 余次，主持或参与课题研究 19 次，优质课获奖 9 次，获得省级以上荣誉 60 余次。工作室主持人李红庆老师主持海南省教育科学规划重点课题《高中数学几何探究性——数学建模与微课教学实验研究》，工作室导师魏婕老师带领成员共同完成全国教育科学"十二五"规划教育部重点课题《高中生自主学习能力培养与习惯养成策略》和国家社会科学基金"十二五"规划项目专项课题《能力导向的课堂教学方式和策略研究》，工作室成员黄玲玲老师参与全国教育科学"十二五"规划教育部重点课题子课题《数学高考与高中日常数学教学关系的研究》和全国教育科学"十一五"规划教育部重点课题《新课程改革背景下数学高

考试题及其中学数学教学关系的研究》，成员周净老师参与全国教育科学"十二五"规划教育部重点课题《中学生学习能力评价》，成员吴达峰老师主持海南省教育科学"十三五"规划教育部重点课题《高中数学双向错题本的研究》，成员孙秀伟老师主持海南省教育科学"十二五"规划课题《黎族地区初中学生规则意识培养研究》等。在教学成果方面，成员周净老师获得全国高中数学青年教师优秀课评比一等奖，陈祖艳老师的《课题学习》获得海南省初中数学微视频评比省级一等奖。

六、形成成长梯队，成就名师风范

名师工作室凝聚的是教育教学智慧，燃烧的是教育教学激情，唤起的是教育教学灵性，收获的是名师和青年教师的共同成长，把一枝独秀变为百花齐放。团队成员的发展水平是衡量名师工作室价值的重要标准。比如，三年时间里，海南省罗禹中学政治卓越教师工作室中的一批年轻教师华丽转身，4名老师被评为海南省中学政治学科带头人，3名老师被评为正高级教师，2名老师被评为"海南省第四届（2021年度）中小学教学能手"，2名老师被评为省级骨干教师，1名老师被升格为省级学科带头人，3名老师被评为三亚市教育教研先进个人，2名老师被评为三亚市"雁领天涯"共同体项目"鸿雁"教师。工作室成员参与工作室以外各类省级以上示范、指导活动68项；获得市县级以上教育表彰、教学各类奖29项，市县级以上论文（课件）获奖20项，在省级以上刊物上发表论文11篇，其中在国家级核心期刊上发表2篇；开展各级课题研究14项，其中省级课题研究10项。在邢益育中学语文卓越教师工作室中，1人获"海南省拔尖人才"称号，3名成员晋升为中学语文正高级教师，3名成员获评省级学科带头人，1名学员获"海南省优秀阅读推广人"称号，成员共主持4个省级课题，在省级专业杂志上发表教学研究论文18篇。这些成员的成长都凸显了工作室的意义。

（一）成员的培养要实现全面化

工作室精心策划的研修活动，显著区别于传统的大班授课，致力于构建一个深度参与、广泛受益的学习环境。以海南省张文玉中学政治卓越教师工作室为例，其同课异构活动创新性地引入了"抽签授课"机制。这一举措要求全体成员预先充分备课，这不仅促进了成员思维的激烈碰撞，还实现了成员教学技能与业务水平的显著提升。临近课堂之际，通过抽签决定授课人选，确保了每位成员都能亲身体验教学准备的全过程，从而在活动中获得实质性的锻炼与成长。此外，工作室还深刻认识到提升成员综合素养的重要性，积极探索跨学科融合的新路径。施琼英中学美术卓越教师工作室与方仁艳中学语文卓越教师工作室携手举办了别开生面的跨学科教研活动，活动中，语文教师与美术教师分别围绕巴金先生的散文《鸟的天堂》与吴冠中先生的画作《鸟的天堂》展开教学，从文学与艺术的双重维度深刻剖析了这两部虽形式不同却内涵相通的佳作。这一创新尝试不仅加深了教师对作品本身的理解，更促进了两个学科间教师的相互学习与借鉴，有效提升了语文与美术教师的综合素养，展现了教育创新实践的无限魅力。

（二）探索新路，壮大队伍

在持续优化与强化自身建设的同时，工作室展现出卓越的前瞻性与包容性，积极采取"向上融合，向下深耕"的策略，构建了一个高效协同的三级联动体系，显著增强了团队的整体实力与影响力。陈素梅中学物理卓越教师工作室作为这一策略的典范，已成功搭建起一个包含13个二级工作坊的庞大网络。这些二级工作坊的坊主，均深耕于"问辩教学"的广阔领域，各自拥有独特的研究视角与精深的探索内容，他们不仅相互启发，共同推进中学物理教学理论的边界，还以实际行动引领着全省范围内物理教师的专业化、精细化发展。三级联动模式的成功运作，不仅为工作室的创新实践树立了标杆，更为全省培养了一批物理教师队伍的中坚力量。邱桂兰中学历史卓越教师工作室在海口市统领初高中历史学科五个骨干教师工作坊，联合开展教研活动，形成教研合力，已逐渐成为海口市中学历史教研的一个品牌标志。除了向下延展，名师工作室还应向上联合，建立省、市区域内"名师工作室联盟"。众多相关工作室携手并进，构建起一个团队互助紧密、资源共享广泛、联合培养深入、同频共振强烈、集约发展高效的全新运行模式。在这一模式下，不仅名师们做到了相互启迪，共同促进，更实现了"名师孵化名师，名师迈向大师"的良性循环。

（三）协同育人，扩大能量辐射

工作室的首要任务在于深度辐射并赋能基层教师群体，特别是那些身处乡村教育一线的教师们。为此，工作室积极与地区教研机构建立紧密合作关系，深入乡村学校，开展一系列针对性强、实效显著的活动。通过实地诊断乡村课堂教学现状，与乡村学校学科组并肩作战，共同策划并执行高质量的研修项目，工作室不仅为乡村教育带来了新鲜活力，也促进了城乡教育资源的有效对接与共享。同时，工作室还致力于构建市、县联动的合作机制，省级名师工作室引领示范，市县级工作室积极响应，形成上下联动、优势互补的良好局面。在这一框架下，区域内相关学科的教研骨干与乡村学校教师得以广泛参与，亲身体验并学习主持人的独特研究视角、深邃研究思路及丰硕研究成果。这一过程不仅极大地拓宽了教师们的视野，激发了他们的教学热情与创造力，也有效促进了区域内教学资源的均衡配置与高效利用，对提升区域整体教学水平、推动教育均衡发展具有积极意义。

海南省中学卓越教师工作室充分利用工作室的优质教育教学资源，定期面向农村地区、薄弱地区开展手拉手帮扶与支教助学、送教送培等活动367次，足迹遍布海南省各市县。如李红庆、张德明、陈素梅的工作室通过构建"省工作室+市、县区域工作坊"的模式，开展多渠道、多类别的送培送教活动；吴益平的工作室开展"课堂观察+课例研究"模式的送课送研活动；韦和平的工作室一年9次送课送培送研到三亚南岛学校；施琼英的工作室通过开展"结对帮扶"撬动农村学校学科短板的主题活动，深入帮助临高县东英中学美术学科和第二课堂的建设等。

工作室在广泛惠及基层教师的同时，亦将目光投向了未来的教育栋梁——师范生群体。为此，工作室积极寻求与开设师范专业的高等学府建立战略合作关系，旨在通过一系列创新举措，为师范生提供前瞻性、实践性的职前培训。具体而言，工作室可以邀请师范生参与其日常活动，如课堂教学观摩、工作室评课研讨等，并巧妙运用现代技术手段，将这些活动制作成精彩纷呈的网络视频课程，供师范生选修。此外，工作室充分利用其公众号等新媒体平台，定期推送包含文字、语音、视频等多种形式的内容，生动展现名师们的教育理念、独特的教学方法与技巧，以及宝贵的教学心得与体会，让师范生得以窥见日常教学的真实面貌，深刻理解教育的真谛与价值。"名师工作室+高校师范院系"这一创新型的协同育人模式，有效整合了双方的优势资源，为师范生的专业成长搭建起了一座坚实的桥梁，不仅确保师范生在校期间就能接触到最前沿的教育理念与实践经验，还为他们的实习实践搭建了优质平台。熊继涛、黄金玉、周厚东、韦和平等的工作室已成为师范生职前教育实践基地。

七、善于造势，扩大自身影响力

名师工作室不能只局限于一隅，而是要努力扩大自己在区域、全省乃至全国范围内的影响力，为其他工作室提供可借鉴的经验，共享优质教育资源。

（一）积极参加、举办、承办全省乃至全国性的教研活动

从一定意义上讲，名师工作室是区域教育的代表，承担着展示区域教育成果、区域教育人才培养、区域名师风采的功能。名师工作室要积极参加、承担、举办省级、国家级的培训活动，通过高层次平台，展示工作室成果，扩大影响力。张德明中学政治卓越教师工作室参加全国名师工作室联盟，在大会上分享工作室建设经验，其工作室建设经验被收录在《引领卓越：全国百家名师工作室发展启示录》。柳海英中学英语卓越教师工作室承办"促语言与意义协同并进，做素养落地的外语教育——北师外文携手海南省英语教师发展公益行动"活动，本次活动为海南省广大英语教育工作者践行工具性和人文性有机融合的英语课程、推动外语教学向外语教育的转轨以及推进英语新课标理念落地课堂提供参考，深受英语教师好评。陈素梅中学物理卓越教师工作室、李霜中学地理卓越教师工作室参加第五届学习共同体教育峰会，并做主旨发言。方仁艳中学语文卓越教师工作室举办"情意语文"研讨会，来自全国近300名语文教师参加了活动，活动通过主旨演讲、课堂展示、同伴演说、名师论坛、专家报告等板块，将"情意语文"的影响力进一步扩大，在全国为海南省语文教育发声。

（二）争取申报更高层次平台

名师工作室要积极申报高一级名师工作室，争取融入更大的平台，实现持续性发展。海南省三亚市邓辉体育教师工作室（市级）通过丰富的工作室建设经验和成果，申报为省级海南省邓辉中学体育卓越教师工作室，省级吴爱娇中学英语卓越教师工作室、省级方仁艳中学语文卓越教师工作室被推选为教育部"国培计划"中小学名师领航工程名师工作室，成员从全省扩大到全国。施琼英中学美术卓越教师工作室与海南师范大学合作，共同实施海南省"美育浸润行动"，开展"教授博士服务基础教育"美育特色课程建设帮扶活动。

（三）善于利用媒介加强宣传

新时代，名师工作室要善于利用各种媒体展示自身，扩大影响力。各个工作室都建有博客、视频号、公众号等，要积极向各媒体投稿。据统计，海南省中学卓越教师工作室的重要意义、突出成果、帮扶模式等先后被各类媒体报道近50次。国赫孚中学卓越教师工作室多次被《海南日报》《新教育》工作室专栏报道，陈素梅、罗禹的工作室的活动信息多次被"学习强国"推送，卓俊斌、邓辉、唐彩霞的工作室的活动登上海南电视台，在全国范围内产生较大影响。名师工作室还要积极跨越校园的围墙，深入社区，紧密融入社会生活的各个层面，成为连接教育与社会的桥梁。以海南省王连诚中学信息技术卓越教师工作室为例，该工作室举办了"智造未来夏令营"活动，这一活动面向七年级至九年级的青少年学生，旨在激发他们对科技探索的热情与创造力。通过邀请学生亲身参与科技制作项目，为学生提供一对一的义务指导，助力他们将创意转化为参赛作品，赢得了广大家长的一致好评与热烈反响。李惠君中学心理健康教育卓越教师工作室与唐彩霞中学心理健康教育卓越教师工作室则将目光聚焦社区民众的心理健康需求，他们在社区内精心策划并实施了心理咨询、心理健康教育及家长课堂等一系列公益活动。这些活动不仅为社区居民提供了专业的心理支持与引导，还有效促进了家庭教育的优化与提升，赢得了当地群众的高度认可与广泛赞誉。通过这些实际行动，名师工作室不仅展现了其深厚的教育情怀与社会责任感，更为构建和谐社会、推动教育普及与发展贡献了重要力量。

参见本书附4　海南省陈素梅中学物理卓越教师工作室宣传册
参见本书附5　海南省施琼英中学美术卓越教师工作室宣传册

第八章

名师工作室存在的问题

目前，各地区结合自身实际情况，建立了不同层次、不同特色、不同定位的名师工作室，充分发挥了名师在教师专业成长中的辐射、引领和示范作用，不但为教师自身专业发展提供了科研、实践、学习平台，而且实现了名师资源的区域共享、区域教学质量的提升。名师工作室的数量呈现不断增长趋势，其有益尝试已经成为很多地区教师专业成长与发展的新模式，然而，在取得成就的同时，名师工作室的质量却出现下降趋势，在运行中出现的诸多问题同样值得关注。

一、主持人方面

(一) 遴选缺乏科学标准

名师工作室的主持人，作为团队的领航者与核心支柱，其角色至关重要，直接塑造并引领着工作室未来的发展方向与所能企及的高度。名师工作室的组织架构往往呈现出多层次、多维度的特点，这既赋予了其强大的功能性与灵活性，也相应地增加了其组织协调与辐射带动的复杂性与挑战性。在这样的背景下，如何高效整合内部资源，确保各项工作的顺畅运行；如何精准把握学员需求，将工作室的优质资源有效辐射至更广泛的领域；以及如何持续激发团队成员的潜力与创造力，共同推动工作室迈向新的高度，成为每一位工作室主持人必须面对并要妥善解决的课题。这些对工作室主持人提出了更高的要求。而在遴选名师工作室主持人时，相关机构往往主要强调其教育教学能力、科研能力，以个体荣誉、教学成绩、课题、论文等业绩作为依据，对名师个体拥有的专业资本进行终结性评价，而对主持人的奉献精神、创新精神、团队领导力、指导能力、组织协调能力、培训活动设计与实施能力等缺乏评价，因而有时并不能准确遴选出合格的主持人。

海南省中学卓越教师工作室主持人申报条件

卓越教师工作室主持人应是教书育人的模范、教学和科研的能手，具有较强的专业引领、培训指导和组织协调能力，在所任教的学科领域有较高的知名度和影响力的中学在职教师（含教研员）。应同时具备以下条件：

（一）原则应是获得省级特级教师称号或省级学科带头人称号的中学教师，特别优秀者予以适当放宽。

（二）教育教学成果显著，近年来，出版专著（编著）2部以上或在省级以上学术刊物发表论文3篇以上（或论文评比获省级二等奖3篇以上）；主持（或承担）省级以上课题研究1项，多次承担省级以上专题培训讲座（或公开课、评课、经验交流等）。

《关于组织2022—2024年度海南省中学
卓越教师工作室主持人遴选工作的通知》节选

当前，主持人遴选过程中存在的条件设定不系统、不科学问题，已成为制约工作室长远发展的关键因素之一。这直接导致了部分工作室在战略规划上的缺失或偏颇，其即便制定了长期规划，也往往仅基于主持人的个人意志，缺乏系统性、具体性和科学论证的发展蓝图。这种规划的局限性，使得工作室在成员培养、工作推进及成果产出等方面均面临挑战。尤其是主持人培训能力的不足成为一大瓶颈。主持人不能准确把握工作室成员个性化的发展需求，加之培训组织经验的匮乏，会导致培训活动效率低下，质量难以保证。这不仅影响了成员的专业成长，也削弱了工作室的整体凝聚力与执行力。更为严重的是，工作室主持人若缺乏清晰的建设理念，将直接导致工作室文化建设的薄弱。文化作为工作室的灵魂，其缺失将使得活动的推进步履维艰，成员间的协作与沟通受阻，进而延缓了成员的个人发展进程。最终，工作室的成果往往过度集中于主持人个人，难以形成团队合力与整体效应，限制了工作室的全面发展与影响力。

（二）缺乏综合能力培训

主持人能力的形成与发展需要多样化的教师领导实践活动、实践生态的支持。然而，名师常常被默认拥有教师领导能力、团队组织的能力等，或者被赋予领导角色、评价角色、指导角色等。以领导力为例，相关研究表明名师的领导力是后天养成的，是需要系统的教师领导力发展活动、积极的教师领导实践和有效的教师领导教育来获得发展的。[1]但现实情况是，名师具有娴熟的教育实践知识，具有丰富的社会资源，但缺乏将专业资本转化为他者学习活动的有效策略，因为名师并没有丰富教育领导的实践和接受过教育领导的教育。大多数名师是成为工作室主持人之后才开始学习如何运行、管理名师工作室的，他们往往只能借鉴自我学习经历的个案，或者模仿其他名师工作室的实战经验，这导致全国各地的名师工作室千篇一律，活动内容大同小异，缺乏创造性，工作室的建设止步不前。

当下各地对名师主持人的支持仅停留在"行政赋权、经费支持、绩效考核"等方面，教育行政层面只是赋予名师主持工作室一定权力，但对名师工作室主持人各项能力的培养和发展缺乏有效的支持。相关管理部门并没有对名师工作室主持人的能力开展专项的培训，这导致名师工作室主持人的发展只能依靠自我实践或个体经验交流等，名师也缺乏科学的、本土化的名师工作室主持人发展模型来指引自己的发展，只能对照教育行政部门对名师工作室的业绩考核维度来指导成员的发展，这就导致多数名师工作室将"发表论文数量、主持课题数量、学员获奖情况或职称晋升情况"视作工作室活动的目的和建设的目标。相关部门缺乏对名师工作室主持人培训能力的培训，导致名师主持人设计的研修内容并不能产生良好的研修实效。例如，主持人全身心投入工作室建设，花很多时间和精力组织了丰富的研修活动，但因具体研修组织推进方式与学员生活工作实际不能有效契合，导致学员疲于应付、工学矛盾突出等问题产生。时间一长，学员的积极性会有所下降，学校的支持力度也会大打折扣；同时持续的超负荷输出也不利于主持人自身的成长发展，团队创新的深度和持续能力也因此受到限制。

（三）独占运转话语权现象突出

名师与成员构建的学习活动是工作室进行"意义建构和协商的活动"[2]，即工作室中的学习活动不是名师实践经验、认知的单向传递，而是工作室全

---

[1] 刘清昆、张红波：《教师领导力视角下区域名师工作室建设的实践研究》，载《中小学教师培训》2022年第4期，第19~24页。

[2] 曾艳：《基于区域性名师工作室的教师专业资本流动与扩散》，载《教育发展研究》2017年第24期，第8~13页。

体教师实践经验的有意义融合与再建构。在这个过程中，名师凭借其拥有的专业资本扮演着其他教师学习的协作者、指导者、促进者的角色。应然状态下，名师对学员教师的"指导作用、具体方式和基本原则应该得到一定程度的规定"[1]，名师应以成员原有的实践认知和经验为基础，通过个性化的指导方案、系统化的学习设计来帮助他们改进实践和增长知识，并以循证为基础对成员作出专业指导和建议。此外，主持人应该根据数据反馈、可靠检测和科学评估对工作室进行适时调整、及时改进，以确保活动达到预期效果，真正实现自身与成员的共同发展。名师应通过建设积极的工作室愿景、反思性学习与实践文化、科学性交往语言，借助多元的社会资源等来促进名师和成员在协作共享、反思实践中共同成长。然而当下，名师的领导者角色居于了诸多角色中的首位，这种领导是行政型的领导，由此名师不仅拥有学习的话语权，决定着学员的学习形式、学习内容、学习产出与学习时间，还拥有对成员教育实践、教育研究的评判权。在工作室活动的开展过程中，往往是名师主导的经验式学习占据主流，名师通常是凭借自己的成长经历、实践知识来设计和引导，甚至是控制成员的学习。工作室研修主题的设定，往往倾向于采用一种较为传统的自上而下、集中决策的方式，这种模式虽有其效率之处，却也容易陷入"一言堂"的局限。这种"以师定教"的模式，在明确研修方向的同时，也可能对成员既有的专业领域形成一定冲击，因为它较少考虑成员的多元视角和实际需求。更为关键的是，研修主题的设定深受主持人个人视野与站位的影响，若主持人的专业知识未能保持及时更新与拓展，就可能在一定程度上限制成员的专业成长与发展空间。

这种控制的、自上而下的学习活动也导致工作室的活动形式局限于课例研讨、论文指导、专题讲座等，对成员学习成效的评价也只是简单地与教育行政部门对工作室业绩的考核挂钩，简化为成员论文发表数量、课题数量、获奖情况、专业晋级情况的考核等，且从未真正考量这些业绩的取得与名师工作室的相关性。

工作室主持人给我设计了精心的培养计划，我的心里还是很感激的。但

---

[1] 周丽丽、[美]彼得·麦克拉伦：《英国新一轮中小学教师发展领导力框架改革探析》，载《比较教育学报》2021年第5期，第118~131页。

是在教学设计和上课时,他要求我们严格按照他总结的教学模式进行,久而久之,我感觉我好像更不会上课了,我成了一个按模式复制的工人,没有了新意,更别提创新了。我不能评价主持人的教学模式正确好坏与否,但我理想中的老师一定不是模式呆板的复制者,我有自己的教学思维。后来我就慢慢地不参加工作室的活动了……再后来直接提出了退出工作室。

海南省中学卓越教师工作室成员王老师访谈摘录

(四)远离教学一线

虽然不少地区的教育主管部门及学校成立了众多的名师工作室,在打造学科骨干教师、促使新的名师不断涌现等方面发挥了积极作用,但在众多的工作室中,有些工作室的主持人远离教学一线,甚至已经退休,挂在他们名下的工作室未真正运作;也有些工作室还处于筹备阶段,没有正式挂牌;有些挂牌名师收下若干"学徒",却很少组织教研活动,其工作室也形同虚设[1]。例如,周老师作为海南省中学卓越教师工作室的主持人,既是一所中学的主管教学工作的副校长,还兼任教育研训中心的副主任。然而作为一名有着二十余年深厚的教学思想和丰富的教学实践经验的教师,他已经有五年没有上过课了。

目前也的确存在一些中小学名师工作室名存实亡的现象,挂牌在名师下的工作室从未真正运行,也很少组织各级各类的教学观摩、送教下乡、课题研究等活动。一些名师工作室为了敷衍上级教育厅的考核,年终组织几个年轻老师"胡编乱造"一些材料上交应对评估,其工作室的成效可想而知。

(五)辐射力有限

大多名师工作室的成立是为了发挥以名师为引领的资源效益,"名师"代表了团队的最大发展力,"名师"是团队中的核心人物,然而一些名师工作室过分倚重"名师"单兵作战,而名师的教学风格和教学魅力又具有极强的个体差异性,在某种程度上难以复制。王老师退出海南省中学卓越教师工作室作为一个具有代表性的案例,从某种程度上折射出名师影响力在特定情境下的局限性,即其辐射力与预期或理想状态相比可能存在一定的边界和限制。在他看来,名师是不能复制的。虽然很多名师德高望重,但有的名师的名声

---

[1] 马张留:《对促进名师工作室高效运作策略的思考》,载《江苏教育研究》2010年第30期,第8~9页。

是驾驭在教学成绩之上的。虽然有的名师教学经验可能很丰富，教学成绩可能很高，但他的教学能力和教学创新意识却未必名副其实。因此，王老师认为，当名师进行传道授业时，他们就会用自己所固有的教学经验和定论去指导、掌控学员，并尽最大可能把学员培养成第二个"他"。但是，不同的教师有着不同的教学个性和教学气质，每位教师只有结合自己特有的教学气质去成长和发展，才能形成自己独有的教学风格和教学魅力，并最终成长为名师。名师工作室，需要有丰富教学经验的名师来主持，但更需要有着极强的教学理念和创新意识的名师来引领。[1]

不仅如此，名师工作室倚重"名师"单兵作战，一旦作为核心和灵魂的"名师"停止了发展，整个名师工作室也就停滞不前了。名师工作室的工作尚未形成常态化、制度化和长效化，一旦名师离开或者停止发展，整个名师工作室也难以运转。内外因素相交杂，辐射路径受阻。即使名师工作室主持人有意识地创建开放的工作室，以扩大辐射作用，但是辐射路径依然存在着内部和外部的阻碍因素。

对于工作室内部而言，名师作为名师工作室的引导者，直接影响着名师工作室的运行成效。有研究者总结出有牌子无组织、有组织无活动、有活动无价值、有价值无方向的"四有四无"问题[2]。有的工作室主持人会用自己所固有的教学经验和定论进行指导，并尽最大可能把自己的学员培养成第二个"他"。有的工作室主持人的教育理念、知识储备和教育教学能力与成员教师差异较小，工作室内部有明显的同质性，名师无法引领成员教师学习，成员教师也无法从名师身上汲取养分。如此，工作室开展活动成效不佳，工作室无成果，成员教师无所学，同伴交流无分享，辐射更无从谈起。

对于工作室外部而言，学校的不支持会导致成员教师辐射受阻。成员教师离开名师工作室后，成为名师工作室的"代言人"，是名师辐射影响的主力军。成员教师发挥辐射作用受到工作室组织程序、活动经费、人际协调和学校领导重视程度等的影响。此外，成员教师在学校的角色地位也会影响辐射的发生。成员教师所拥有的正式职位为其带来发起组织教师有效合作的权力、

---

[1] 张凯：《我退出了名师工作室》，载《江苏教育研究》2010年第30期，第64页。
[2] 宫臣、宋萑：《名师工作室：价值、困境与改进路径》，载《教学月刊·中学版（教学管理）》2022年第12期，第3~10页。

视野和资源，但过分依赖正式职位和学校已有的社会关系与文化规范也阻碍其发挥领导力。

（六）合作意识薄弱

名师工作室的主持人和成员作为从事同一行业的从业者，不可避免存在竞争，也存在一定的利益冲突，这种不良的竞争和利益冲突难免会给名师工作室成员之间的合作和交流造成一些小障碍。不可回避的事实是，一些名师持有消极狭隘的教师专业发展观，他们认为自己在教育教学方面独树一帜，自认为具有一套高明于其他教师的教学方法和教学风格，难以从其他教师那里获取有利于自身专业发展和专业成长的知识和技能，同时又担心自己的教学方法和教学风格被其他教师模仿和复制，从而失去名师的优越感和光环。种种狭隘的担心与焦虑，使得他们难以真正与其他教师分享自己的教学经验和教学方法。即使是不得不面对的一些必要的经验交流，他们也会有所保留地分享，将那些对于其他教师专业发展和专业成长有所借鉴作用的核心知识保留下来，避而不谈。这降低了合作交流的效率，阻隔了知识的共享和有效传播。笔者在调研访谈中了解到，一些教师认为合作学习是"迫不得已"的任务，心不甘情不愿地参加名师工作室的活动。

除此之外，名师工作室成员的知识结构、学科背景、教学经历、所属学校等的差异，某种程度上也造成了他们的知识和技能难以共享。成员的知识、经验、技能具有鲜明的个性化特征。不同的教师由于自身的知识结构、专业背景、教学经历、性格特征等，对知识有不同的理解，而这类知识本身很难进行交流和共享。正如美国学者洛蒂（Lortie）在对教师文化进行长期和大量的研究基础上指出的，教师的个人主义是教师文化的一个重要组成部分。教师的个人主义对教师及其专业发展有重要影响。教师的个人主义体现在教师专业发展中便是，受这种文化取向影响的教师不愿与其他教师合作，不能正确地对待其他教师的批评。由于教师群体存在竞争关系以及教师职业的鼓励性，一些工作室成员缺乏自主合作的意识。这种个人主义的专业发展取向，在某种程度上阻隔了名师工作室成员之间的合作学习，对名师工作室的发展、教师的专业发展造成了一定的障碍。

二、工作室成员方面

(一) 遴选缺乏科学依据

如今，教师加入工作室已经成为一种身份的象征、一种荣誉，甚至成为评奖评优和职称评定的加分项，工作室成员身份的政治色彩愈显浓厚，教师加入工作室的功利性越来越突出，导致入选成员普遍存在着发展后劲不足的突出问题，究其原因主要是工作室在遴选成员时缺乏科学依据，过于注重外在标志，忽视内在的人格测评，缺少教学诊断，缺失职业认同判断。在名师工作室成员的选拔过程中，目前仍普遍存在着一些显著问题，这些问题明显带有较强的指令性色彩，表现为导师单向选择的倾向，以及成员之间及与导师间的信息交流渠道不畅。这种现状不仅限制了成员个人潜能的充分挖掘与持续成长，也导致工作室整体活动的效果不能充分显现，难以达到预期的目标与影响力。更具体地说，阻碍了成员在专业能力上的后续发展动力，使得工作室作为培养与展示优秀教师平台的功能大打折扣，名师应有的示范引领与辐射作用难以得到有效发挥，进而制约了成员、主持人和工作室的发展。

海南省中学卓越教师工作室成员申报条件

每个工作室招收 10 名至 15 名学员。学员为海南省在职市县级青年骨干教师，40 岁以内，具有良好师德修养，专业知识基础扎实，工作积极主动，虚心好学，自觉学习先进教育理念，热心参与教育改革实践，同时具备下列条件之一：

（一）市县级学科骨干教师或教学能手、教坛新秀；

（二）近五年在市县区级以上课堂教学大赛或论文评比中获奖；

（三）主持市县级以上教育规划课题并顺利结题。

（注：省级学科带头人、骨干教师不申报；已是 2020—2021 年度中学卓越教师工作室成员的教师不再申报）

《关于启动 2022—2024 年度海南省中学卓越教师工作室暨开展市县学员申报工作的通知》节选

首先，工作室在遴选成员时，往往聚焦申报成员获得过哪些荣誉称号、教育教学科研成绩高低等外在标准，很少将成员内在的教师人格、教学行为、职业认同等相关因素作为依据。教师的人格对其教学行为的影响具有深远性、潜隐性，"名师"一般具备高宜人性、外向性、严谨性人格[1]。当前，名师工作室并没有对申报成员进行内在教育力量的人格测评判断，导致既难保证成员间的良好合作关系建构，也会制约成员间的正向示范与引领作用发挥，更会降低运行质效，最终甚至使"名师工作室"有可能出现制度性的价值取向偏移。其次，遴选时缺少对申报成员课堂教学行为的观察，难以判断其学生观是否具有应然合法性，导致入选成员缺乏正确的专业发展理念，与工作室的价值理念难以真正契合。最后，遴选时忽视对申报成员专业认同水平的判断，导致无法预估申报成员是否具备持续专业成长的内生动力，造成成员短成长、成长慢甚至无效成长的现象出现。

（二）成员专业发展动力不足

有的成员进入工作室后，开展活动时经常请假，对工作室安排的活动任务敷衍了事，对示范课和送教课也是能推则推，即使参加活动，也表现出情绪消极、心不在焉。究其原因，首先，部分工作室成员在自我成长方面的定位相对偏低，其加入工作室的初衷过于功利化。尽管在初入工作室时，他们可能怀揣着满腔的热情与期待，但实际上，他们对于自身的长远发展规划却模糊不清，追求的多是诸如职称评定等短期利益，而非真正致力于个人专业素养的全面提升。其次，成员工作与学习的矛盾日益凸显，成为制约其积极参与工作室活动的另一大因素。作为各自学校的骨干力量，他们不仅承担着繁重的教学任务，还背负着巨大的工作压力。这种双重负担使得他们时常担心，频繁的外出活动可能会分散其教学精力，影响教学质量，进而引发学校和学生家长的不满与埋怨。随着时间的推移，这种担忧逐渐侵蚀了他们的参与热情，使得原本积极的心态逐渐变得消极。更为严重的是，一些学校领导对于成员参与工作室活动的态度也颇为复杂，甚至持怀疑立场。他们不仅未能给予足够的鼓励与支持，反而在经费划拨、时间安排等方面设置重重障碍，试图通过各种手段限制成员的参与。这种外部环境的阻碍，无疑进一步加剧了成员在工作室活动中的困境，使得他们难以全身心地投入学习与成长之中。当然，成员参与活动不积极，也与工作室主持人的能力、素质、风格以及在

---

[1] 塞世琼等：《"名师工作室"成员遴选：潜在风险与规避路径》，载《中国教育学刊》2020年第5期，第83~86页。

工作室取得的进步、发展有关。

三、工作室管理方面

（一）工作室地区和专业分布不均衡

我国各省及省内各区域在自然地理、经济发展水平等方面呈现出显著的差异性，这种差异也导致了教育发展领域的不均衡现象愈发凸显。具体而言，不同地区的教育资源分配不均，教育质量参差不齐，教师队伍的整体素质与专业素养呈现出明显的不平衡状态。这种不均衡不仅影响了教育公平的实现，也制约了我国教育事业的全面协调可持续发展。大多数省份在进行名师工作室遴选时，往往针对教育、经济发展水平不一致的地区使用同一套遴选指标体系，导致工作室主持人所在单位主要集中在经济、教育比较发达的地区，甚至是教育质量较高的几所学校，而教育、经济较弱的地区则工作室数量较少，甚至没有。同时，名师工作室主要覆盖语文、数学、英语等主要学科，对于音乐、美术、科学、劳动教育等学科涉及相对较少甚至不涉及，这在一定程度上也反映了教育不均衡的问题。

从海南省中学卓越教师工作室的地区分布来看，地区卓越教师工作室数量与区域经济发展水平、区域教育认可数量呈正相关，数量最多的是海口，占中学名师工作室的70%，其次为三亚、文昌，其他市县的工作室数量非常少，许多市县还没有省级名师工作室，如白沙、陵水等。卓越教师工作室都设置在市区，还没有设置在乡镇的。目前海南省中学卓越教师工作室已经实现了学科全覆盖，语文、数学、英语各有2个至3个工作室，其他科目一般有一个工作室，高中学段的工作室较多。总体而言，工作室在地区、学段、学科上的分布是不均衡的。

（二）辐射作用被"窄化"

在名师工作室中，主持人发挥对成员教师的专业引领作用，促进成员教师的专业发展。有的名师工作室还规定每一位成员教师都要承担引领、辐射的责任，从自身所处的学校做起，通过交流分享等方式将其在工作室中的所学传递给其他教师，发挥个人的辐射作用，提升学校教育教学水平，形成"主持人—成员—成员学校"辐射链。

但实际上，名师工作室的辐射作用在实践中被"窄化"了，名师的辐射影响止步于工作室成员教师内部，甚至窄化至精英教师内部。由于部分名师工作室成员的聘任条件太过苛刻，绝大多数缺少业务称号的一般教师没有机会进入工作室。一个单位乃至一个地区，名师的数量总是有限的，名师工作室成员教师相对于区域内全体教师而言仅是少数群体，如若名师工作室只注重对精英教师的培养，便会使得渴求发展的普通教师失去发展机会，将会导致其发展动机逐渐消磨殆尽，拉大区域内教师质量差距，同时优质教师的超前发展也会进一步恶化欠发达地区教师流失的问题，使得本就薄弱的教育更加薄弱。因此，名师工作室的建设不能只关注教师团队金字塔尖的精英教师，而是要最大限度地发挥名师的引领辐射作用，帮助更多有发展志向的教师提升自身的专业素养。

（三）"非官非民"，定位不清

结合实地调查和资料分析，当前名师工作室在很大程度上属于一种官方行为，从名师工作室的主持人确定、成员选拔、审核上报、协议签订到挂牌建立，整个名师工作室的组建及其运行，都具有浓厚的行政色彩，乃至名师工作室的活动从计划到落实，名师工作室的成员组建与变更，名师工作室的经费筹集及考核评估，都是在官方（当地教育行政部门或研训机构）的统一指导和安排下进行的。这种通过任命产生的，自上而下的带有一定强制性的层级式的权力结构对于名师工作室的开展干预过多。在"权力越位"、干预过多问题形成的同时，上级教育行政部门也展现出"权力控场"、扶持不够等问题，例如海南省中学相关部门要求海南省中学卓越教师工作室必须在暑假开展一定数量的活动，且活动要与当年的教育主要导向，例如教育现代化转型等结合起来。同时在经费拨付、沟通协调、考核监管方面表现为"权力控场"。诚然，名师工作室的正常运转离不开上级教育行政部门的指导、支持和监管。然而，过度的强制性命令往往会扼杀工作室主持人的积极性和创造性，过于"放任自流"的行政监管也会使得名师工作室在运行中缺少必要的扶持和监督。由此，这种"非官非民"的名师工作室仿佛成了"戴着脚镣的舞者"，工作室活动的真正效果大打折扣。

（四）工学矛盾突出

名师工作室的主持人及成员并非专注于工作室建设的全职人员，他们身兼数职，承担着繁重的教育教学任务甚至行政管理工作。这种多重角色的叠加，使得他们在参与工作室的研修活动时，不仅未能从原有的工作负担中解脱出来，反而面临着任务量进一步增加的挑战。成员们分散于不同的学校，甚至跨越了地域界限，彼此间的教研时间安排难以统一，导致调课、请假等事宜变得尤为困难。面对如此繁重的工作任务，主持人及成员往往难以抽身，无法全身心地投入工作室的研修活动中。这种现状不仅影响了他们个人的成长与发展，也导致了工作室活动在组织上的诸多难题，如成员难以集中、会面机会有限、活动时间被严重压缩等。工作与学习之间的冲突日益尖锐，成为工作室高效运行与成员专业成长的一大瓶颈。

在深入进行访谈调研的过程中，笔者深切体会到预约访谈的难度之大。每次与工作室的主持人及成员相约，均需提前一周细致安排，这并非源于教师群体特有的交往习惯，而是由于他们日常的工作极其繁忙。若非特别规划时间，他们往往难以在紧凑的日程中腾出整节课的宝贵时间，与访谈者进行深度交流与探讨。调研结果显示，工作室成员的工作负担之重超乎想象。许多成员需同时承担3个至4个甚至更多班级的教学任务，此外，他们还身兼数职，如学科组长、学年组长、教导主任、副校长乃至兼职教研员等，多重角色交织，使得他们的时间管理面临巨大挑战。据不完全统计，在海南省中学卓越教师工作室的活动中，能够实现全员参与的比例仅约30%。这一数据直观地反映了工作室成员在时间分配上的捉襟见肘，以及集体活动组织的实际困难。

（五）评估乏力，科学性不强

加德纳（Gardner）曾经说过："自始至今我都坚信对教育发展最可靠的手段就是评估。"评估环节是任何一个追求完整的过程所必不可少的环节。名师工作室在运行过程中不断出现的诸多问题，一定程度上反映出名师工作室在创建、发展过程中缺乏有力评估。

根据评估对象的不同，名师工作室的评估体系可以细化为三大类别，每一类均聚焦不同的评价视角与维度：第一类，是针对工作室整体层面的评估，由相关教育主管部门主导实施。此类评估旨在全面审视工作室的整体运作情况、成效及影响力，确保工作室在推动教育教学改革、促进教师专业成长等方面发挥积极作用。第二类，则是针对工作室主持人的专项评估，同样由教育主管部门负责执行。这一评估侧重对主持人的领导力、专业素养、工作实绩及团队建设能力等方面进行综合评价，以激励主持人不断提升自我，更好地引领工作室发展。第三类，则是针对工作室内部成员的评估，由主持人负责实施。此类评估注重对成员个人成长、工作贡献、团队协作等方面的考量，旨在通过内部评价促进成员之间的相互了解与认可，激发成员的工作热情与创造力，共同推动工作室向更高水平发展。

海南省中学卓越教师工作室绩效考评围绕"工作室建设、工作室活动和工作室成效"三个方面开展，重点对工作室的制度建设、档案管理、经费管理、活动组织及完成情况等进行综合评估。在工作室成效方面，海南省中学卓越教师工作室的成效主要包括在示范、引领教师专业发展和教育教学改革方面发挥的作用以及在教育、教学和科研中取得的主要成绩。通过工作室自评、项目组过程考核、评委审阅资料与线上汇报答辩等环节进行综合评估。评估结果进行全省通报，对于考核优秀的工作室主持人可续聘。

目前名师工作室评估主要存在着评估目的功利化、评估内容狭隘化、评估方法表面化、评估标准僵硬化、评估主体单一化、评估过程封闭化等问题。评估目的功利化主要表现为工作室评估以奖惩为目的，例如评选优秀工作室，缺乏激励和指导机制。评估着眼于工作室主持人是否履行了工作职责，工作表现是否符合上级教育主管部门的期望，并依据工作室成员的表现，作出续聘、晋升工作室主持人等决定，更是将评价结果与名师工作室的存留挂钩，工作室评估异化为一个纯粹选拔与淘汰的工具，其价值功能丧失。评价内容狭隘化主要表现为虽然评估内容包括工作室自身建设发展的情况、工作室在培训和指导教师方面发挥的重要作用、工作室在教育教学科研中取得的主要成绩三个方面，但其指标体系操作性较差，而且并未涵盖大量的隐形工作，只关注到了论文发表数量、活动开展次数、获奖数量等可测、可量的内容。评价方法表面化主要表现为多采用定量评价，或对定性分析进行量化处理，这种过度量化导致工作室在教学和科研上的急功近利，甚至出现师德和学术道德问题。量化的评价结果难以反映出名师工作室主持人及其成员的思想、信念、价值判断、情感、态度等，也难以反映出评价对象的全貌，严重影响了评价结果的客观化、科学化。评价标准僵硬化主要表现为名师工作室的评价标准是自上而下制定的，是单一固定的，采用同一评价指标、统一评判标准，过于强调共性和一般性，而忽略了个性特点及其个体差异，忽视了不同的名师工作室成员具有不同的素质和不同的发展潜质，不同的名师工作室具有不同的发展侧重点和发展优势。评估主体单一化主要表现为名师工作室的评估主体是上级教育行政部门、高校或者研训机构，名师工作室成员的评估主体是工作室主持人，而同事的评估则流于形式，变成了陪衬，这就导致此种评估变成了一种单一性的他人评价。"他评"虽然是必要的、重要的,但是毕竟是促进教师素质提高的外部机制,即利用外部的压力、外部的要求来刺激和规范教师的行为。[1]最终还是要靠教师通过自我评价、自我认同、自我内化、自我改进、自我完善,来提高专业素质和教学质量。现行的"他评"模式下,评估者和被评估者是不对等的关系,评估者具有绝对的权威和话语权,被评估者完全处于被动的地位和"失语"的境地。评估过程封闭化主要表现为现行的评估通常使得整个评估过程处于"暗箱"中,广大被评估对象对于评估的具体操作不得而知,对于评估者如何搜集信息、搜集了哪些信息、如何打分等一概不知。这种"暗箱操作"的封闭式评估,一方面助长了领导们偏私的不正之风,降低了评估的客观性和可信度;另一方面大大挫伤了名师工作室及其成员的积极性和参与评价的热情,并且可能导致名师工作室主持人及其成员产生一种消极怠工和抵制上级教育行政管理制度的情绪[2]。由此可见,评估过程不透明,评估结果不公正,均会使名师工作室及其成员对评估产生不信任,难以从根本上起到通过评估促进发展的目的。

(六)经费保障不足

在财务支持层面,相关主管部门对名师工作室的扶持力度尚显不足,具体体现在多个方面。首先,部分市、县级教育主管部门未能积极响应教育厅的号召,提供必要的配套工作经费,导致工作室在运营过程中面临资金短缺的困境。其次,即便工作经费得以拨付至学校财务部门进行管理,也可能遭遇被学校其他项目挪用或占用的风险,这直接削弱了工作室财务资源的稳定性和有效性。再者,繁琐且严格的财务报批手续成为制约工作室活动顺利开展的一大障碍。这些程序不仅增加了主持人的行政负担,还严重挫伤了他们组织活动的积极性与创造力。最后,部分学校在成员参与工作室活动的费用报销问题上未能严格按照规定执行,这也间接影响了成员参与学习、提升自我的积极性与热情。海南省中学卓越教师工作室目前每年都会获得5万元至6万元的建设经费,主要来自教育行政部门的拨付,但仍存在着经费短缺、"不好用"等问题。经费短缺主要体现在省级层面对工作室活动数量的明确要求与实际情况之间的矛盾上。每年工作室需根据省里规定举办规定数量活动,

---

[1] 孔令桐:《新课程改革理念下的教师评价研究》,山东师范大学2008年硕士学位论文。
[2] 李友明:《中学教师评价存在的若干问题及对策研究》,江西师范大学2003年硕士学位论文。

然而，当工作室计划组织一次集体外出学习时，往往会发现单次活动的费用就可能消耗掉接近一半的建设经费，这无疑使得后续其他重要活动的经费安排变得捉襟见肘，难以满足工作室全面发展和多样化活动的需求。"不好用"的问题，则更多地体现在经费使用的实际操作层面。一方面，报账流程复杂且繁琐，需要耗费大量时间和精力在财务办理手续上；另一方面，部分合理费用因种种原因无法获得报销，影响了工作室成员的积极性和参与度，频繁的审计和后续检查更是让工作室在经费使用上感到束手束脚，难以充分发挥资金的使用效益。

相比其他省市，海南省中学卓越教师工作室的建设经费比较少，《长沙市名师工作室管理细则》规定，名师工作室经费标准为每个工作室每年5万元。《重庆市中小学名师工作室管理办法（试行）》规定，名师工作室专项经费由重庆市教委下拨，挂牌后重庆市教委给每个名师工作室划拨研究经费20万元，经费财务单列。《广东省中小学名教师、名校（园）长、名班主任工作室的管理办法》规定，广东省财政在建设周期内每年安排工作室经费补助，标准为不超过12万元/个/年，鼓励和支持地市、县（市、区）对所辖的工作室给予一定的经费和条件支持。工作室建设和工作经费主要用于工作室软硬件配置和培训研修活动组织等，包括教学设备、图书资料、办公用品配置、网络线上支持以及学习资源建设、食宿费用、成果宣传、论文发表和著作出版等开支。名教师、名校（园）长、名班主任工作室所在学校要为工作室配备相对独立的办公室，并配备基本的办公条件，并配备助手。目前，海南省中学卓越教师工作室的经费来源单一，仅仅是教育行政部门的拨款，与横向省份相比较，海南省教育行政部门拨款乏力，地方配套经费不足，从而导致名师工作室经费不足。

四、工作室运行与可持续发展方面

（一）成员多元有差异，内部发展不均衡

名师工作室的培养目标和对象具有多层次性：一是普通教师或年轻教师成才，二是骨干教师成名，三是名师更著名，力图实现和而不同、美美与共、多方共赢。

有研究者基于教师参与培训的外部行为和内在心理两个维度，将教师在培训中的学习参与状态划分为行为和心理上均表现积极的"积极参与者"、心理高度参与但行为表现消极的"力不从心者"、行为和心理上均表现消极的

"徘徊在外的游离者",以及行为表现积极但心理不认同的"执行者"四种。

在一个群体中,处于中心位置并与其他成员紧密相连的个体在获得有用和有意义的资源方面拥有更大的优势,而处于边缘位置的个体由于与他人联系较少获取的资源不足。在名师工作室的公开活动中,那些专业发展程度较高的成员教师,由于在工作室关系网络中居于较为中心的位置,有更多进行专业学习的机会和资源,可以作为授课教师参与教学研讨会,与专家学者相互交流,呈现出"积极参与者"状态,容易形成对名师工作室高度的认同感。而专业发展程度较低的成员教师,由于往往多为求教者,处于工作室关系网络的边缘位置,相比而言拥有的一手学习资源较少,一般做着枯燥无聊的行政工作,心理上无法产生组织认同感和归属感,呈现出"徘徊在外的游离者"状态,最终难以形成对工作室的认同感。

名师工作室开展一次活动,能够提供的参与教学展示与研讨的机会有限,因而一般情况下都会选择经验更为丰富的教师做正向教学展示,以保证活动成效。因此,集体活动对于工作室中教学突出的教师更为有益,而对于正处于发展期的青年教师则效果欠佳。名师工作室对这些青年教师的影响还是主要依赖于主持人的单独指导。

(二)开放性不够,"鱼塘效应"日益凸显

名师工作室在开放性方面存在的不足,具体可归纳为以下几点:首先,成员构成的局限性,部分工作室成员主要集中于领衔人所在的工作单位或其邻近单位,这种地域上的接近性虽然便于日常交流,但也限制了工作室吸纳更多元化、更广泛背景人才的可能性,影响了其开放性和包容性。其次,从学科背景来看,大多数工作室成员的专业领域高度集中于某一特定学科或学段,这种专业聚焦虽有助于深入探索该领域的教学与研究,但同时也减少了跨学科、跨学段交流的机会,限制了创新思维与多元视角的融合,影响了工作室的开放性和综合性。再者,就交流平台而言,目前用于工作室内部沟通讨论的 QQ 群、微信群等,主要面向工作室成员开放,成了一个相对封闭的内部社群。虽然这种设置有助于成员间的紧密协作与信息共享,但也在一定程度上削弱了工作室与外界的连通性,减少了与更广泛教育社群交流互动的机会,限制了其开放性和影响力的拓展。最后,就参与对象和活动地点而言,工作室活动参与人限于工作室内部成员,活动地点限于领衔人及成员所在单位。资源有限、封闭、单一的工作室易出现内容同质化、低水平重复等问题,需警惕"鱼塘效应"的不良影响，[1]这种现象在乡村名师工作室尤其突出。例如，在海南省一些教育质量相对不高的卓越教师工作室中，成员有30%来自工作室主持人所在学校，60%以上来自本市县，作为省级名师工作室，这些工作室很难发挥辐射全省的作用。

（三）部分工作室进入发展"瓶颈期"

名师工作室作为新时期教育改革和发展的尝试和探索，存在着诸多不足，如"定位不准、方向不明""个体性强、团队力量弱""成效参差不齐、缺乏必要的评估手段"等[2]，多重困难叠加导致很多名师工作室发展困难重重，极易出现发展中的"高原期"。

工作室历经探索期与发展期，已稳健地迈入成熟期，构建起了一套相对完善且行之有效的活动模式。然而，这一"成熟模式"在带来稳定与效率的同时，也有程式化与重复化的趋势，活动主题与形式逐渐显得缺乏新意与创意。这一现象，无形中削弱了激发成员参与热情与兴趣的力量，使得工作室的发展开始步入"瓶颈期"，"天花板效应"逐渐产生，预示着在既有框架内寻求突破与超越的重要性与紧迫性。例如，海南省某中学卓越教师工作室已经连续开展了三期（九年），在第三期的时候已经明显感觉到发展的动力越来越不足，难以突破原来的模式方法，主持人也感觉很难再有新意。

什么样的学习成果是最有价值的？这是当前名师工作室普遍需要思考的问题。价值的判断与主客体之间的关系密切相关，客体是否有价值取决于主体对客体的需求度，所以在回答这个问题之前应先澄清价值的主体、客体分别是谁。名师工作室教育价值的主体是主持人与成员形成的学习共同体，客体是教育内容与教育活动，名师工作室的活动是否具有价值关键看其是否能够促进价值主体即学习共同体的发展，能够满足和促进工作室主持人与成员共同成长需要的知识与活动就是有价值的知识和活动。部分名师工作室活动制定的出发点是产出短期成果，忽视了基础能力提升，这造成工作室成员发展后劲不足，影响了工作室的可持续发展。

---

[1] 张翔、杨琪琪：《乡村名师工作室的"鱼塘效应"困境及其规避机制探究》，载《教育理论与实践》2019年第5期，第26~28页。

[2] 于伟：《寻找把教育学托上天空的彩云——陈元晖教育学学术思想探析》，载《东北师大学报（哲学社会科学版）》2013年第5期，第151~156页。

第九章

名师工作室的建设策略

一、主持人方面

（一）构建基于教师领导者角色的名师工作室主持人遴选指标体系及遴选方式

1. 名师工作室主持人应从学科专家转变为教师领导者

要真正发挥工作室的功能，首先要把好工作室主持人的"入口关"。科学构建名师工作室主持人的遴选指标体系，需要分析优秀名师工作室主持人的特质和目前名师工作室存在的问题，挖掘主持人的关键角色。根据前文对工作室主持人角色的论述，教师领导者是名师工作室主持人最重要的角色，其关键能力包括团队引领能力、指导教师能力、驱动变革能力。教师领导者具有特定的个性、价值观、动机、习惯、特性、能力、知识、行为、风格等领导特质，管理学、心理学为工作室主持人的遴选提供了科学技术和参考指标。结合工作室主持人教师领导者角色的关键能力要求，围绕团队引领能力、指导教师能力、驱动变革能力，构建名师工作室主持人遴选的指标体系。针对指标，综合运用个性测试、心理测验、量化评价、现场陈述、现场答辩、方案撰写、专家教学诊断、案例分析、情景模拟等遴选方式。

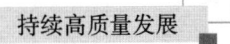

2. 名师工作室主持人遴选的指标体系和方式

表 9-1　名师工作室主持人遴选的主要考察点及考察方式

关键能力	考察点	分考察点	考察方式
团队引领能力	团队建设	培育团队文化 确立共同愿景 营造学习环境 调解及解决团队冲突	个性测试 心理测验 现场陈述 现场答辩 案例分析
	组织高质量 专业活动	熟悉教师培训相关理论 科学设计工作室活动 有序组织工作室活动 及时评估与反馈活动效果	量化评价 方案撰写 案例分析
指导教师能力	教学示范	教学主张明确 教学过程体现教学主张	现场汇报 量化评价 专家教学诊断
	课堂诊断	熟悉课堂诊断方法与流程	课堂诊断
	提供建设性反馈	提供专业资源 提供针对性、发展性意见	课堂诊断 现场答辩
	开展反思性对话	高质量沟通交流	情景模拟
驱动变革能力	引领教育科学研究	掌握科学研究方法 科研成绩突出 指导教育科学研究	量化评价 现场问答
	推动教育变革	熟悉学科教学前沿 教育实践中落实新理念 引导新理念的普及与落实	专家教学诊断 现场问答 情景模拟

（1）团队引领能力的考察点及考察方式。

团队引领能力主要通过个性测试、心理测验、量化评价、现场陈述、现场答辩、方案撰写、案例分析等方式来考察，主要考察名师工作室主持人申报者是否具有远见，是否具备敏锐的眼光和战略的思考，是否具有善于思考、深刻洞察力、科学决策、大胆创新、分享成功等领导者特质，是否具有资深的专业背景及举办高质量专业活动的能力。个性测试主要是通过标准化的测评工具，例如 Facet 个人剖象、Hogan 霍根性格测试、LSI 个人风格测评等，

第九章 名师工作室的建设策略

考察申报者的领导性格和工作风格。心理测验可以运用"范德比尔特教育领导力评估"(VAL-ED)问卷、领导力评估二位量表等测量量表,为全面考察申报者提供重要的信息参考。量化评价主要考察申报者的个人教学、科研成绩及承担过的教师培训活动的业绩,可采用积分制。现场陈述主要是让申报者陈述工作室建设的设想,包括工作室的建设理念、愿景、目标、建设过程、专业支持等。现场答辩主要围绕"如何确定工作室发展愿景和发展目标""如何建立成员的归属感,增强凝聚力""如何调解团队成员之间的冲突""如何把冲突转化为合作"等问题。方案撰写主要是让申报者现场撰写或在申报时提交一份教师培训活动方案,方案中要注明理论依据,考察申报者是否熟悉及运用教师培训相关理论。案例分析主要是让申报者对以愿景制定、文化建设、团队建设、团队冲突、教师培训活动科学性等为主题的案例进行剖析,以考察申报者的思维方式、规划能力、决策能力、组织协调能力等。

(2) 指导教师能力的考察点及考察方式。

指导教师能力的核心是"指导",要指导好成员,申报者自身要具备良好的专业知识和专业技能,并有过指导教师的经历,同时还要具备优秀的沟通和激励能力,对这一能力主要通过现场汇报、量化评价、专家教学诊断、现场答辩、情景模拟等方式考察。考察指导教师能力的现场汇报主要关注申报者在汇报工作室建设设想时,是否有明确的教学主张,明确、有特色的教学主张是工作室后期成员招募和活动开展的专业基础。量化评价要关注申报者指导青年教师、参与教师培训的情况,以考察申报者是否有指导教师经历及指导质量。鉴于目前工作室主持人存在的远离课堂、教学主张与教学实践脱离等现象,申报者申报时需提交近期一节课的授课录像,由专家进行教学诊断。课堂诊断是工作室成立后指导学员的最重要的方式,因此课堂诊断是主持人必备的能力,可以通过申报者现场课堂诊断或教学录像诊断等方式,考察申报者如何进行课堂诊断、反馈以及有关学员指导计划的思考。考察指导教师能力的现场答辩主要围绕"如何指导学员制定个人专业成长规划""如何帮助学员预防或克服职业倦怠""如何运用信息化手段提高教师培训的效率"等问题。情景模拟主要是将主持人放在特定的情景中,让其完成特定的任务,观察其行为和表现,以推断和评价申报者在面对复杂环境时表现出来的个性特征、价值观、解决问题能力、沟通能力、领导能力和人格魅力等综合素质。通过让申报者模拟与学员沟通的场景,能够较好地考察出申报者的反应速度、知识的深度和广度、表达能力和共情能力、思维逻辑性和创造性。

(3) 驱动变革能力的考察点及考察方式。

驱动变革能力主要考察申报者的大胆创新、推动变革、不怕失败、坚持不懈的精神，主要采用量化评价、专家教学诊断、现场问答、情景模拟等考察方式。驱动变革能力的量化评价主要关注申报者的科研成绩，考察申报者是否具备扎实的科研能力。驱动变革能力的专家教学诊断主要是指由学科专家诊断申报者的课堂教学是否体现新理念、新课标、新课改等，以及申报者是否具有改革意识和改革行动。现场问答主要围绕"如何激发成员研究动力""如何帮助学员形成研究意识""如何指导学员教育科研""如何带领学员将研究成果运用于教学实践""如何激发学员教育改革意识""如何引导工作室成员践行理念、新方法"等问题，注重考察申报者对如何指导学员教育科研，以及如何带领成员运用科研推动教育变革、提升教育教学质量等方面的思考。情景模拟时可以设置学员新理念与旧理念冲突的情景，考察主持人如何引导学员调解、利用理念冲突，将冲突转化为机会。

值得注意的是，良好的心理素质是主持人能持续健康运行工作室的基本条件，遴选名师工作室主持人时，尤其要关注申报者的心理素质。心理素质是指人在感知、想象、思维、观念、情感、意志、兴趣等多方面心理品质上的修养，涉及人的性格、兴趣、动机、意志、情感等多方面的内容，制约和影响着领导行为素质。[1]考察申报者的心理素质主要是指考察申报者的心理成熟度、心理承受能力、心理状态、自我调适能力、气质类型、领导风格、权变意识、创新意识等。通过心理测验、现场答辩、情景模拟都能较好地考察申报者的心理素质。此外，在实际的遴选过程中，可以根据申报者提交的材料、学科特性、地域特性，以及操作的可行性、评审专家的专长，选择一部分考察方式，但对团队引领能力、指导教师能力、驱动变革能力三个方面的考察都要有所涉及，这样才能真正遴选出合适的名师工作室主持人。遴选过程简化但内涵丰富，遴选方式操作性强，减轻管理部门的工作量，才是长久可行的遴选方式。

基于教师领导者视角的主持人遴选指标体系，不仅考察主持人申报者是

---

[1] 王巍、姚永志、庄思勇：《领导者行为素质综合指标动态测评方法》，载《中国地质大学学报（社会科学版）》2004年第2期，第15~17页。

否具备教师领导者的素质,更重要的评估主持人申报者是否具备教师领导者的潜质。在后期工作室管理和建设的过程中,管理部门要尤其注重对主持人教师领导者素质的开发,拓展其能力,使主持人真正胜任"帮助确定方向、创建合作、在团队成员之间维持承诺"的角色[1]。

（二）系统设计名师工作室主持人能力提升培训

针对名师工作室主持人,不能仅靠行政手段赋予其领导角色效力,还要在区域范围确立明晰的教师领导实践范围、可测评的本土化名师工作室能力发展模型,提供名师各项能力相关的系统化培训课程,创设多元的、经常性的实践活动和反思性实践机会,建构科学有效的名师工作室活动监控机制和名师主持人各项能力反馈机制。在实践中,教育行政部门或教育研训中心可以通过构建外在学习、活动实践两个维度的活动课程系统设计名师工作室主持人的专项培训,并通过数字赋能名师的实践活动来有效助力工作室主持人的发展。其中,外在学习采用理论或经验学习、专家指导、工作室浸润学习、主题论坛等多种形式,理论或经验学习是指以提升名师发展综合能力而开展的系统性专业学习活动,主要包括名师工作室实践研究、他者成熟经验的学习等;专家指导是指专家直接诊断工作室主持人的工作室活动,并给予有效改进建议的活动;工作室浸润学习是指为让工作室主持人参与其他优秀工作室活动的全程或与其他工作室联合开展活动而展开的学习活动,这类活动是以工作室主持人间师徒结对的方式展开、以工作室主持人的实践缄默性知识的习得为主旨的一类学习;主题论坛是指让工作室主持人借助特定话题展现对已有实践协商共议的过程,在这一过程可形成对某一主题的群体性认知。综上可见,外在学习重在帮助名师工作室主持人实现个体自我结构性的优化,并通过外在帮扶改进自己的工作室实践行为和认知,既有主题式的学习,又有相互通融式的学习,并且直接指向主持人的工作室实践问题的解决或发展诉求的满足。活动实践包括工作室实践、研究实践等。工作室实践是名师设计与实施相应工作室学习活动的过程,工作室既赋予主持人积极开展工作室实践的机会,又帮助他们在组织目标的指引下,在开展工作室各项活动过程中,不断发展自身综合能力;研究实践是主持人以课题研究形式引领成员实

---

[1] 李明、凌文辁:《过程与结果相结合:领导力开发评估的综合框架》,载《中国人力资源开发》2013年第1期,第53~57页。

现"外在信息与学生学习、自我发展"紧密相连的一种学习活动,这类活动既是名师工作室成员间专业资本交互发展的重要载体,也是名师工作室主持人自我发展的重要催化剂;沙龙活动是工作室成员间针对特定话题进行的一种交往活动,这是成员间共性智识形成与凝练的重要途径。活动实践是推动名师工作室主持人提高培训活动设计与实施能力、构建优质学习资源能力的重要路径,课题研究、经验交流是实现名师与学员教师间、名师与名师之间专业资本有效流动与发展的重要途径。海南省每年举办1次至2次工作室主持人集中培训,旨在促进各工作室建设经验的交流与分享,提升主持人的综合能力。

信息技术的发展为构建虚实融合的名师综合能力发展活动平台提供了重要支撑,教育行政部门或者区域研训机构可以借助数字技术全程记录、全景呈现主持人个体的工作室活动,引导多方力量适时对个体名师主持人、工作室活动加以有效指导、给予建设性意见。平台还可以形成主持人间相互学习的丰富的个性化案例资源库,这些资源既呈现了主持人个体综合能力的发展过程,同时也构成他者学习的有效资源,尤其是主持人领导力发展等隐性知识。在虚实融合的名师综合能力提升发展活动中,认知资源创生方式分三种:其一,主持人参与其他主持人举行的工作室活动,积极反馈并提出改进意见;其二,主持人邀请其他名师参与自己工作室活动的设计与实施过程,并通过调动名师间的专业资源建构含有丰富认知的实践案例;其三,主持人发表话题并引导多个名师进行研讨从而形成具有共性认知的实践经验。

(三)突出工作室主持人领导力评价

工作室主持人是官方赋权的教师领导者,肩负着引领成员实现专业发展的职责,故在对工作室主持人进行考核评价时,要尤其关注对其领导力的评价。名师领导是指工作室主持人依托工作室,通过专门培训、共同研究和日常指导等多种形式的活动为工作室成员指引专业发展方向并提供多种专业帮助,以促进成员教师专业发展的活动。[1]

工作室主持人领导力评价应坚持发展取向,也就是评价主持人未来的领导力,以促进主持人自我提升为目的,突出强调评价目的的发展性、评价主

---

[1] 毛齐明、于君红、张静玉:《中小学名师工作室中名师领导力的评价》,载《教师教育论坛》2021年第4期,第9~12页。

体的多元化以及评价过程的形成性。[1]发展取向的评价要求弱化评价的甄别、选拔作用，强化评价的促进和发展功能，强调通过测评主持人的领导能力来反馈其领导能力的现状，为主持人的自我提升提供依据。

工作室主持人领导力评价的目的是促进名师领导能力的发展，为主持人提供他们在引领工作室成员方面的反馈和咨询，帮助主持人总结、反思自身领导力方面存在的优势和不足，指导主持人进一步增强优势，改进不足，为今后的自我提升提供发展方向。同时，发展取向的工作室主持人领导力评价，旨在让工作室主持人能深刻了解到成员对其领导能力的期望，进而培养工作室主持人作为领导者的意识。工作室主持人领导力评价的主体是多元化团体，强调工作室主持人在评价过程的主体地位，由专家、领导、同事、工作室主持人、工作室成员共同担任评价者。主持人作为领导力发挥的实践者，从不同方面、不同阶段为主持人领导力评价提供动态性评价信息，因而应该成为自身领导能力的评价者。由专家、领导、同事、工作室成员组成不同层级的评价团体，能有效保证评价的民主性，为评价提供多样化的参照信息，有利于对主持人的领导能力作出全面的评价。此外，由于年龄特点、教学实践经验、学科特征以及自身兴趣等方面的差异，不同主持人在领导力方面的表现也有所不同，多层级的评价团体能够根据各个主持人的不同特点以及在领导力方面的发展潜力，为名师作出针对性的评价并提供合理的改进建议。多元化的评价主体也从一定程度上保证了评价结果的全面性、客观性与可信度，突出了教师专业发展的发展性，对工作室主持人领导力的提升发挥重要作用。

（四）发挥主持人组织者作用，完善内部运行制度

主持人应明确自身优势，确定工作室所面向的人员和选拔标准，从而建立准入机制；在设计与实施学习活动时，主持人应紧密围绕成员教师的学习需求，调动成员教师的参与积极性，激发成员教师的学习期待，采取相应措施保障成员教师的参与度；在学习活动结束后，主持人要对成员教师的学习成果进行考核评价，建立奖评机制，对成员教师进行反馈激励，既要奖励学习成果显著的教师，又要关注积极参与、认真完成任务、进步明显的教师，让每一位教师都能认识到自己在工作室中有所提升，从而真正认同工作室这一组织机构。

---

[1] 王斌华：《发展性教师评价制度研究》，华东师范大学1998年博士学位论文。

名师工作室主持人以往对于成员教师的评价过于关注成果的产出与固化，以论文发表、科研项目、赛课成绩等作为考核的指标，缺乏对成员教师不同发展阶段成长进度的关注。为此，名师工作室主持人应关注每一位成员教师的发展：建立成员教师发展档案，尊重每一位成员教师的主体性，开展全员综合评价；加强过程性考核，将量化考核与主观评价相结合，将表现性评价与结果性评价相结合；强化成员教师的行动改善，要求成员教师通过参与名师工作室的活动，提高专业水准、育人水平，并对自己的改善产生主观察觉，能够在理论上客观解释，即站在理论的高度反观自己的不足，提出解决措施，形成自我发展意识。

二、工作室成员方面

（一）树立正确的成员遴选价值取向

名师工作室是培育卓越教师队伍的重要载体。工作室往往依据学科或专业特色进行精心布局，既有深耕语文、数学、英语等基础学科的精英团队，也有聚焦班主任艺术、教育科研等专项领域的专业阵地。无论是哪种分类，都共同承担着促进教师专业发展的使命。为实现这一目标，树立正确的成员遴选价值取向显得尤为重要。

1. 组织愿景：和合共生，共创辉煌

"和实生物，同则不继"，和合共生这一理念，源自中华民族先贤的智慧，是中华优秀传统文化中的瑰宝。它倡导的是不同乃至对立元素的和谐统一，相互激发，共同繁荣。名师工作室在创立之初，便将"和合共生"确立为组织愿景，旨在构建一个多元共存、相互促进的成长环境。这一愿景不仅承认并重视每位成员的独特性与多样性，更致力于在差异中寻找共鸣，在融合中激发潜能，实现"各美其美，美人之美，美美与共，天下大同"的美好愿景。因此，在成员遴选时，应吸纳不同类型、不同特质、不同水平的人才，通过异质互补促进工作室的持续发展。

2. 人际关系：自主平等，共筑和谐

名师工作室作为教师专业成长的摇篮，其魅力不应仅限于名声的光环，而应深深植根于专业发展的沃土。在这里，无论是导师还是成员，都应秉持自主平等的原则，相互尊重，共同成长。遴选成员时要尽量避免对教师进行等级划分，保证每一位符合条件的教师都站在同一起跑线上，公平竞争，不受年龄、职称、学科或职务的束缚。同时，鼓励自主申报，每位教师都应根据自己的兴趣与志向，做出最适合自己的选择，而非被外力所左右。构建这样的环境，不仅能促使成员建立更加和谐、积极的人际关系，还能为工作室的持续发展注入不竭动力。

3. 选择方式：双向互动，精准匹配

名师工作室成员的选择，应是一场基于相互了解与尊重的双向互动。成员作为工作室的活力源泉，其积极性与参与度是影响团队工作氛围和工作室活动效果的重要因素。选择名师工作室成员的过程中，名师需凭借敏锐的洞察力，发现并挖掘成员的独特优势与潜能，为区域教师队伍的梯队建设贡献力量。同时，名师是工作室的核心人物，其教育理念决定了工作室的定位与价值观，其专业水平对工作室培养目标的实现具有重要影响。成员也有权根据自己的教育理念和职业规划，对名师及工作室进行反向选择，这种选择不仅是对名师个人水平与风格的认可，更是对工作室整体氛围与价值观的认同。双向互动的选择机制，确保了适才适岗、人尽其才，既满足了工作室对人才的需求，又激发了成员的内在动力与自主性。这种模式有利于匹配双边需求，优化资源配置，激发成员自主性，促使名师与成员建立更加紧密、稳固的合作关系，共同推动工作室向更高层次发展。

(二) 构建科学的成员遴选价值标准

当前国内外教师专业标准体系对"名师"的定义尚未形成统一意见，而名师工作室的成员将是未来的名师，导致名师工作室难以构建一个科学、系统的成员遴选价值体系。什么样的教师可以成为名师工作室的成员？拥有什么特质的老师未来能够成为名师？这两个问题是解决名师工作室成员遴选难题的起点。习近平总书记在2014年9月9日同北京师范大学师生代表座谈时提出的"四有"好老师标准，为我们指明了方向，即好教师应有理想信念、道德情操、扎实学识与仁爱之心。在此基础上，我们应进一步细化，聚焦以下三大核心价值标准，以确保名师工作室成员的可培养性、可发展性。

1. 态度为先

学习态度与进取心，是衡量名师工作室成员潜力的首要标尺。一个怀揣教育梦想、渴望成长的教师，必将以饱满的热情和坚定的信念，投身于学习与实践中，他们不仅积极参与工作室的各项活动，努力完成导师安排的各项任务，主动探索新知，展示自我，更是在面对挑战时展现出非凡的毅力与决心。这种积极向上的态度，有利于营造一种追求卓越、共同进步的学习氛围。由此，认真的学习态度和坚定的进取心是工作室成员的首要条件。

2. 能力为重

个人能力是工作室选择成员的核心指标。作为未来的骨干教师、学科带头人和教育专家，在工作室中，成员需要承担开设高质量的公开课，举办高水平的主题讲座，积极参与课题研究等任务，这就要求成员具备卓越的教学能力、深厚的教科研功底以及强大的课程开发能力的基础或潜质。同时，面对多元化的工作任务，如阅读、写作、听课评课、团队协作等，成员需展现出强大的自主学习能力和良好的团队协作精神，确保对每一项工作都能高效、优质地完成。因此，个人能力是工作室选择成员时必须考虑的核心指标、关键指标。

3. 特长为基

在构建高绩效团队的过程中，特长与兴趣的多样性是不可或缺的元素。每位成员的独特才华与兴趣特长，都是实现工作室团队和谐共生、美美与共的关键。因此，在选拔成员时，工作室要注重"尺码匹配"与异质化的平衡，积极吸纳具有不同专业背景、兴趣爱好和特长的教师加入。这样的团队构成，不仅有助于丰富工作室的教育资源，提升工作室的整体实力，更能在共同的教育理念下，激发出成员更多的创新火花。例如，工作室的运行既需要善于策划主题活动的成员，又需要积极落实活动任务的成员，还需要后期跟进宣传、提高工作室影响力的成员。不同类型、性格各异的成员组成团队，以工作室教育理念为共同的价值追求，能促进工作室的全面发展。因此，特长和兴趣同样需要纳入成员遴选的标准。

（三）建立科学系统的成员遴选制度

科学系统的成员遴选制度能为工作室把好入口关，有利于工作室真正实现服务学生发展和教育质量整体水平提升的理想目标。首先，名师工作室要从立体多维的视角建立成员遴选制度，既要从专业理念、专业能力、专业知识、专业伦理等专业标准考察申报成员的专业素养，又要考量申报成员是否具有成为"名师"的特质，对其职业认同水平、人格倾向、课堂教学行为进行测评和观测。其次，工作室要善于利用具有良好信效度的测评工具来提升对申报成员测评的专业性。目前，关于教师人格与教师职业认同均已有信效度较高的测评工具，可借助既有的成熟工具遴选那些职业认同水平高、人格趋于积极型（比如是高宜人型人格、外向型人格或严谨型人格）的教师作为名师工作室成员，特别要避免将那些具有神经质人格的教师遴选为工作室成员，否则不仅会影响工作室的整体工作氛围，也不利于良好师生关系的建构，甚至会产生不良的社会公共效应。同时，工作室也可凭借自身坚实的科研实力和共同的价值理念，利用科学的研究工具，建构信效度优良的测评工具，比如申报成员教学行为观察量表，辅助工作室遴选出专业发展动力强，教学行为恰当，教育理念和专业追求与工作室目标、价值理念比较一致的成员。最后，科学测评申报成员的专业认同情况，工作室要尽量甄选专业认同水平高的申报教师，以保障后续能尽快形成积极的专业认同氛围，构建持续发展的专业共同体。

（四）优化成员的遴选方式

确立名师工作室的成员选聘标准有利于优化成员的选择。但如何选聘到符合标准的教师又是另一个亟须探讨的问题。基于已有的研究和实践，笔者认为，成员遴选要做好四个方面的策略优化。

1. 全面呈现信息，促进深度认知

在遴选工作室成员的过程中，仅仅将职称、教学成绩等硬性指标作为衡量标准，往往难以全面评估申报者的教育理念、职业态度及人格品质，这不仅可能阻碍工作室内部和谐共生环境的构建，还可能限制成员间正向影响力与示范作用的发挥，甚至导致团队价值取向的偏离。招募成员时，应致力于构建一个多维度的信息展示平台。一方面，全面而详尽地呈现导师的个人资料，包括但不限于基本信息、学术专长、独特的教学风格、可提供的资源及平台支持、对成员的具体要求与个性化期望、团队建设的初步构想以及对工作室未来发展的宏观规划，展示形式可采用个人演讲、资料展示、视频呈现等多种方式，旨在帮助潜在成员深入了解导师的专业背景与愿景、人格特征等。另一方面，鼓励申报者在提交申报表时，不仅限于填写基本信息，更应主动分享个人的性格特征、专长优势、期望在团队中扮演的角色以及个人职业发展的长远规划、教学视频、教学故事等。这种开放而真诚的自我表达，有助于导师更准确地把握每位申报者的独特价值，促进双方的深入交流与相互理解。

2. 深化双向互动选择，增进情感契合

名师工作室的稳健构建与持续发展，是一个循序渐进、精心策划的过程，而非一蹴而就的速成之举。为了确保规范与高效运行，工作室必须摒弃单向选择的传统模式，转而积极推行导师与成员之间的双向互动选择机制。这意味着，工作室不能仅仅为了效率而在有限的时间内草率配对，而应当给予导师和成员足够的时间与空间，让他们通过深入的互动与交流，逐步增进彼此的了解与信任。

信息时代为导师和成员的双向互动选择提供了便利性，有利于双方通过多维的角度了解彼此，导师与成员可以充分利用现代科技手段，如视频分享、在线访谈等，以更加直观、生动的方式展现各自的风采与实力。例如，山东省济南市王红霞名师工作室在选拔成员时，创新性地要求申报教师提交一份10分钟以内的古诗教学视频至工作室网站，这一举措不仅让导师能够直观地了解教师的朗读技巧、板书设计等基本教学素养，还极大地提升了选拔过程的透明度与公正性。浙江省杭州市拱墅区在评选第二届运河特级名师及组建工作室的过程中，也充分展现了双向互动选择的优势。通过说课、答辩等多元化环节，名师们得以全面展示自己的教育理念、教学方法与人格魅力，同时拟申请加入工作室的教师也能进一步深入了解名师的风采与实力，从而做出更加符合需求的选择。在双向互动选择阶段，导师与成员应当充分利用面试、访谈、听课、视频分享等多种形式，增进相互之间的了解与认知，促成彼此情感的契合。只有这样，才能确保每一位成员都能找到与自己教育理念相契合的团队。

3. 规范遴选流程，确保精准匹配

为确保名师工作室成员选择的精准性与高效性，倡导遵循"导师信息公开—成员资料提交—深入双向互动—明确选择意向"的遴选流程。首先，在正式发布成员招募通知时，工作室要详尽展示导师的个人简介、教学专长及自身的发展愿景，为有志之师提供全面而清晰的参考信息。随后，工作室要鼓励教师根据个人职业发展规划与兴趣偏好，自主选择心仪的导师，并提交全面、详实的个人履历及成果展示，以便导师初步了解候选人的教育背景、专业能力及潜在贡献。进入双向互动考察阶段，工作室要鼓励导师与成员通过视频面试、教学案例分享、教学故事分享、在线研讨等多种形式进行深入交流，以全方位、多维度地评估双方的契合度与互补性。这一过程不仅有助于导师发现具备潜力的成员，也为成员提供了深入了解工作室文化、导师风格及未来发展方向的途径。最终，在充分沟通与相互了解的基础上，成员需明确表达加入工作室的强烈意愿，而导师则根据综合考察结果，确定并公布最终成员名单。科学、标准化的遴选流程，不仅能提升导师与成员之间的匹配度，也能为名师工作室的长期发展奠定坚实的人才基础，确保团队的高效能与高凝聚力。

4. 增设改选机制，实行动态调整

在追求和合共生、教师专业发展的道路上，名师工作室始终秉持开放与包容的态度。鉴于成员遴选与团队构建初期可能存在的适配性问题，笔者提议增设灵活的改选与调整机制。具体而言，工作室在正式组建并启动后，首先进入试运营阶段。这一阶段不仅是工作室初步探索项目与活动，更是导师与成员间加深了解、相互磨合的黄金时期。通过共同参与教学研讨、项目实践等活动，双方能够在实践中检验彼此的契合度，进一步明确各自的定位与需求。成员在此过程中若发现自己与工作室的发展目标或团队氛围存在显著不适配，应积极利用改选机制，以开放和负责任的态度提出退出申请，最大限度地减少负面影响。同时，工作室也将为成员提供必要的支持与引导，帮助其顺利完成过渡，寻找更加合适的发展平台。另外，对于导师而言，改选机制同样是一个宝贵的反思与调整机会。通过成员的反馈与团队的绩效评估，导师能够更清晰地认识到团队的优势与不足，进而可在后续的工作中采取针对性措施，提升团队的凝聚力与战斗力。

（五）加强入选成员积极型人格与专业认同水平提升的培养机制建设

积极型人格是名师的主要人格特质，主要表现为高宜人性、外向性、严谨性、开放性人格。工作室应积极促进学员积极型人格的养成，创新工作室活动方式，鼓励工作室成员持续进行积极型人格的自我塑造。工作室可以鼓励成员参与一些专门的人格养成活动，或者设计系统的积极型人格养成系列活动，多渠道、多角度对激发成员对自己的人格进行元认知或元干预，促使学员加深对自己人格特质的认识与反思，逐步学会调节情绪，消减神经质等不良人格，促进稳定的积极型人格特质的形成。此前，工作室应积极从政策和制度两个方面对成员的专业认同水平提升进行双重支持。工作室可以通过制度性期望、奖励机制、荣誉感赋予、平台搭建等方式激励成员积极展示自身的专业素养，不断追求专业成长，并从中收获教师职业的社会成就感和职业荣誉感，对未来的职业发展产生良好愿景，实现自我发展。

（六）帮助成员预防和克服懈怠现象

1. 引导成员追求卓越

名师工作室在正式成立后，会确立高远的航标，通过聚焦"名师"的深刻内涵、教育思想的革新与视野的拓宽，确立培育兼具创新精神与实践能力的全方位教育人才的核心使命。主持人的示范和专家的引领，能激发每位成员内心深处对成为卓越名师的渴望，让他们对工作室产生强烈的认同感与归属感，愿意携手并肩，共赴一场追求成为师德崇高、业务精湛的名师之旅。教师的自我超越是一场漫长且充满挑战的征途，它要求成员秉持坚定不移的信念，怀揣持续不断的动力，展现非凡的坚韧与毅力。作为这一卓越旅程的领航者，主持人不仅需在学术领域保持领先地位，更需成为成员精神的灯塔，树立为教育事业奉献终身的崇高理想，以自身的精神风貌、人格魅力激励工作室的每一位成员，促进积极向上、追求卓越的工作室团队建成。

2. 精准规划成员成长

工作室成立之际，主持人即扮演每位成员成长道路上的"导航员""医生"等，深入细致地进行个性化评估，如同中医把脉般精准地诊断每位成员的优势与待提升之处。基于这些独特的个性化特征，主持人及导师量身定制适合成员个性发展的具体目标和措施，鼓励成员自主制定既符合个人现状又充满挑战的三年发展规划及学期（学年）目标，让成员经常能够品尝到进步和成功的滋味，不断增强自我效能感与幸福感，真正为成员的全面发展提供驱动力，发挥自身的引航作用。

以海南省徐建华中学物理卓越教师工作室为例，该工作室在遴选阶段便开始了细致入微的考察，全面了解每位成员的个性风貌、教学专长、学习偏好及职业愿景，为后续的规划工作奠定了坚实基础；在制定工作室三年发展规划时，既把握成员间的共性需求，将之凝聚成工作室共同发展的目标共识，又通过建立详尽的个人档案，帮助每位成员深入自我探索，明确个人发展的重点领域与追求。这一过程不仅促进了成员对自我的深刻认知，更为他们量身打造了个性化的发展路径，使每一位成员都有重点发展的方向、不懈追求的目标。

3. 精心搭建研修空间

工作室是一个学习共同体，在充满凝聚力与感召力的主持人引领下，这里不仅是知识交流的殿堂，更是情感共鸣的家园。成员们携手并进，在欢笑中共享成功的喜悦，在风雨中并肩承担挑战的重量，将这片天地视为心灵的栖息地与自我超越的舞台。

（1）开展形式多样的活动。

面对教育主管部门的殷切期望与具体任务——辐射、引领与示范，工作室不仅制定明确的学习目标与活动规划，更在量化成果上追求卓越。作为"进取"与"奉献"的平台，工作室超越物质激励，依赖的是主持人与成员间坚定的信念与高尚的人格魅力。在缺少外部激励的情况下，如果再缺少活力、活动形式单一，自然很快就会出现懈怠现象。为避免陷入形式主义的瓶颈，主持人应秉持"求真务实"的精神，探索特色鲜明、品质卓越、突破创新的活动路径，每次活动都要激发成员的新奇感与成长动力。

工作室通过名师引领、同伴互助的深度学习模式，以及广泛传播"送教"，最大化地宣传"送教"影响，来激发参与热情形成动力源。比如，在课堂教学领域，工作室精心策划精品课例打磨活动，利用同课异构、课例研讨等形式，融合个人教学魅力，共创高效、和谐的课堂典范，让每位成员都能拥有引以为傲的教学杰作。在课题研究上，主持人领衔，全员参与，共同探索方法，分享收获。随着课题的开展，多位成员在教育研究领域崭露头角，成为各级各类课题的主持人或骨干成员。此外，工作室在开展活动过程中重视教育理念的更新与提升，邀请业界专家"走进来"传经送宝，同时鼓励成员"走出去"拓宽视野。多样化的讲座、研修活动促使成员在活动中迅速成长。

（2）引导成员找到成长点。

每个工作室成员都有自己的优点和长处，有的课堂教学能力卓越，有的科研能力强，有的课程开发能力强。工作室主持人要敏锐捕捉每位成员的闪光点，精心培育，让他们的优势得以最大化展现，并创造更多学习与展示的舞台。名师工作室要让活动成为个性鲜明的"高产试验田"，而非简单就能复制成功的"模具厂"，并通过多样化的活动形式，让每位成员都能在这片土地上精耕细作，绽放出属于自己的光彩。为了固化成长成果，工作室要注重交流分享的力量。工作室适时组织成果展示会，能让成员亲眼见证自己的进步与蜕变，这种正向反馈能够激发成员深入研学、持续探索的热情。以海南省方仁艳中学语文卓越教师工作室成员熊纪涛老师为例，他在课堂教学、科研创新、教育阅读方面展现出了非凡的才华与热情。基于此，该工作室特别开设了由他主导的专题讲座和精品课堂，并作为工作室的年度"亮点项目"，这一举措不仅促进了工作室内部的深度交流，更将这股教研之风带到了周边县区，产生了广泛的影响与辐射效应。在工作室的全力支持下，熊老师有了展示和交流的机会，热情与才华得到了充分释放，他的工作和研究热情更高了。三年时间里，他不仅在《教学与管理》《黄冈师范学院学报》等学术期刊发表论文30多篇，其中《语文教学专业方法体系论——基于统编版初中语文教材的提炼与建构》《基于知识分类的初中语文深度教学诊断和改进——以统编教材九年级上册现代诗歌"意象"的课堂教学为例》被"人大复印报刊资料"《初中语文教与学》转载，还成功出版了《教师高效阅读秘笈》个人专著，个人成就与影响力与日俱增。最终，他也成为海南省中学语文卓越教师工作室的主持人，并顺利晋升为正高级教师，成为业界公认的佼佼者，其影响力跨越地域，激励着更多工作室成员追求卓越。

（3）努力拓展交流平台。

名师工作室汇聚了来自不同地域的成员，但受地理空间与实际操作条件的束缚，难以实现高频次的线下活动。既定的"每月至少一次活动"标准，大多数工作室是难以完成的。现代网络媒体的蓬勃发展为名师工作室的运作带来了新的变革与机遇。紧跟"互联网+"的时代步伐，名师工作室创造性地打造了多元化、线上化的研修与交流平台。这一方式不仅保留了传统课堂教学展示的核心价值，更通过网络的无限延展性，实现了在线互动，极大地拓宽了成员间的沟通渠道与协作空间。如今，即时通信工具如QQ群、微信群已成为信息传递与日常交流不可或缺的桥梁，成员能够跨越时空界限，随时随地分享资源、交流心得。同时，名师工作室积极探索博客、论坛、聊天室等新型交流方式，为特定主题的深入探讨提供专属领地，促进专业知识的沉淀与智慧火花的碰撞。部分教育行政部门主动作为，搭建起专业的网络平台，并为每个名师工作室量身定制了专栏空间。这一举措不仅实现了一定范围内名师资源的有效整合与共享，还促进了知识智慧的集体生成与成员个人能力的显著提升，真正意义上构建了一个集资源汇聚、智慧碰撞、能力提升于一体的综合交流平台。

4. "首席"垂范展现魅力

主持人是名师工作室的领头雁，应该是教育实践的成功者。然而，部分主持人因职责调整，转战至教学研究领域，逐渐疏离了教学一线，对工作室成员仅停留于"指导"而缺乏"引领",即便满怀热情与敬业之心,也难以完全展现其深厚的教学情怀与独特的人格魅力。名师的成长之路,是一条永无止境的探索之旅。即便是最为杰出的主持人,也应不断学习,持续深耕教学,以亲身实践彰显个人风采,成为成员心中的"首席"。主持人还应身体力行,凡是向成员提出的要求,自己首先应以高标准严要求完成,如积极撰写学习笔记、主动承担展示课等,以实际行动树立榜样。更为重要的是,主持人应超越单纯的理论传授与行为示范,成为成员心灵的导师,能凝心聚力,在区域内起引领、示范和辐射作用,服务挂牌学校,成就全体成员。

5. 创新机制激发活力

名师工作室作为非行政性但受教育行政部门(尤其是教研部门)管理和推动的学习团体,结构相对而言较松散,若缺乏坚实的机制支撑,其运作质量与成效将难以保障。首先,要构建全方位顶层设计,强化制度保障。为确保名师工作室高效运行,各省、市教育行政部门需精心策划管理方案,特别是针对成员的研修规划,应明确至每位成员所在学校,以制度化手段确保研修时间的充足与经费的合理投入。同时,细化活动开展的各项要求,确保工作室的潜力与价值得到充分挖掘与展现。其次,完善激励机制,激发潜能。主持人的角色远非单一传授技艺的"师傅",而是团队精神的唤醒者、激励者与鼓舞者。他们应激发成员内心深处的发展渴望,点燃他们成为名师的梦想之火。工作室应通过提供丰富的实践机会与展示平台,结合正面激励与广泛宣传(如活动简报网络发布),以及推荐成员参与各类竞赛,汇聚团队智慧,助力每位成员取得成功。最后,强化考核制度,保障激情与动力。虽然各工作室已建立相关制度,教育主管部门亦设有考核机制,但结果应用的乏力现象不容忽视。因此,工作室应制定更具针对性的措施,以制度刚性维持成员的热情与动力,保障名师工作室工作的正常开展。例如,主持人需具备名师工作室成员经历的背景要求;对考核不合格的成员设定退出机制;为完成研修且考核合格的成员颁发"结业证书",作为继续教育与未来骨干教师评选的重要凭证,以此激励成员持续进步,追求卓越。

三、工作室管理方面

（一）统筹规划,引导名师工作室均衡发展

乡村教师的专业成长轨迹显著区别于城市教师,他们在资源获取与学习机会上往往面临更为有限的挑战。相较于城市地区普遍享有的多元化、集中化的培训资源和校本研修体系，乡村地区在构建教师专业学习共同体方面的文化氛围与运行机制尚显薄弱，亟须得到更为广泛的推广与强化。鉴于此迫切需求，应当在乡村地区精心布局，设立一定数量的省市县级名师工作室，作为引领乡村教育发展的示范。这些工作室的设立，应着眼于挖掘并培育乡村基础教育领域的杰出人才，通过他们的影响力与示范作用，激发乡村教育的新活力。同时，考虑到乡村地区的特殊情况，可以适当调整工作室的设立标准，以更加包容和灵活的方式吸引并鼓励更多优秀人才扎根乡村，深入研究乡村教育的独特性与发展规律，带动乡村教师队伍。在学科分布上，既要突出重点学科，又要关注整体布局，兼顾薄弱学科、小学科，薄弱学科的任课教师参训机会少，能得到名师指点的机会更少，工作室要考虑为薄弱学科教师的专业提升提供更多的机会。相关部门要关注主持人与所在学科、所在地区的结合，做到区域与专业的相对均衡和科学分布。

（二）完善工作室发展支持服务体系

工作室的建设与发展需要时间、人力、设备、场所、智力、制度等方面的系统支持。如设立"特殊工作津贴"，表彰并激励工作室的主持人及成员所付出的辛勤努力与卓越贡献，给予他们适当的经济补助，确保他们的劳动价值得到合理体现；对工作室主持人及成员参与工作室建设及活动给予一定的教学工作量认定，明确将参与工作室建设及活动的工作量纳入每位成员的年度绩效考核体系，并赋予其适当的权重，以此肯定他们在工作室发展中的贡献，激发其积极性和创造力；在课题申报、职称评聘及外出培训等方面，为工作室的领衔人及成员提供特别的政策倾斜，为表现突出的个人开辟"绿色通道"，加速其职业发展进程，进一步激发其参与工作室活动的热情与动力；精心遴选并组建"名师工作室建设指导专家库"，汇聚各领域权威专家与学者。各工作室可根据自身发展需求，灵活邀请相关专家进行针对性指导，为工作室的发展注入强大的学术动力与智力支持。

（三）明确主体责任，加强制度保障

名师工作室建设作为一项由地方教育行政部门推进的骨干教师队伍建设项目，从出台文件到遴选导师与学员、颁发证书并挂牌、评价考核与经费保障等，很大程度上都受行政部门的影响与制约，导致相当一部分名师工作室行政色彩浓厚，阻碍了名师工作室真正作用的发挥。名师工作室的制度建设要厘清名师工作室与行政部门之间的逻辑关系，明确主持人与成员教师是名师工作室运行机制制定、实际运转的主体者，行政部门在时间、经费等外部保障上提供支持。一是行政部门发挥支持者作用，完善外部激励制度。教育行政部门要制定一个全面的、行之有效的评估方案，对工作室的科研活动、教育教学、培育成果等进行综合评估，对工作室年度发展中的问题予以纠正，对工作室遇到的困难予以解决。此外，还要将评估结果与教育行政部门经费拨款、工作室是否能够运行相挂钩，以评促改，强化名师工作室推动教育改革的重要作用，鼓励名师工作室开展教学研究，突破地方教育改革难点，形成本土化特色经验，提升区域办学质量，形成激励制度。

（四）管理部门做好外部条件保障

名师工作室建设包括团队组建、工作室管理、活动设计与实施、资源建设、工作室评价等方面，在实践中，区域研训机构应组建专业力量统筹全程参与名师工作室的"团队组建、共性学习"等。因此，教育行政部门应对研训机构进行充分赋权，以使研训机构能够组建专家团队研制名师工作室相关的政策，构建名师工作室的外部支持生态，形成科学有效的人员遴选机制、工作室建设机制、评价激励机制，并给予研训机构充分的条件保障。例如，在工作室遴选方面，制定名师工作室学员导师双向选择制度，整个过程遵循"学员申报—导师考评—管理部门审核—师徒结对—行政发文"的流程；在工作室建设方面，通过"主持人成员共建初步方案—专家论证审议方案—优化方案—构建实施路径与策略"的流程规范名师工作室的建设活动，通过"建构活动课程框架与实施方案—专家审议—确立课程与方案—开展活动—评价反馈—经验交流—成果物化"的机制确保名师工作室开展学习活动的成效，通过"改进诉求（研讨话题）—活动设计—现场研讨—反思性实践—成果物化"的机制帮助名师工作室相互之间实现制度化的共同提升并更专业地回应区域学校改进的现实诉求，在上述过程中研训机构肩负活动审议、过程监管、专业指导、活动评价的多重职责；在评价激励方面，研训机构强调评价目的的发展性、评价主体的多元性、评价过程的形成性[1]、评价方式的数字化，通过工作室主持人能力发展模型科学量化名师的工作室实践评价工作，借助

---

[1] 毛齐明、于君红、张静玉：《中小学名师工作室中名师领导力的评价》，载《教师教育论坛》2021年第4期，第9~12页。

数字平台为每个名师工作室进行数字建档,包括工作室成员的成长与学习记录、工作室建设与发展动态记录、活动开展记录等,将工作室内部活动与成长的过程全程数字化,实现工作室建设过程的可追溯、结果的可视化。教育研训中心还可以通过建构专家审议机制引进多方力量,助力名师主持人将其工作室建设方案科学化、活动方案系统化(课程化),在区域层面将名师工作室的经费支持、环境要求等制度化,实行多方共建共管。

(五)建立科学的考评制度,明确考评标准

为了全面而深入地评估名师工作室的建设成效与质量,建立一套科学、系统的考评制度尤为关键。此考评制度应巧妙融合质性评价与量化评价、过程性评价与终结性评价、激励性评价与甄别性评价,以确保评价的全面性与公正性。评价主体应多元化,建议组建一个独立且专业的考评小组,专门负责整个工作室及其成员的全面考评。无论是上级部门对工作室整体的宏观评估,还是工作室主持人对成员个体的细致考核,都应将师德师风作为首要评价标准,严格实施"一票否决"机制。在考评内容上,需全面覆盖教学实践、教师培训、教育科研、引领示范、社会服务、传承创新等六大核心领域,确保考评的全面性和深度。考评标准应清晰明确,便于操作,并配套制定详尽的评分细则,以量化方式直观展现考评结果。为了激发主持人和成员投身教育科研的热情,可适当提升教育科研考评在整体考评体系中的权重,鼓励并奖励优秀成果。值得注意的是,成果的认定不应局限于传统的课题研究和学术论文,还应广泛涵盖书籍出版、教学反思与总结、优秀教学设计、教学案例分析、教学视频、讲座视频、研究报告等多种形式,以全面反映工作室的多元成果与贡献。

(六)优化多级管理,兼顾制度与情感

在多级管理的框架下,各级部门需明确职责,高效协同。省教育厅应制定详尽且具有实操性的政策,并确保其精准落地执行;在工作室名额分配及主持人、成员选拔上,应综合考虑地域均衡与专业水平,既倾斜资源于教育薄弱地区,又强化对这些区域工作室建设的支持与指导,助力其达成既定目标;文件流转则需确保各级部门知情的同时,简化流程,提升效率。市县教育主管部门则需紧跟省级指示,及时配套经费,并优化财务审批流程,减轻负担。学校应深刻认识到教师参与工作室活动对师生个人成长及学校整体发展的双重价值,积极简化请假流程,减轻教师非教学负担,全力支持工作室活动,并将相关工作成效纳入学校绩效考核体系,以制度激励参与热情。

工作室作为"成长共同体",其管理应兼顾制度构建与情感培育。首先,由主持人初拟管理条例,经全体成员充分讨论与协商,共同确立一套既规范又具人性化的管理制度。但管理不应仅停留于刚性制度的层面,更应注重营造温馨和谐的工作氛围,提升成员的认同感、归属感和幸福感。通过组织多样化的线上线下集体活动,加强成员间的交流与合作,使工作室成为真正意义上的心灵港湾与成长乐园。值得注意的是,制度管理与情感建设相辅相成,缺一不可,它们共同构成工作室健康、持续发展的双轮驱动。在追求管理效能的同时,不忘情感纽带的维系,方能激发工作室的最大潜能,为学员的成长之路铺设坚实的基石。

四、工作室运行与可持续发展方面

(一)整合四方利益需求

基于 EXPERO 模型中"核心利益相关者"的核心理念,名师工作室主持人需全面审视并融合四大关键方的利益诉求:教育主管部门、工作室成员、成员所属学校,以及自身发展需求,从而精准设定工作室的活动目标、核心主题及详细内容。为实现这一目标,深入的需求调研成为不可或缺的一环。对于教育主管部门的调研,应聚焦区域教育改革面临的瓶颈、核心任务与发展导向,以此作为研修主题意义与方向的指南针,确保活动的战略价值与时代契合度。针对工作室成员的调研,则侧重了解他们的职业愿景、现有职业能力以及期望获得的外部支持,特别关注研修主题如何精准匹配成员的发展需求,促进个人与团队的共同成长。同时,对成员所在学校的调研亦不容忽视,应重点考察校园文化特色、教育教学改革方向及现有的支持政策,以解决工学矛盾,促进学校与工作室之间的资源共享与协作机制构建,形成合力推动教育创新的良好氛围。海南省屈韬中学卓越班主任工作室,紧密结合海南省德育工作的核心要点与工作室特色研究方向,精心选定了"德育创新与班主任班级管理艺术"与"学生生涯规划"两大研修主题。该工作室在首次集中活动中,特别邀请了各成员所在学校的校长参与,共同指导工作室成员依据学校发展蓝图与个人职业规划,精选并确定最适合的研修方向,实现了个人成长与学校发展的双赢局面。

(二)优化名师工作室的内部建设机制与过程

名师工作室是以专业交往的方式引导优质的专业资源助力个体教师的反

思性实践活动的，工作室建构的学习活动、学习资源都是以外在信息的方式间接地影响成员的实践，因而工作室在具体的活动过程中需要探寻有效的活动机制，否则这些外在信息就可能产生意义的流变。名师工作室采用"名师导学、同伴协作、课题研究、论坛（联合）研讨、成果辐射"等多种活动形式帮助成员专业成长。名师导学是名师与成员间进行师徒制学习的一种活动形式，一方面，成员通过浸润于名师实践场域中来习得他们娴熟、具身化的教学技艺与认知，另一方面，名师基于成员已有的实践经验、学习特质在共性学习、指导活动之外，为其量身定做专业发展方案，提供针对性的学习机会与资源，创设发展平台；同伴协作指名师工作室内各成员间针对某一话题（问题）进行的协作研讨，成员通过群体反思性实践、经验交流不断地创生新认知；课题研究指基于名师专业资本、成员实践智慧对教育教学课题进行的专项研究，这既是群体智慧交互的一种专业方式，亦是问题解决的有效办法；论坛研讨指名师工作室群体间的研讨交流活动，既是名师工作室的内部研讨、成果展示活动，亦是名师工作室间的知识交流活动；成果辐射指名师工作室将研究成果以论文（著作）、观摩研讨、论坛、数字资源、项目化培训等多种方式在更大范围内推广的活动，是工作室成果进行区域辐射的主要形式。教育实践问题解决的复杂性决定了名师工作室学习活动大多情况下并非单一的某种学习活动，而是几种学习形式的复合。

1. 工作室目标在趋同下细化

"名师工作室"，顾名思义，是孕育并培育名师的摇篮，其核心使命在于引领并促进教师的专业成长。因此，其服务宗旨明确指向教师群体，旨在通过名师的引领与指导，培育出更多卓越的教育工作者。在设定工作室目标时，需超越单一视角，实施分类、分期、分人的精细化设置。

（1）总目标下要有路径目标。工作室的总体目标需由一系列清晰、可行的路径目标来支撑。在规划之初，首要任务是明确达成总目标所需的具体路径，总目标的达成取决于路径是否合理、简洁、有效。以"教师专业发展"为例，这不仅仅要考虑通过什么发展、以什么为平台、以什么为载体，还应细化为"项目攻坚""教育改革实践"及"教学成果积累"等多个维度，每个维度都需明确发展路径、依托平台及实施载体。只有当这些分目标相互衔接、互为支撑，形成严密的逻辑体系时，才能有效驱动总目标的稳步实现。

（2）不同时期要有分段目标。目标并非一成不变，其设定需立足工作室实际，紧跟时代步伐，灵活应对教育环境的变化，而不能照搬其他工作室的目标，这会导致目标形同虚设。不同历史时期、不同发展阶段，工作室的目标应有所侧重与调整。例如，从新课程改革的浪潮到"五育并举"教育理念的提出，目标设置需相应调整以契合时代需求。同时，学期内的不同时段（如开学初期、期中、期末）以及工作室从初创到成熟的各个阶段，也应制定有针对性的分段目标，以反映工作室的成长轨迹，并引导其不断适应并引领教育发展的潮流。

（3）因人而异私人定制目标。名师工作室的工作对象是教师，教师都是独立的个体。从外延来看，他们的基础、阅历、性格、特长各不相同，存在着明显的个体差异；从内涵来看，他们自身也在变化，现在的"他"并不能代表前两年的"他"。"成员的专业发展还有鲜明的不可控性，更多的是'自造'，而不是'被造'，成员本人是其专业成长的主人。"[1]如果用一个目标、一个模板去限定教师，则会降低培养效率。故工作室的目标要向下倾斜，一直触及"私人"，采取"私人定制"目标。例如，江苏省南通市海门区"钱艺林名师工作室"的工作内容包含针对乡村语文教师的项目攻坚，并就此制定了"乡村语文教师素养提升推进机制"；同时，该工作室要求团队聚焦研究项目，制定研究计划。每一次研究活动均需备案，有反思有总结。组织项目周期性验收，并将参与项目的工作室成员的任务完成情况予以公示，之后再转换成系数纳入年终考核。群体内部成员之间的"差异"是互喻文化的基本资源，是形成教师发展多样化的重要基础。[2]

2. 工作室制度在规范内灵活

制度是名师工作室维持良性运作的重要保障，工作室通过精心构建一套既严谨又富有弹性的管理体系，能最大化地促进每一项研究活动的成果产出，确保每个研究项目都扎实推进，达到既定目标。在强调规范性的同时，制度更融入了灵活变通的智慧，旨在平衡约束与自由，为工作室成员提供足够的创新空间与自主权。这样的制度设置，不仅保障了工作室的稳定运行，更激发了成员的创造力和工作热情，使得名师工作室成为一个充满活力、持续进

---

[1] 李颖、余国源：《名师工作室研修共同体的区域建模多元形态》，载《教育理论与实践》2021年第11期，第43~45页。

[2] 崔国明：《从"太太客厅"看名师工作室的运作机制》，载《教学与管理》2014年第7期，第29~30页。

步的学习与创新平台。因此,一个健康、完备的名师工作室,其制度必然是在严格规范与适度灵活之间找到了完美的平衡点。这样的制度环境,能够有效抵御外界干扰,保持工作室内部的和谐与高效,为工作室的长期发展注入不竭的动力与活力。

(1)制度要与工作室的运行模式对接。制度是用来确保工作室良好运行的,其设计应深刻根植于工作室的具体情境之中,包括活动内容的多样性、人员构成的独特性以及目标实现的具体路径。这意味着,制度不应是简单复制其他工作室的产物,也不应是脱离实际的空中楼阁,而应是基于工作室自身特性的量身打造。每一项制度条款都需精准对接工作室运行的每一个关键环节,确保制度与实践的无缝对接,从而产生"对症下药"的效果,使制度成为推动工作室发展的强大动力。以海南省张文玉中学政治卓越教师工作室为例,该工作室针对乡村政治教师群体的特殊需求,精心设计了"乡村政治教师素养提升推进机制"。这一制度紧密围绕项目攻坚的核心任务,要求团队成员紧密围绕研究项目,精心规划研究蓝图,并对每一次研究活动进行详尽备案,强调反思与总结并重。同时,通过组织项目周期性验收,将成员的任务完成情况以公开透明的方式纳入年终考核体系,以量化指标激励成员积极投入,确保制度效能的最大化发挥。

(2)制度要体现时代性和人文关怀。制度的演进,是从基础的治理迈向高级的治理的生动体现。随着时代的发展,社会在进步,教师群体的思想观念也在深刻变革,个人追求呈现多元化发展。名师工作室应该有一个比较宽松的科研空间,甚至更应该像一个自由的学术沙龙。在这里,无论是领衔人还是成员教师,都能平等交流,快乐沟通;在这里,既有观点的交流,更有思想的碰撞;在这里,沟通形式灵活,直接明了,没有繁琐的程序[1]。那些忽视历史变迁与人文关怀的制度,终将陷入停滞不前的困境;唯有紧跟时代步伐,深度融合人文关怀的精髓,方能引领工作室以人为核心,激发无限潜能,实现高水准的运作与发展。以海南省邢益育中学语文卓越教师工作室为例,在乡村振兴的战略背景下,该工作室创新性地制定了城乡交流制度,鼓励成员教师每学期至少开展两次城乡交流公开课,参与两次城乡教学研讨活

---

[1] 崔国明:《从"太太客厅"看名师工作室的运作机制》,载《教学与管理》2014年第7期,第29~30页。

动,并撰写乡村教育相关文章,以此深化对乡村教育的理解与实践。尤为值得一提的是,对于工作室内工作经验未满五年的年轻教师,工作室实施了错位师徒结对机制,即打破城乡界限,鼓励城乡教师相互拜师学艺,这一举措不仅极大地促进了城乡教育资源的共享与交流,更体现了对年轻教师成长的人文关怀与深切期望,为工作室的长远发展注入了新的活力与希望。

(3)制度应审时度势、适度调整。国家与地区在教育发展的每一个关键阶段,都会出台相应的教育方针与政策作为指引。因此,工作室内部的学习、研讨、交流、经费管理、奖惩及考核等各项制度,必须紧跟教育大政方针的步伐,确保制度成为工作室稳健前行的强大驱动力。任何优秀的制度,若不能根据时代变迁与实际情况进行适时调整,都将如同刻舟求剑般徒劳无功,或是缘木求鱼般偏离正轨。以教科研制度为例,某些名师工作室曾仅将论文发表作为成员考核的单一标准,却忽视了论文的真实性与原创性,这不仅助长了部分教师以购买论文来滥竽充数的不正之风,更是对学术诚信的严重侵蚀。海南省王嫣雪中学语文卓越教师工作室就并未盲目追求论文发表的数量指标,而是创新性地实施了科研论文修改评比制度。在这一制度下,工作室定期邀请专家团队对成员的论文进行细致修改、专业点评与深度提升,最终评选出优秀论文参与更高层次的评审。这一举措不仅体现了工作室审时度势、灵活应变的智慧,更将教师科研活动引向了重实质、轻形式的正确轨道,真正实现了科研的深入与实效。

3. 活动方式在常态下创优

名师工作室的活动方式多样,包括公开课展示、专题讲座、同课异构及学术交流论坛等多种形式,旨在构建持续稳定的活动常态。然而,若仅拘泥于形式的机械重复,虽表面热闹非凡,却可能偏离活动的初衷,难以触及实效的核心,甚至可能无形中成为教师负担的源头,侵占其宝贵的时间资源。因此,工作室在规划活动时,应秉持开放与创新的理念,既保持活动范围的广泛性与多样性,又勇于探索新颖的活动形式,以激发参与者的兴趣与热情。同时,鼓励活动模板的内化吸收,即不仅学习借鉴外部优秀经验,更要结合工作室自身特色与需求,进行深度整合与创新,使活动更加贴近教师实际,提升活动的针对性与实效性。

(1)工作室的不同活动要形成有机联系。工作室在活动策划中,需秉持全局观念,即将每一项活动都视为一个动态、连贯的"活动链"中不可或缺的一环,而非孤立存在的单一事件。这一"活动链"强调活动的连续性、递进性,旨在系统性地推进教师专业成长,聚焦解决教师专业发展中的核心难题。以海南省韦和平中学生物卓越教师工作室为例,该工作室巧妙地构建了以课题研究为核心,辐射公开课展示与校本课程开发的"三课融合"活动链。首先,通过系统的课题研究培训,从课题申报、开题论证到结题总结,全方位指导教师掌握课题研究的各个环节,奠定坚实的科研基础。随后,鼓励成员教师将课题研究成果融入课堂教学,开设与课题紧密相关的公开课,实现"课堂+课题"的初步融合,使教学实践成为理论研究的试验田。进一步地,课题研究中的新发现、新思考往往能催生富有创意的系列课程,从而推动"课堂+课题+课程"的三位一体深度融合。在这一过程中,卓越的课堂建构能力、敏锐的行动研究能力以及高效的校本课程开发能力,成为衡量区域名师的三大核心标准。通过这样的活动链设计,不仅确保了各项活动的相互支撑与促进,更在潜移默化中实现了教师综合研究能力的根本性飞跃。

(2) 孵化有前瞻性与贡献力的项目。名师工作室的主持人需深入调研团队成员的研究兴趣、思维焦点及近期关切,通过细致备案与精准分析,设计一个或几个与成员思想、研究动向和关心领域最为密切的主题,引发他们的兴趣和触发点,并将之变为某一阶段的研究方向,促进成员思考、讨论、提升,以此为抓手开展丰富多彩的教学研究活动。本质上,这些有深度的主题即构成了工作室的核心项目。要达成高品质的项目,工作室的活动设计虽看似简约,实则需蕴含深远的超前思维与无私的服务精神。因此,沉淀具有前瞻性与显著贡献力的项目显得尤为关键。"前瞻性"体现在三个维度:理念上,要敢于引领潮流,预见未来教育趋势;形式上,要勇于创新探索,采用新颖高效的研究模式;内容上,要紧贴时代需求,挖掘教育深层价值。"贡献力"则广泛惠及教师、学生乃至整个教育领域,通过项目实践,不仅促进教师专业技能与理论素养的双重提升,也为学生营造更加丰富多元、充满魅力的学习环境,更在教育领域内树立标杆,贡献智慧与力量。

(3) 构建层次分明、体系完善、品牌彰显的名师工作室活动。名师工作室活动的宝贵之处,在于其精心构建的层次性、系统性的活动架构,以及由此产生的广泛品牌效应。活动层次清晰,体现为从周密的计划制定,到具体举措的精准实施,再到丰硕成果的持续产出,每一步都紧密相连,环环相扣。体系性的展现,则在于所有举措均严格遵循既定计划,确保方向明确、目标聚焦，而最终成果则是对计划与举措的直接、真实反映。这一精心设计的活动体系，始终紧密围绕一个核心主题展开，其辐射范围之广、影响力之深、美誉度之高，均属上乘。以海南省陈素梅中学物理卓越教师工作室为例，该工作室以"寻求学术影响的新支点"为战略导向，创新性地实施了"联盟辐射"构建了多层次、多维度的合作网络。"高位联盟"旨在通过与全国范围内的多所学校、多个地区建立深度合作关系，形成广泛的研究联盟与学术共同体，实现教育资源的共享与互补，共同推动物理教育研究的深入发展。"基地帮扶"则体现了工作室的社会责任感，通过长期结对帮扶薄弱省市及贫困地区的学校与班级，将先进的教学理念与教学方法输送到每一个需要的角落，助力教育均衡发展。此外，"层层挂链"更是将线下实体工作室与线上网络工作室紧密融合，打破了时间与空间的限制，实现了资源共享与交流的便捷化、高效化。通过与云南、河南、山东、广州、江苏等多地工作室及骨干教师培训班的联盟活动，以及定期举办的区域"乡村公益助教行"活动，工作室不仅在内部形成了强大的凝聚力与向心力，更在外部树立了鲜明的品牌形象，产生了深远的社会影响，为名师工作室的建设与发展树立了新的标杆。

（4）打造开放且有活力的工作室。同质化的教师专业学习共同体难以顾及区域内教师专业发展的个体化差异，名师工作室应保持其成员的"异质化"，尽可能做到不同发展层次、不同区域学校教师的准入[1]，开放工作室的人员构成，广泛覆盖不同发展阶段、不同区域学校的教师。特别是对于区级名师工作室而言，更应展现出开放的姿态，积极吸纳非本区域教师的加入，从而拓宽成员的地域与学校背景，进一步增强工作室内部的异质性。同时，工作室应秉持开放精神，不仅开放其人员构成，还应在活动层面广开大门，诚邀非工作室成员参与，共同促进教育智慧的碰撞与融合。

此外，名师工作室要利用现代通信工具如QQ群、微信群等，搭建无界限的交流平台，使更多教师能够跨越时空限制，便捷地参与讨论与分享。更进一步，名师工作室应主动寻求与其他名师工作室、学术机构及学术组织的合作，共同策划并举办跨学科、跨学段、跨地域的学术活动。这样的合作不仅能促进教育资源的共享与整合，还能为工作室成员提供更加广阔的视野与学

---

[1] 张聪、韩爽：《名师工作室与教师专业发展——基于名师工作室成员的调查》，载《教育理论与实践》2014年第17期，第24~26页。

习机会,最终构建出一个既开放又充满无限活力与创造力的名师工作室。

4. 成果在展示中辐射

名师工作室涵盖了课堂教学实践、研究课题、学术论文发表、专业著作出版、精彩讲座分享等显著的教学成果。这些成果,虽以静态形式呈现,但真正的价值在于其动态的影响力与辐射力。高品质的成果不应仅仅停留于纸面或课堂,而应是动态的。这些成果需通过有效的展示与传播机制,转化为对学生学习成效的显著提升、对教师专业能力的深远影响,以及对教育领域理论与实践的积极贡献。这种影响与辐射,应当是具体而深刻的,能够通过量化指标进行测度,以直观的方式展现其成效,并接受科学严谨的评价体系检验。

(1) 成果有系列产品,形成个性化文化体系。名师工作室的成果,是经过精心策划与系统布局的结晶,它们在一系列循序渐进的活动中逐渐沉淀并脱颖而出。这些成果不仅深刻体现了工作室所倡导的教育理念,还凝聚了每位成员的智慧与努力,有效避免了成果的碎片化、个别化及临时性。"名师工作室,诞生于不同的社会场域,具有地方性的文化色彩。由于名师以及成员具有相近的文化背景,因此,名师工作室的运行暗含着一种特定的文化交流现象,若脱离这种社会和文化场域,名师工作室就失去了生命活力。而这也导致名师工作室难以在另一个社会和文化场域内复制。"[1]以江苏省南通市"吴建英语文工作室"为例,该工作室在"中国风·母语美"微课程群项目的研发上取得了显著成果。该项目以"主题·整合"为核心理念,通过经典理论奠定坚实的课程架构基础,并依据学生的成长规律,将课程内容划分为高、中、低三个学段,每个学段均围绕"经典、童乐、情趣、意蕴"四大主旋律展开。这一创新性的课程设计,不仅丰富了母语教学的内涵,还催生了一系列高质量的微课程产品,形成了个性化、多元化且深度融合的母语微课程群新体系。这一系列"微课程群"作为工作室的系列产品,不仅实现了分学段、分种类的精细化设计,还以坚实的理念为支撑,展现了多元融合与常态坚持的特质。它们共同构建了一个独具特色的"阅读指导文化"体系,为学生提供了丰富的母语学习资源与独特的文化体验,进一步彰显了名师工作室在推

---

[1] 崔国明:《从"太太客厅"看名师工作室的运作机制》,载《教学与管理》2014年第7期,第29~30页。

动教育创新与文化传承方面的卓越贡献。每个成功的共同体都具有所有成员认可的共同体文化，内嵌于共同体中的宝贵的文化经验是共同体的核心特质，基于共同体的文化导引，形成了共同体成员与众不同的身份建构与发展。[1]

（2）成果对学科建设与区域教育产生可持续辐射。名师工作室所孕育的成果，其核心价值在于对学科建设与区域教育产生的广泛而持续的辐射效应。为实现这一目标，成果的品质提升是关键。这些成果不仅服务于本工作室的实践与发展，更具备显著的推广价值，能够激励并引领其他教育者共同前行。以江苏省南通市"吴建英语文工作室"的"中国风·母语美"微课程群项目为例，其影响力已远远超越工作室本身。相关研究论文成功发表于核心期刊，标志着学术认可的高度；著作《母语教育：从美出发："中国风·母语美"微课程群的研发》的出版，为母语教育领域贡献了新的思考与洞见；而《"中国风·母语美"微课程群的研发与实施》专题片的播出，则通过电视媒介将这一教育理念传播至千家万户。此外，项目在第五届中国教育创新成果公益博览会上的展出，更是彰显了其在教育界的重要地位与广泛影响。尤为值得一提的是，围绕该项目拍摄的60多节微课，以其丰富多样的形式，面向全国推广，为广大师生提供了宝贵的学习资源。这一系列多元化的成果形式，不仅可阅、可视，更可听、可参与，形成了对语文学科教育领域深远而广泛的影响。

（3）成果具备跨学科、跨学段、跨区域能力。高品质的名师工作室成果，往往具备超越单一学科、学段乃至区域的强大能力。它们站在更高的学科站位与研究视野上，秉持大教育、大服务的理念，致力于推动教育的全面进步。江苏省南通市海门区的"钱艺林名师工作室"是全国名师工作室的一个典型例证。该工作室跳出了传统学科视角的束缚，以"教育科学"为核心，构建了一个跨学段、跨学科、跨区域的教师专业学习共同体。成员来自幼儿园至高中的各个学段，学科背景也极为丰富，涵盖了除语数外之外的多个学科。这种独特的组成结构，使得该工作室能够开展一系列富有前瞻性的研究与活动，如学段衔接研究、课题论文写作培训、学科融合教学研究以及城乡互动交流等。通过这些活动，该工作室不仅促进了教师之间的专业成长与相互启

---

[1] 韩爽、于伟：《我国名师工作室研究的回顾与省思》，载《东北师大学报（哲学社会科学版）》2014年第5期，第196~200页。

发,更在无形中推动了城乡教育的均衡发展,实现了教育资源的普惠共享。这种跨学科、跨学段、跨区域的综合能力,正是高品质名师工作室成果所追求的核心价值所在。

(三) 营造合作文化,建设学习群体

名师工作室的建设靠行政部门推动,而可持续发展则要依靠工作室成员的内驱力,由制度管理走向文化管理。对于教师专业学习共同体而言,其根本任务是建立教师间和谐、融洽的共生环境,追求更真实、更持久的精神联合,体现的是以情感为纽带的身份关系。工作室主持人作为名师,必然拥有深厚的教育智慧,建设工作室也正是为了向更多渴望发展的教师传达名师精神。工作室主持人不仅要意识到作为一位名师,其应为教师发展提供优质资源,而且要意识到作为教师领导者,其应努力实现"教师教育者"和"名师工作室建设者"双重身份认同,抓好目标性、引领性、交互性和实践性四个要点,发挥教师团队发展优势,在集体中促进个体发展,打造区域内优质教师队伍。

第一,目标性,即建立工作室"和而不同"的共同愿景。成员之间具有相同的追求和发展目标,可以激发成员教师的学习动机,培育工作室信任、共享共同的学习文化。

第二,引领性,即实现名师对成员教师教育信念的引领作用。工作室主持人要善于制定培养方案、培养目标、培训课程、培训形式、研究专题、评价考核等,将教育改革新思路、问题解决新方案寓于学习活动中,对成员教师予以方式上的启迪、思想上的提升、情感上的焕发。

第三,交互性,即建立一种平等、民主、协商的合作关系,促进教师之间共享专业知识与经验,实现教师专业发展从"主体性"向"主体间性"转变。从知识管理的视角来看,共享知识的氛围能促使教师产生知识、更新知识并传递知识,而频繁的互动交流能强化教师的共享意识。

第四,实践性,即教师专业发展来源于实践、指向实践,并为实践服务。工作室要重心下移,立足于实践,基于教学情境开展活动,解决教师在实践中产生的问题,提高其教学实践能力,形成成员教师"带着问题学、联系实际教"的实践化学习与发展取向。

(四) 强化教学反思,打造群体品牌

有研究者提出,教师个体间分享各自的教学经验和展现教学行为,未能将教师个人知识转化为公共知识，引起教师群体的重视，因而无法实现知识螺旋上升的效果。如果教师间的合作仅限于教学知识的分享，只关注已有实践经验的分享，而并未对其进行反思与发展，那么这种合作只是经验的再生产，而非挑战现状，反而会造成教师发展的群体闭塞。因此，名师工作室应在集体学习中强化群体性反思。

成员教师很是钟情于"名师示范"这一学习模式。这一模式通过行为上的展示，将晦涩难懂的理论变成了视觉刺激，帮助成员教师更好地理解教育理论，成员教师即便是"照猫画虎"也能将其有效地转化为教学行为，再落实到教学实践中。但这种方式对于知识传递者和接收者而言都难以实现知识的系统化。主持人的教学示范不仅要向成员教师展示如何教，更要解释为何这样教，即如何进行教学反思、如何将教育理论应用于实践中、如何为有效教学行为寻找理论依据。成员教师渴望主持人能做此类展示，因为这些内容于他们而言稍显吃力，成员教师往往会因"反思""理论"就打退堂鼓，而主持人的展示能提升成员教师的自我效能感，缓解成员教师的畏难情绪。对于主持人而言，这也是其不断提升教学反思能力、教学展示能力、理论化教学能力的过程，是其从一名经验丰富的经验型教师向独具个人教育智慧的专家型教师转变的过程。

名师工作室走特色发展之路，需要主持人与成员教师共同提炼出工作室独特的理念，对工作室进行品牌化管理，开发工作室特色课程，生成工作室特色课堂，最后形成工作室特色品牌。同时，在"互联网+"时代，名师工作室还要利用现代网络技术，建立和运营工作室网站、微博、微信公众号、聊天群等对外交流平台，并通过公开学习活动、成员教师优秀成果展示，促进教师跨界交流，共同协作，交流分享，形成"滚雪球"式的发展模式。这具有两方面的意义：一方面，能打破工作室的空间壁垒，让教师可以随时进行教学经验交流；另一方面，有利于工作室内外资源共享，为工作室的发展注入新鲜活力。

（五）培养教师领袖，提升领导能力

在教师群体中，任何教师都可以通过自身实践或活动产生领导力，名师工作室应通过搭建教师间的关系网络，吸引具有共同发展愿景的教师，对他们施加影响。名师工作室成员会通过正式或非正式途径发挥引领辐射作用，影响个人、教师群体以及学校组织的发展，推进学校教育教学改革，进而深化学生学习，提升学生的学业成就。

　　一项关于骨干教师领导力的研究显示，我国骨干教师对教师群体的影响力主要体现在教学和组织两个维度，具体包括提升教师群体专业发展、引领教师团队行动以及引导教师群体文化建构。事实上，组织领导力和教学领导力在实践领域彼此重叠，教学领导力的成效深受团队活动的组织领导影响。具体来说，主持人的组织领导力越强，其主导的学习活动对成员教师的专业发展促进效果越好，反之效果则有限。主持人的组织领导力是发挥名师工作室引领示范作用的重要基础，但是我国目前的名师工作室主持人培训项目大都聚焦主持人专业知识和技能的提升，忽略了对其组织领导力的培养。由于组织领导力的缺失与不足，主持人带领教师团队、发挥领导力完全凭借经验进行摸索，起到的效果也就因人而异，差异很大。因此，为了更有效地发挥名师工作室主持人的引领和示范作用，相关部门有必要通过开设相关培训专门提升主持人的组织管理能力，培养主持人带领团队的能力。

　　此外，主持人对成员教师的培养要具有前瞻性，并兼顾区域内未来教师发展的蓝图。名师工作室作为未来名师的孵化器，承接着名师精神"传帮带"的重要任务，工作室主持人在发挥教师领导力的同时，也要关注成员教师领导力的提升。大多数成员教师在学校中具有正式领导者的身份，回到学校后还要继续组织教师学习，带领学校教师团队开展教学改革。因此，在工作室中，主持人要有意识地培养成员教师带领团队的能力，做到全专业的示范，鼓励成员教师在追求个人教学卓越的同时将专业知识和技能辐射至课堂外，指导同事教学，参与构建学校合作文化，打造校本教师专业学习共同体，促进教师群体间的知识共享。

第十章

"互联网+"背景下名师工作室的新样态：
信息化教师专业学习共同体

习近平总书记指出："加快建设教育强国、科技强国、人才强国……办好人民满意的教育……加快建设高质量教育体系……培养高素质教师队伍……推进教育数字化，建设全民终身学习的学习型社会、学习型大国。"[1]强教必先强师，要把加强教师队伍建设作为办好人民满意的教育的基础工作来抓，以教育数字化引领，努力造就一支师德高尚、业务精湛、结构合理、充满活力的高素质专业化教师队伍。教师队伍的建设必须聚焦职前培养和职后培训两个方面，其中职后培训会为教师提供一系列专业发展活动，是对教师专业发展的持续支持，专业、有效、高质量的教师职后培训是实现教育强国、建设高素质教师队伍的重要举措。名师工作室是我国教师队伍建设的创举，相关理论证明，名师工作室能有效促进教师专业成长；实践也表明，名师工作室确实培养出了一批师德高尚、专业能力扎实的骨干教师、学科带头人，有力提升了我国教师队伍的质量，促进了我国高素质专业化教师队伍的建设。

名师工作室是根植于我国教师基数大、教师质量地域差距大、分层分类培训难以精准、培训监控管理困难、培训辐射范围小等教师培训的现实土壤，从而在我国广泛发展起来的一种教师培训模式。从发展态势来看，名师工作室仍然是我国极具生长力的一种教师培训模式。随着"互联网+"时代的到来，教育数字化特征越来越明显，互联网、大数据、人工智能等新技术逐步

---

[1] 习近平：《高举中国特色社会主义伟大旗帜 为全面建设社会主义现代化国家而团结奋斗——在中国共产党第二十次全国代表大会上的报告》，载 http://www.gov.cn/xinwen/2022-10/25/content_5721685.htm，2024年8月24日访问。

被运用到教师培训中,加之近年来疫情对集中办线下培训造成的限制,信息化教师培训开始广泛开展,名师工作室也开始探索线上、线下混合研修模式,尝试进行信息化建设。但由于缺乏理念的引领和技术的支持,名师工作室并没有依据成人学习特点做到较好的匹配、协同和深度融合,没有实现增能、赋能和使能的功能[1],因此需要进一步厘清名师工作室的原样态,基于"互联网+"背景对名师工作室进行反思,进而构建"互联网+"背景下名师工作室的新样态。

一、原样态:传统的教师专业学习共同体

韩爽认为,名师工作室是在教育行政部门指导下,以名师为引领,以学科为纽带,以研究为核心,集教学、科研、培训等职能于一体的教师合作共同体,旨在搭建促进教师专业发展以及名师自我提升的发展平台。[2]张恩德、王小兰、曾辉认为,名师工作室是学习主体(主持人、成员和学员)在相互支持信任的环境下,为了共同的目标以相互对话交流和沟通的形式,在民主的氛围中构建出的拥有和谐人际关系的群体。[3]朱旭东、王姣莉认为,名师工作室是在政府支持下由具有共同理念、愿景的一位名师和若干骨干教师构成的专业学习共同体,它集教学、研究、培训于一体,通过课例研究、名师论坛等形式,进行合作性、持续性学习,旨在促进教师和学生的学习与共同发展。[4]虽然上述学者对名师工作室概念的界定有所不同,但他们都从实质、结构、功能、活动方式等不同角度说明了名师工作室的主要样态。总的来讲,名师工作室是在政府支持和指导下,由具有共同理念、愿景的名师、导师和学员构成的旨在促进教师和学生发展的专业学习共同体,它以名师为引领,以学科为纽带,以研究为核心,通过专业阅读、课例研修、专题论坛、课题研究、实践改进等形式,在民主平等的氛围中开展对话交流,共同解决教育教学实践问题。名师工作室的本质是教师专业学习共同体,成员包括名师(即主持人)、

---

[1] 李福华、年浩、张家年:《人工智能教育应用论纲》,载《现代大学教育》2020年第1期,第1~8,110页。

[2] 韩爽:《以教师专业发展为指向的名师工作室运行研究——以吉林省中小学名师工作室为个案》,东北师范大学2015年博士学位论文。

[3] 张恩德、王小兰、曾辉:《基于名师工作室的乡村教师专业成长:影响要素与成效分析》,载《黄冈师范学院学报》2022年第3期,第7~12页。

[4] 朱旭东、王姣莉:《专业学习共同体视角下的名师工作室》,载《中国教师》2016年第15期,第16~20页。

导师、学员等，活动以面对面线下培训为主，辅之以网络研讨、资源共享等线上活动，活动方式包括课程学习、课例研究、名师论坛、专题研究等，主要功能是促进教师的专业发展和学生的发展。工作室拥有共同的目标、价值观和愿景，成员自愿加入，共同追求专业发展，共享专业知识和实践经验，在民主平等的氛围中对话交流，对工作室具有较高的归属感，学习与合作是工作室运行的基本保障。

二、问题："互联网+"背景下名师工作室的检视

（一）重线下培训，轻线上培训

自成立之初，名师工作室的活动就是以线下集中培训为主，这一方面是由于线下面对面集中培训的普及度高、模式成熟，便于学员感受培训氛围、深度参与活动、及时与专家和其他成员交流，以及进行清晰简单的培训管理等；另一方面是由于近年来网络研修产生一系列负面影响，主持人不愿意开展线上培训活动：最初的网络研修以看课为主，以简单的发帖、跟帖机械互动为辅，培训针对性不强，内容泛化，教师"刷课""挂课"现象突出，质量监控薄弱，培训效果较差。随着教育部《关于深化中小学教师培训模式改革全面提升培训质量的指导意见》《网络研修与校本研修整合培训实施指南》等文件的发布，线上研修和线下研修、虚拟学习和教学实践结合的混合研修开始推行。各地名师工作室也开始探索混合研修，但由于缺乏专业的引领和指导，主持人本身教师培训专业能力和信息技术运用能力不高，可借鉴的经验不足，线上的网络研修和线下的集中培训并没有实现真正的整合，大多数研修活动"有形无神"。工作室成员对于混合研修，尤其是线上培训的满意度较低，认为缺乏体验感、代入感、参与感，学习收获较小。大多数名师工作室的混合研修"未能把握其本真内涵，甚至止步于'媒体融合'的认识误区与操作偏差"[1]。为此，主持人把主要精力投入线下集中培训中，线上活动只是用来做浅显的低层次研讨、答疑、资源分享等，线上培训方式使用较少。

（二）工作室主持人的信息化教师培训专业能力有待提高

从工作室成立的初衷和教师培训的角度讲，名师工作室采用的是一种教

---

[1] 魏非、李树培：《混合式研修：内涵、现状与改进策略》，载《教师教育研究》2017年第5期，第26~30页。

师培训模式，主持人的重要角色是培训者。要成为一名专业的培训者，主持人既要掌握成人学习等教师培训的相关理论，又要了解与时俱进的培训理念、各级各类培训政策、各种培训模式和方法，还要具备专业的需求诊断、培训设计、课程开发、培训组织与管理、培训评估等技能。"互联网+"时代还要求主持人具备信息理解、在线培训设计、在线课程开发和在线培训辅助工具使用、将线上与线下培训进行深度嵌入的"全面融合"、实现名师工作室培训线上与线下一体化设计与实施等能力。然而，现实情况是行政机构和教师培训机构只对名师工作室给予政策保障和宏观指导，主持人则要在承担教学任务之外负责名师工作室的规划制定、活动设计和实施、课题研究、学员指导、资源建设与成果转化、组织管理和评估等项工作，通常身兼多种角色：引领者、培训者、学习者、研究者、管理者等。一方面，主持人身兼多职、精力有限、难以聚焦；另一方面，主持人无法依据实现教师培训专业化的要求掌握扎实的培训理论和进行丰富的培训实践。

以名师工作室最常开展的课例研修活动为例，课例研修活动有规范的活动流程，应遵循"情境理解—问题界定与解决—反思感悟"的行动范式，需要问题化的培训案例、情景化的培训场域、全面及时的反馈和持续有效的跟踪，但由于缺乏对课例研修本质特征的把握，主持人往往把课例研修活动简化成同课异构、课例研讨、名师示范等单次独立的活动。梳理近年来的在线培训也可以发现，大多数工作室的在线培训效果不理想，只是简单地将线下的培训内容搬运到线上，没有充分发挥线上、线下培训的各自优势，导致两个培训途径彼此割裂。由此可见，主持人由名师到教师培训者角色的转换不成功、教师培训专业能力有待提升。

（三）对专业化信息技术运用不充分

"互联网+"时代，移动互联网、大数据、人工智能等技术逐步被运用到教育领域，各类信息化教学平台和教学工具也不断更新升级，一些教师培训专家尝试将教育信息化技术、平台、工具运用到教师培训中，取得了良好的效果。如通过收集学习者身份、学习基础变量、课程特征变量、学习行为变量、教学行为特征变量等，进行集中分析和预测，并据此进行教学决策和干预；[1]运用 EDUALI 智

---

[1] PAR,"The Predictive Analytics Reporting Framework", https://community.datacookbook.com/instit/par.

第十章 "互联网+"背景下名师工作室的新样态：信息化教师专业学习共同体

能软件协助监控和测量诸如批判性思考、沟通、协作、领导、问题解决和跨文化主义等技能的发展。[1]针对教师培训，一些高校、企业也相继开发出一些专门的培训平台和培训工具，为教师培训带来了新的生机，促进了教师培训方式与手段的转型。数据诊断、动态分析、可视化技术、大数据、物联网采集技术等技术，不仅为线上培训提供平台和工具支持，也为线下培训现场授课、培训组织管理等创设培训情境，提供信息化工具，被逐步运用到学员能力测评、培训需求分析、培训方式的更新、培训资源分析、分享与升级，以及学习效果评估等各个方面。新技术的使用不仅体现了工具的更新、研修模式的变化，更体现了培训观念的升级。但目前，大多数名师工作室一般只是使用腾讯会议、钉钉考勤与直播、微信公众号等大众化的工具，并没有充分运用专业化的信息技术工具，难以实现教师培训的专业化、信息化，导致活动方式单一、培训诊断难以精准、培训效率低、培训资源利用率及转化率低、培训组织管理成本高且不到位等问题的出现，名师工作室本身也难以进一步升级，出现了"高原反应"。因此，如何更新培训理念，构建信息化环境下的名师工作室培训活动，挖掘信息技术的优势潜能，享受信息化带来的各项便捷和专业支持，促进活动质量提升和成果转化，创造新的生长点和提升内涵建设等，成了目前名师工作室亟待解决的问题。

三、新样态：信息化教师专业学习共同体

（一）培训价值取向注重以师为本+个性化

过去名师工作室主要关注工作室专业学习共同体建设的问题，对成员的个性化专业发展关注较少，而工作室专业学习共同体的建设应以成员的个性化专业发展为基础。"以师为本"的培训理念与"以生为本""以学习者为中心"的教学理念相对应，以教师发展为本、尊重教师个性化学习需求的"个性化教师培训"模式成为社会发展的必然趋势。[2]"互联网+"时代，培养高素质、专业化、个性化的教师是教师队伍建设的新诉求，且"互联网+"间接促进了教师研修个性化的形成，这就要求名师工作室制定培训目标时以促进

---

[1] EDUALI, "Helping Students to Develop Employability Skills", https://Smarthink.org//edulai.
[2] 杜志强：《走向"互联网+个性化"的中小学教师培训》，载《教育科学研究》2021年第2期，第93~96页。

成员的可持续化发展、终身学习为旨归，尊重成员的主体地位，充分考虑其专业特征，满足其个性化需求。首先，立足教师个性化的专业发展，促进不同类型教师专业特点和专业风格的养成；其次，活动的首要目标应是提高成员的专业认知度，提高成员的专业认同感和专业素养，激发成员的自主发展意识和专业持续发展意识；[1]再次，要细致了解、分析成员的个性化学习需求，以教师为中心设计课程，注重解决成员在教育教学实践中的困惑或疑难，促进成员的自主学习和深度学习；最后，创建基于技术和非技术支持下的学习支持系统，发挥技术支持和非技术支持的合力，把真实世界的问题引入学习支持系统，如引入人工智能分析系统，对高清视频进行切片，获取更多培训细节，通过人工智能精准分析、诊断成员的教学问题，为成员制定个性化的指导方案，以给成员提供形式多样的实践、反思及反馈的机会。

（二）增加教师培训者、信息技术专家两类支持者

传统工作室的成员一般包括主持人、导师、学员，在理想状态下，主持人应只是学科的引领者、实践的指导者，但现实情况却是主持人不仅是引领者、指导者，还是培训者（工作室活动的设计者、活动授课专家），甚至还是技术保障者、培训管理者。身兼多职的主持人无法聚焦主业，不仅导致主持人的专业发展受到一定的阻碍，而且使名师工作室的活动出现重复化、碎片化、弱信息化、低质化等问题。基于培训专业化的视角和"互联网+"的时代背景，工作室应增设教师培训者、信息技术专家两类支持者。教师培训者主要由教师培训机构的专业培训者或者研训机构的教研员来担任，对这类人员的要求是：掌握培训相关理论，熟悉培训项目，并能进行专业化的调研、设计、实施、评估等，主要职责包括：运用专业的工具对学员的个性化学习需求进行诊断；根据名师工作室的建设目标、主持人的学科理念、学员的个性化学习需求等科学规范地凝练培训主题，设计线上线下一体化混合研修活动；制定学员跟踪方案，评估活动效果等。信息技术专家主要是为工作室信息化建设提供专业支持，主要由信息技术方面尤其是教育技术方面的专家来担任，主要职责包括：为线上线下活动甄选专业、优质、高效的信息化工具和平台；为活动信息化运行提供技术支持；培训、指导成员科学、熟练使用各种信息

---

[1] 王冬凌：《"以师为本"的教师培训模式：内涵与策略》，载《现代教育管理》2010年第10期，第69~71页。

第十章 "互联网+"背景下名师工作室的新样态：信息化教师专业学习共同体

平台和工具；建立信息化、全视角的教师电子档案；利用大数据或学习分析技术协助培训者进行培训与精准测评；以名师工作室为实验对象，进行各类"信息化+教师培训"的实验，推广成功经验。教师培训者、信息技术专家两类支持者的引入，将使名师工作室向专业化、信息化发展，既顺应了时代的趋势和发展要求，又丰富了工作室的内涵建设，真正促进了工作室的转型升级。

（三）对线上线下研修进行一体化设计

教师培训者应根据名师工作室的建设愿景、研修主题和目标，运用专业的教师培训理论、方法，对线下集中研修和线上网络研修进行一体化设计。一体化的培训设计以问题为导向，贯通线上线下活动目标，促使任务互相联系、支撑，并以任务为驱动，让学员根据课程内容和自身个性化的学习需求选择适合自己的方式进行课程学习、资源分享、课例研修、教学实践、交流研讨等。培训者在进行一体化的培训设计时，应注重以学科逻辑为起点，根据集"学习、模仿、实践、反思、交流"于一体的教学改进过程，聚焦培训主题，设置清晰的活动目标和任务，活动之间应具有延续性、递进性，并结合技术支持者的指导，将信息技术作为重要元素融入培训活动。线下培训设计应改变传统的以课程学习为主的方式，抓住宝贵的线下培训机会开展合作学习、典型示范、集体反思等活动，对研修重难点进行梳理和讲解，注重查漏补缺，解决疑惑，为之后的线上活动做好理论、问题和资源的储备。线上活动设计应以任务和成果为导向，以经典、特色的资源为载体，以科学化的学习评估为指标，发挥推进线下活动、学员岗位实践、自主学习与反思、培训跟踪指导等功能，将线上和线下真正有机融合起来。值得注意的是，一体化的培训设计应包括学员后续跟踪这一重要内容，通过视频研讨交流、教学直播或实录诊断等形式，打破跟踪指导时间、地域和经费的限制，为学员提供个性化、精准、持续的支持和反馈，建立长效跟踪指导机制。

（四）采用混合研修的学习模式

"混合学习主要有三个维度：第一个维度的两端是线上学习和线下学习；第二个维度的两端是自主学习和协助学习；第三个维度的两端是有教师引领的学习和没有教师引领的学习。"[1]混合学习强调将传统教学和网络化教学的

---

[1] 苏宏、袁松鹤：《从开放大学视角剖析技术与教育深度融合》，载《现代远程教育研究》2017年第4期，第50~58页。

优势互补,在适当的时间,通过应用适当的学习技术与适当的学习需求相契合,对适当的学习者传递适当的内容,从而取得最优的学习效果。[1]混合的重点不在于混合哪些事物,而在于如何混合,最终形成一个成本最低、效率最高的最佳方案。[2]混合研修是混合学习在教师培训中的运用,是一种立体化、多元化、网络化的学习模式,它强调体验式、参与式、情景式、互动式、案例式的混合研修方式,通过一体化培训设计,将组织形式、技术手段、评价方式、保障基础等相关要素,根据特定的研修目的、内容、任务和条件,按照适配原则有机地融合起来,以线上线下相结合的方式开展聚焦主题的课程学习、课例研修、交流研讨等活动,以实现培训最优化为目的。开展混合研修不是单纯地将传统的面对面研修与网络研修相加,而是要实现"1+1>2"的培训效果,是名师工作室对培训需求、培训内容、培训课程、培训资源、培训方式、培训组织与实施、培训环境、培训评价与信息技术的有机融合,以形成一种更高层次、更优化、更符合学习者学习需求的新的研修模式。"互联网+"背景下,混合研修学习模式的价值在于"超越单一校本研修或网络研修的局限,构建连接学习与实践的发展共同体,贯通与提升个体实践经验,沉淀与生成集体智慧"[3],对这一学习模式的运用无疑将有助于名师工作室建立常态化的研修模式,更有助于打造信息化教师专业学习共同体。

(五) 搭建现实仿真、虚拟现实的两类培训场景

"教师成长离不开教育教学实践,教师学习的意义就是从实践中来、到实践中去,实现螺旋式发展。"[4]教师学习最有效的方式是"做中学""研中学""例中学",因此,名师工作室的线上线下研修活动要体现教师专业发展的本质,突出实践性。线下活动要尽量还原现实的教育教学实践,提高培训场景与工作场景的契合度;同时运用信息技术元素,让培训的现实场景具有更丰富的内涵、更聚焦的实践问题、更高效的学习氛围。线上研修活动在网

---

[1] 蒋国珍主编:《混合式研修:信息时代的教师专业发展》,高等教育出版社2011年版,第25页。

[2] 郁晓华、马立、祝智庭:《信息时代的教师继续教育:走有中国特色的"混合式"研修之路》,载《中国电化教育》2011年第12期,第54~59,64页。

[3] 李树培、魏非、李宝敏:《基于工作坊的混合式研修:价值、问题与策略》,载《中小学教师培训》2020年第7期,第28~32页。

[4] 宋冬生:《城乡教师培训要有"一体化"思维》,载《中国教育报》2014年11月11日。

第十章 "互联网+"背景下名师工作室的新样态：信息化教师专业学习共同体

络虚拟场景中进行，虚拟场景应不断增强学员的临场感和对虚拟研修环境的归属感，运用各类监测技术、任务驱动调动学员的积极性和参与性。"未来人工智能、智慧学习环境的新技术将与培训资源全方位融合，有助于形成一种超出符号化环境的拟真环境，帮助教师加强'做中学'的体验。"[1]两种培训场景优势互补，相互促进，有助于丰富工作室的培训"意境"。如可以运用大数据技术记录、对比、分析和归纳学员的日常教学行为、线上线下学习过程、学习收获等数据内容，以此为依据为学员制定个性化的学习方案和培养计划；对教师行为偏差分门别类进行整理，及时提醒反馈，为针对性指导提供依据，同时还可以将每个学员个体的信息联系起来，形成群体信息，为名师工作室制定或调整研修计划和研修方案提供依据。相关技术对学员需求的科学分类和精准匹配，在一定程度上也能增强学员对虚拟培训场景的归属感。

（六）借助互联网环境进行随时随地的互动分享

"一个好的专业发展共同体，需要具备两个特点：一是共享理念，即教师们能够积极分享资源、经验、案例等；二是任务驱动，即利用任务促进教师们互动研修，推动共同体不断发展。"[2]资源的分享与学习互动是专业学习共同体运行的重要保障。资源共享是"互联网+"时代教师研修的重要特征，名师工作室主持人、导师、学员既是资源的消费者也是资源的生产者，他们生产的资源是培训内容、学习活动和群体智慧的综合体，具体而言，有工作室授课的内容资源，活动"现场"（含线上线下）创生的认知资源、过程资源，以及群体智慧的社会认知资源等。互联网给资源的分享与协作提供了便捷的途径和多样化的平台，打造了沉浸式的互动环境。借助培训平台、各类APP、公众号等资源，名师工作室的成员可随时随地进行分享、研讨，合作、交流、分享成为研修的常态，主持人、导师与学员之间建立了一种"活跃的连接"——学员实时分享自己关于教学的困惑、认知，主持人和导师及时进行指导和反馈，由此学员得到了持续的专业支持保障。

（七）对学员进行多维精准的评价

主管部门要加强对线上线下活动的组织和管理，确保工作室混合研修的

---

[1] 闫寒冰、单俊豪：《从培训到赋能：后疫情时期教师专业发展的蓝图构建》，载《电化教育研究》2020年第6期，第13~19页。

[2] 冯晓英、宋琼、吴怡君：《"互联网+"教师培训与专业发展：深度质量评价的视角》，载《开放学习研究》2020年第3期，第1~7页。

正常运行和持续发展,需要建立一套专业有效、可操作的评价机制。在信息技术的参与下,尤其是大数据与学习分析技术在教师教育的运用,评价数据的颗粒度更小,解释力更强,对学员的评价更加细微,能精准呈现每个学员的个体学习行为。评价体系可以从参与性、活跃度、影响力三个维度建立,评价内容包括教师的本体性知识、条件性知识、实践性知识、发展性知识和研究性知识,涵盖线下面对面、线上研修以及混合情境下教师专业学习与发展所需具备的各项能力要求。[1]如语义测评可以使评价内容呈现出伴随性、精准性、及时性的特点;弹幕、标签等技术使评价可以细微到分、秒;通过数字徽章、微认证等方式进行成果测评,可以科学地将教师专业能力进行分解评估。在名师工作室的混合学习中,应关注基于证据的评估,[2]也就是将学员在线教学资源的制作、在线教学实施等成果纳入评估体系,就具体操作而言,教师的自我评价、在线教学的说课稿、教学设计、课件、微课、课堂实录、教学反思、听评课记录等能够证明教学能力的实践工作都可以作为评估依据。多维精准的评价方式和动态的评价数据,能准确刻画教师的能力现状、学习态度、学习效果,能帮助学员获得及时、针对性的指导,反过来促使培训目标、培训资源和培训评价的设定更加个性化、科学化,进而促进名师工作室内涵的提升。

(八)建立"数据化+全视角"的成员专业成长档案

成员的专业成长档案对于了解工作室成员的个性特征、专业能力和工作室的发展规划、困难、培训成效等具有重要作用,是制定名师工作室活动目标、指导成员专业发展的重要依据,对教师专业学习共同体的建设具有重要意义。但现实情况是,大部分名师工作室没有对成员专业成长档案建设给予足够的重视,且由于工作量大、整理繁杂、缺乏科学指导,没有建立成员专业成长档案。"大数据与人工智能技术在监测预警、干预调控和决策等方面的优势和成果也引发我国教育信息化管理向系统的智能化治理转变"[3],这一

---

[1] 郁晓华、马立、祝智庭:《信息时代的教师继续教育:走有中国特色的"混合式"研修之路》,载《中国电化教育》2011年第12期,第54~59,64页。

[2] 闫寒冰、单俊豪:《从培训到赋能:后疫情时期教师专业发展的蓝图构建》,载《电化教育研究》2020年第6期,第13~19页。

[3] 闫寒冰、单俊豪:《从培训到赋能:后疫情时期教师专业发展的蓝图构建》,载《电化教育研究》2020年第6期,第13~19页。

第十章 "互联网+"背景下名师工作室的新样态：信息化教师专业学习共同体

转变为名师工作室建设成员专业成长档案提供了契机。通过运用学习分析与大数据技术和人工智能技术建立数据化、全视角的成员专业成长档案，对成员个体特征、发展潜力、发展瓶颈等进行专业分析和推送，有助于名师工作室进一步精准设计培训活动，有针对性地开展专业指导。教师专业成长档案应包括个体信息、学习过程、实践过程、能力认证四个模块，其中能力认证模块最为关键，是促进成员持续发展的杠杆：个体信息包括年龄、教龄、学科、学段、荣誉称号等人口学数据，以及通过信息互动和能力认证后形成的教学风格、学习风格、实践水平等相关信息；学习过程包括工作室成员在参与工作室活动中产生的学习数据；实践过程包括工作室成员在教育教学实践过程中产生的有关教学设计、实施、评估等方面的数据；能力认证包括成员在多维精准的测评基础上产生的专业能力证据和认证数据。

教育信息化是教育发展的战略制高点，以教育信息化推动教育高质量发展，以教育信息化引领教育现代化，是信息时代教育发展的基本方向。教师培训信息化是教师教育适应教育现代化的体现，同时又反过来促进教育现代化的实现。信息技术与教师教育的深度融合，促使教师培训发生巨大的变化，培训理念、培训实施、培训评价等各个方面都受到其深刻影响。教育信息化给名师工作室的建设带来了新的机遇，也使其面临着巨大的挑战，名师工作室的主持人和管理者都应顺应教育信息化发展的大趋势，主动探索信息化名师工作室建设的目标、手段和保障。作为具有中国特色的教师培训模式之一，名师工作室更应该与时俱进，主动适应教育现代化建设的要求，努力建成信息化教师专业学习共同体，探索教师培训信息化的路径，勇于开辟先行"试验田"，总结出丰富的经验，树立特色，推广至其他培训模式，进而促进整个教师培训行业信息化的实现和提升。同时，在追求信息化名师工作室建设的过程中，应始终遵循着名师工作室的"初心"以及教师培训和教师专业发展的基本规律，不可为了迎合信息技术，完全抛弃原有积累下来的宝贵经验。只有当信息技术与名师工作室建设的方方面面有机融合、运行顺畅并优于原样态的时候，信息技术才真正有了价值，名师工作室才真正获得了新的发展。如何将信息技术与名师工作室建设有机融合，带领名师工作室走出发展的"高原期"，应是主持人及其相关研究者目前关注的重要问题。

参考文献

一、专著类

[1]［德］马克斯·韦伯:《社会学的基本概念》,胡景北译,上海人民出版社2005年版。

[2] 魏会廷:《教师学习共同体:促进教师专业发展的新途径》,武汉大学出版社2014年版。

[3] 叶澜等:《教师角色与教师发展新探》,教育科学出版社2001年版。

[4] 宋萑:《教师专业共同体研究》,北京师范大学出版社2015年版。

[5] 徐斌艳:《教师专业发展的多元途径》,上海教育出版社2008年版。

[6] 龙宝新:《教师专业成长力研究》,中国社会科学出版社2014年版。

[7]［美］彼得·圣吉:《第五项修炼——学习型组织的艺术与实务》(第2版),郭进隆译,杨硕英审校,上海三联书店1998年版。

[8] 万明钢:《文化视野中的人类行为:跨文化心理学导论》,甘肃文化出版社1996年版。

[9] 申继亮主编:《新世纪教师角色重塑——教师发展之本》,北京师范大学出版社2006年版。

[10] 朱旭东等编著:《教师专业精神研究》,北京师范大学出版社2017年版。

[11] 余文森等编著:《教师专业发展》,福建教育出版社2007年版。

[12] 蒋国珍主编:《混合式研修:信息时代的教师专业发展》,高等教育出版社2011年版。

二、期刊类

[1] 朱旭东、王娇莉:《专业学习共同体视角下的名师工作室》,载《中国教师》2016年第15期。

[2] 宋萑:《校本教师发展与教师专业学习共同体的建构》,载《集美大学学报(教育科学版)》2007年第1期。

[3] 魏会廷:《教师学习共同体:实现教师专业发展的有效途径》,载《继续教育研究》

2015 年第 7 期。

[4] 全力:《名师工作室环境中的教师专业成长——一种专业共同体的视角》,载《当代教育科学》2009 年第 13 期。

[5] 毛齐明、于君红、张静玉:《中小学名师工作室中名师领导力的评价》,载《教师教育论坛》2021 年第 4 期。

[6] 刘清昆、张红波:《教师领导力视角下区域名师工作室建设的实践研究》,载《中小学教师培训》2022 年第 4 期。

[7] 宫臣、宋萑:《名师工作室:价值、困境与改进路径》,载《教学月刊·中学版(教学管理)》2022 年第 12 期。

[8] 蹇世琼等:《"名师工作室"成员遴选:潜在风险与规避路径》,载《中国教育学刊》2020 年第 5 期。

[9] 张翔、杨琪琪:《乡村名师工作室的"鱼塘效应"困境及其规避机制探究》,载《教育理论与实践》2019 年第 5 期。

[10] 李颖、余国源:《名师工作室研修共同体的区域建模多元形态》,载《教育理论与实践》2021 年第 11 期。

[11] 崔国明:《从"太太客厅"看名师工作室的运作机制》,载《教学与管理》2014 年第 7 期。

[12] 张聪、韩爽:《名师工作室与教师专业发展——基于名师工作室成员的调查》,载《教育理论与实践》2014 年第 17 期。

[13] 张贵新:《对教师专业化的理念、现实与未来的探讨》,载《外国教育研究》2002 年第 2 期。

[14] 朱玉东:《反思与教师的专业发展》,载《教育科学研究》2003 年第 11 期。

[15] 陈琴、庞丽娟、许晓晖:《论教师专业化》,载《高等师范教育研究》2002 年第 6 期。

[16] 邓晨、王瑞霞:《"名师"与"明师":教师的存在价值取向》,载《当代教育科学》2017 年第 11 期。

[17] 刘立平:《哲学自觉:名师内涵积淀的有效范式》,载《教育理论与实践》2016 年第 14 期。

[18] 刘清堂、张妮、朱姣姣:《教师工作坊中协作知识建构的社会网络分析》,载《中国远程教育》2018 年第 11 期。

[19] 杨德铸:《"名师工作室"高效运作的可行性策略研究》,载《中学课程辅导(江苏教师)》2013 年第 12 期。

[20] 张恩德、王小兰、曾辉:《基于名师工作室的乡村教师专业成长:影响要素与成效分析》,载《黄冈师范学院学报》2022 年第 3 期。

[21] 任光升、李伟:《名师工作室运行机制的探索》,载《当代教育科学》2011 年第 14 期。

[22] 童艳芳、张建荣:《专业学习共同体视角下职教名师工作室的运行机理与发展建议》,载《职业技术教育》2021年第11期。

[23] 严运锦、朱宁波:《名师工作室中教师学习机制的个案研究》,载《教师教育研究》2019年第6期。

[24] 白磊:《学习共同体——教师专业成长的新模式》,载《辽宁教育研究》2006年第9期。

[25] 王天晓、李敏:《教师共同体的特点及意义探析》,载《教育理论与实践》2014年第8期。

[26] 朱广清:《名师工作室效能优化——以江苏省常州市名师工作室为例》,载《中国教育学刊》2013年第7期。

[27] 梁慧勤:《名师工作室主持人应成为教练型教师领导者》,载《中小学管理》2021年第4期。

[28] 朱伟、王跃平:《生态取向的教师专业发展的四种路径》,载《教育理论与实践》2012年第20期。

[29] Craig C. J., "Knowledge Communities: A Way of Making Sense of How Beginning Teachers Come to Know in Their Professional Knowledge Contexts", *Curriculum Inquiry*, 1995.

[30] 胡小勇、林梓柔:《精准教研视域下的教师画像研究》,载《电化教育研究》2019年第7期。

[31] 魏宏聚:《教学切片分析:课堂诊断的新视角》,载《教育科学研究》2019年第2期。

[32] 靳玉乐、张丽:《教师参与课程发展:问题与对策》,载《当代教育科学》2003年第23期。

[33] 何芳:《论高校教师的专业精神及其专业发展——英国教师专业发展研究的策略及启示》,载《贵州师范大学学报（社会科学版）》2010年第1期。

[34] 李瑾瑜:《专业精神——教师的必备素质》,载《中小学管理》1997年第4期。

[35] 张华军、朱旭东:《论教师专业精神的内涵》,载《教师教育研究》2012年第3期。

[36] 丁永为:《工业社会、民主与教师专业精神——纪念杜威名著〈民主与教育〉出版一百周年》,载《教育学报》2016年第1期。

[37] 杜志强:《走向"互联网+个性化"的中小学教师培训》,载《教育科学研究》2021年第2期。

[38] 王冬凌:《"以师为本"的教师培训模式:内涵与策略》,载《现代教育管理》2010年第10期。

[39] 郁晓华、马立、祝智庭:《信息时代的教师继续教育:走有中国特色的"混合式"研修之路》,载《中国电化教育》2011年第12期。

[40] 闫寒冰、单俊豪:《从培训到赋能:后疫情时期教师专业发展的蓝图构建》,载《电

化教育研究》2020 年第 6 期。

[41] 冯晓英、宋琼、吴怡君：《"互联网+"教师培训与专业发展：深度质量评价的视角》，载《开放学习研究》2020 年第 3 期。

三、硕博论文类

[1] 韩爽：《以教师专业发展为指向的名师工作室运行研究——以吉林省中小学名师工作室为个案》，东北师范大学 2015 年博士学位论文。

[2] 饶曦：《教师学习共同体视角下名师工作室的实践研究——基于贵州省 Z 市的调查》，西南大学 2017 年硕士学位论文。

[3] 刘浏：《群体动力学视角下体育教师学习共同体研究》，南京师范大学 2021 年硕士学位论文。

[4] 顾洋：《教师专业共同体建设研究——基于特级教师工作坊的模式》，广西师范大学 2013 年硕士学位论文。

[5] 徐德斌：《农村中学教师专业自信的个案研究——以江苏省海安县孙庄中学为例》，南京师范大学 2008 年硕士学位论文。

附 1

教育部"国培计划"中小学名师领航工程吴爱姣中学英语名师工作室/海南省吴爱姣中学英语卓越教师工作室 2019 年—2021 年三年发展规划

一、工作室宗旨

工作室将在三年内围绕国内外外语教育教学领域的先进理念,通过理论学习、实践拓展、课题研究、读书交流等活动,提升全体成员的师德修养、教育理解、教学水平、科研能力和创新精神,形成英语教师专业发展共同体,打造一支具有德性示范力、学术引领力、实践召唤力的英语教师品牌团队,培养一批教学特色和风格鲜明的区域中学英语学科带头人。围绕工作室的特色教学主张,通过实践探索、总结提炼,形成一批富有特色的课程与教学资源;通过主题报告、专题研讨、支教帮扶等活动,展示工作室的成果和特色,发挥学员的示范、引领和辐射作用,助推我省中学英语教育教学的改革与发展。

二、组织机构

指导教师:
理论指导:郭宝仙(华东师范大学副教授)
实践指导:陈波(海口市第一中学正高级教师 海南省特级教师)
课题指导:段会冬(海南师范大学副教授)
主持人:吴爱姣
核心成员:张青宁、陈雅、王英、陈琦、杨飞、吴聪燕、谢晓红、黄曼、王敬干、吴艳、章晨蕾、冯锦倩

附1　教育部"国培计划"中小学名师领航工程吴爱姣中学英语名师工作室/海南省吴爱姣中学英语卓越教师工作室2019年—2021年三年发展规划

秘书：李玥、吴聪燕、罗璐

网络管理员：李荣、高峰、宿慧美

工作室下设四个子工作室，由张青宁、陈雅、王英、陈琦担任子工作室主持人，其他核心成员为子工作室导师。

工作室外围学员：共37名，分配至各个子工作室。

三、成员现状分析

工作室核心成员共13名，高级教师11名，一级教师2名，省特级教师2名，学科带头人3名，省级骨干教师3名。核心成员专业基础扎实，工作踏实认真，教学效果优秀，有丰富的教学实践和教育科研经验，在各类专业培训中担任专家和导师。但部分成员也处于专业成长的初步成熟期，需要通过更多有针对性的实践与研究，进一步凝练自己的教学思想，真正成长为英语教育领域的教育家型教师。

工作室有外围学员37名。高中教师30名，初中教师7名，均为高级或一级、二级教师。其中有省级骨干教师6名（卢晓华、吴文潇、任丽伟、陈敏、陈秀梅、李贤金），其余学员至少是市级教坛新秀、教学能手、骨干教师或相关培养对象。所有成员热爱教育事业，积极追求上进，勤于思考探究，曾参加各级各类英语课堂教学比赛或论文评比并获奖，在英语教育领域崭露头角，极具发展潜力。成员均处在青年优秀教师的成长阶段，大部分对于学科的理论知识的系统化理解不足，对课题研究的过程和方法了解不足，尚不能独立完成课题研究；论文撰写较少或深度不够。未来三年他们需要积极投入读书、实践、科研活动，将理论知识系统化，理论联系实际，解决教学中的问题，总结教学经验，撰写专业论文，形成自己的教学特色和理念，发展成为一名师德高尚、理念先进、专业基础扎实，教学有特色，科研能力突出的教师。

四、工作思路与培养模式

1. 工作思路

"一个平台，两个窗口，四个抓手。"具体指：以工作室为活动平台，以个人博客为成长展示窗口，以工作室博客/公众号为宣传辐射窗口，以理论学习、实践研讨、课题研究、同伴互助为抓手，做到"理论学习夯基础，教学研讨促思考,课题研究出成果,同伴互助促成长"。

2. 培养模式

"主持人引领,导师指导,组内帮扶,跨校协同,分工合作。"具体指:主持人策划、安排工作室的具体活动。学员依据需求一致、兴趣一致、跨校搭配的原则,分成四个小组,分别由四位导师具体指导。所有成员分工合作,互相帮扶,完成个人成长和工作室发展建设的各项任务。

五、工作内容、任务、形式

1. 研修内容

工作室将通过理论学习、教学研讨和课题研究,引领学员修习以下内容:教育人文素养与师德修养、新课标解读与教材解构、基于学科核心素养培养的教学设计与实施优化、学科教学评价与教学问题诊断、信息技术与教学整合、学科教学评价与考试、学习规律与教师成长规律研究、教学风格形成与教学思想提炼、教研主题活动设计、课题研究与论文、专著写作。

2. 主要任务

围绕以上研修内容,工作室每年举行大型集中研修 6 次以上,面向全省的学科主题论坛活动 1 次。收集、整理活动过程性材料并汇编成册,含优秀教学设计汇编、活动简报汇编、优秀读书报告汇编、特殊活动方案汇编、特色讲座(课件)集、优质示范课视频集等。三年内帮扶省内薄弱基地学校 1 所,形成一批有鲜明特色的研修成果(至少 7 个专题讲座、10 节示范课、5 个省级课题、10 篇省级以上论文、一个特色专题网页或博客)并向全国推广展示。

每位核心成员与学员每学年完成以下主要任务:

(1) 计划与总结:提交个人三年发展规划 1 份,每学年 5 月、12 月提交个人阶段性学习总结 1 份。

(2) 理论学习:每年研读至少 4 本教育教学专著,撰写 4 篇 1000 字以上的读书报告,参加阅读分享会并作主题发言;在各种实体或在线学习、培训、研讨活动中积极发言与交流;参与工作室组织的专家讲座、省内外培训及跟班学习活动,并撰写学习心得。

(3) 教学研讨:进行课堂观察、反思、诊断,发现本人或同伴教学中出现的问题或个人感兴趣的教学问题,进行教学领域的主题研讨,形成解决问

附1 教育部"国培计划"中小学名师领航工程吴爱姣中学英语名师工作室/海南省吴爱姣中学英语卓越教师工作室2019年—2021年三年发展规划

题的策略与建议;在发现问题与解决问题的过程中,提炼研究课题,提升教学创新能力,塑造教学风格,凝练教学思想。核心成员每学年提交高质量的教学设计4篇,撰写至少2篇1000字以上、10篇100字至500字以内的听课反思、教学反思、教学随笔、教育叙事、教育案例等;在县市级以上教师培训活动中承担专题讲座1次;三年内在工作室组织的省级活动中上公开课或者参与研究12节。以上要求外围学员减半。

(4) 课题研究:学员反思个人教学实践发现、找准个人研究的方向,形成并实施个人或小组小课题研究;积极申报省级课题研究。核心成员在第一年完成个人小课题或校本课题1个,积累经验,同时为随后的课题做初期调研或实验准备,第二年至第三年主持或参与工作室课题或省级以上课题1个;撰写1篇高质量论文。

(5) 结对帮扶:工作室核心成员必须结对指导外围学员、本校或帮扶学校的1名至3名青年教师,实施一对一或一对多的精心指导,定期参与这些青年教师的课堂教学观摩,通过频繁而深入的听课与评课活动,以专业的视角和丰富的经验,为青年教师提供反馈与建议。

(6) 资源整合:所有学员分工合作收集教学实践及课题研究过程中的各种资料,含原创的教学材料如教材、习题集,教案、教学设计、课件、课题观察量表、微课教学视频、课题和教研活动相片,工作室的方案、总结、活动纪要与报道、工作室简报等,并将这些资料分类整理、上传保存在个人博客和工作室博客中。

(7) 网站互助:协助主持人共同维护工作室的网页与博客平台,积极策划并组织互动式的在线研讨会,定期更新丰富多样的教育教学信息,分享前沿的教学理念与方法,上传优质的教育教学资源,展示工作室成员的教学研究成果。

(8) 辐射影响:参与工作室过程性成果收集。以专著、论文、教学资源集、报告会、名师论坛、专题讲座、研讨会等形式向全省示范、辐射,实现个人专业深层次发展。

3. 研修形式

(1) 学习形式:导师指导与自主研修相结合;专家传授与同伴互助研讨相结合;本地观摩与外地学习相结合;集中学习与分散学习相结合;线上研讨与线下论辩相结合。

(2) 活动形式：以名师工作室为活动基地，以主题沙龙、论辩、论坛、研讨课、同课异构再重构或赛课、研讨会、报告会、读书报告、经验交流会、课题研究、送教下乡、外出跟班学习等为主要形式，以工作室博客、QQ 群、微信群、云盘为辅助学习研讨平台。

六、成员的分工

(1) 工作室主持人及子工作室主持人：设计工作室方案，全面负责工作室的整体策划和组织指导工作，日常工作的策划、联系和落实，以及活动现场调控、宣传策划等。

(2) 工作室核心成员及子工作室导师：协助主持人做好工作室的整体策划和组织指导工作，分工合作，分别对学员给予理论指导、实践指导和写作指导；参与并指导学员进行专著编撰。

(3) 工作室秘书：活动通知，学员考勤考核，活动过程性资料管理，工作室科研经费的管理。

(4) 工作室网管：具体负责工作室研究成果上网和维护工作，博客、Q群、云盘的建设与管理等。

(5) 工作室学员：按工作室计划开展理论学习和实践研究活动，提交学习心得、研讨心得、研究成果、课题资料、教学资料，并推广研究成果，轮流编辑《工作室简报》。

七、三年发展规划

2019 年 6 月至 2022 年 5 月，三年三阶段

1. 成长阶段（2019 年 6 月—2020 年 5 月）

目标：

学科课堂教学能力提升，教学问题诊断以及教学设计与实施优化能力提高。

内容：

教育人文素养与师德涵养、新课标解读与新教材解构、学科核心素养研究、课堂教学问题诊断、教学设计与实施优化、教科研方法。

具体措施：

(1) 写规划：学员提交个人三年发展规划，进行自我分析，确定个人成

附 1　教育部"国培计划"中小学名师领航工程吴爱姣中学英语名师工作室/海南省吴爱姣中学英语卓越教师工作室 2019 年—2021 年三年发展规划

长目标以及研修措施。

（2）学理论：通过自主学习、主题研讨、读书交流、专家讲座、问题研讨，进行人文素养与师德培训，进行新课标解读与教材解构、学科核心素养研究、基于学科核心素养的教学设计与实施、信息技术与课程整合教学等。

（3）做改进：围绕学习活动观落实与读后续写、概要写作、信息技术与课程整合研究，举行若干次教学改进活动。成员结合研修主题，每人上一节研讨课。顾问、导师深入学员课堂，进行教学诊断，发现成员的教学薄弱环节，指导学员阅读专业书籍、优化教学效果，并进行磨课、改进。

（4）研案例：根据年度研修主题，举行一次教学设计案例分析与研讨会，优化教学设计并实施，收集整理一批优秀教学设计。

（5）学科研：通过专家讲座与交流，学习教育科研方法的相关理论，掌握课题研究的基本过程，学会文献查找与阅读的方法，撰写课题的评审书与开题报告。

（6）帮弱校：与省内一所薄弱学校签订帮扶合作协议。形成工作室对口帮扶弱校，成员 1 对 3 师徒结对帮扶弱校青年教师的工作机制，形成常态化帮扶实施方案。

（7）提素养：所有学员选定一个英语学习 App，坚持英语阅读、听力、口语训练，不定期交流，提高自己的英语素养。

2. 成熟阶段（2020 年 6 月—2021 年 5 月）

目标：

学科示范指导力提升，学科教学评价与学科教研活动策划能力提高。

内容：

教育人文素养与师德涵养、学生学习规律与教师成长规律研究、学科教学评价与考试研究、学科主题活动的设计与实施。

具体措施：

（1）定制度：根据《海南省中学卓越教师（名师）工作室管理及考核实施办法（试行）》及工作室三年发展规划，修订完善工作室管理制度并执行落实。

（2）再研习：利用线上线下平台，上半年继续开展新教材研习活动，反复修订新人教版第一册、第二册的阅读教学设计，着手第三册的阅读教学设计与实践反复磨课，下半年进行读写课研习，录制一批优质课视频，形成优质课录像汇编。

（2）深读书：组织两次读书交流会，要求学员一年内阅读专业书籍4本，撰写4篇1000字以上的高质量读书心得，择优参加读书交流，形成优秀读书心得汇编。

（3）研规律：组织一次关于深度学习的主题研修活动，聚焦"深度学习的过程与学习效果研究"，探讨不同层次学生的英语学习的共同规律与个性特征，形成正确的学生观与教学观。

（4）试命题：举行一次关于英语教学与测评主题研修活动。学员每人编制一套精品单元测试题或期中、期末测试题，并进行命题研究。

（5）做策划：举行一次学科教学主题研讨活动设计比赛。成员以小组为单位策划一次主题研讨活动并实施，根据组织过程与效果，评选出一批优秀活动方案。

（6）录微课：在年初线上学习的基础上，整理修订个人教学微课视频，整理形成微课资源汇编。

（7）亮课题：举行一次课题开题论证及结题交流会，让学员展示课题研究的过程与成果，交流课题研究心得，相互提建议，改进完善课题研究。

（8）帮弱校：与省内一所薄弱学校结对进行对口帮扶。制定帮扶计划，定期送课、送研、送训，开展师带徒、跟岗实践等指导活动。

（9）写论文：学员在研修学习与课题研究的过程中，撰写相关课题论文，以写促思，以思促行。

（10）编著作：收集整理新教材研习的过程性资料以及教学与实施的效果数据，编撰阅读教学设计相关的著作初稿。

3. 辐射阶段（2021年6月—2022年5月）

阶段目标：

提升学科引领与辐射力，提炼教学风格与教学主张，打造领域专家。

内容：

教育人文素养与师德涵养、教学风格提炼、教学主张探索、研修成果收集与展示。

具体措施：

（1）建模式：成员依据前阶段研修成果，进行再实践，形成成熟、可信的教学成果，构建个性化教学模式，形成自己的教学风格。

附1 教育部"国培计划"中小学名师领航工程吴爱姣中学英语名师工作室/海南省吴爱姣中学英语卓越教师工作室2019年—2021年三年发展规划

(2) 晒特色：举行一次"精品特色课教学评比"活动。学员结合自己的科研方向，将自己的课题研究成果落实到课堂教学，上一节体现自己教学思想和教学风格的特色课。

(3) 晒成果：举行一次课题结题答辩会或课题成果展示会。

(4) 晒思想：举行一次体现工作室与成员个人教学思想的学术报告会、论辩会或者课题成果展示会。成员进一步交流思想，凝练思想。

(5) 成辐射：组织学员到各个直属中学及其他市县中学上示范课、研讨课、送教课，分享教学科研成果，发挥示范、引领和辐射作用，带动新一批青年教师成长。

工作进度表：

完成时间	课程类别	序号	课程名称	学习形式	考核维度
2019年6月—10月	教师修养	1	工作室团队建设	团体辅导+小报告	活动记录
		2	新时代教师的使命与担当	报告解读	活动记录
	专业知识与技能	3	新课标解读与新教材研习	工作坊	教学实践听课反思学习心得
		4	英语教学中的思维培养	报告+研讨	
2019年11月—12月	教师修养	1	《中学教师专业标准（试行）》解读	自学+研讨	学习心得
	专业知识与技能	2	学习心理学与英语教学	自学+读书交流	学习心得
		3	语篇分析方法	报告+读书交流+自习	学习心得
		4	课内外英语阅读	参与研讨会	学习心得
		5	指向核心素养的教学设计途径与方法（阅读、读写）	报告+研讨+工作坊	活动记录学习心得
	教育科研	6	"3S"阅读课题、读写整合研究	开题会议+项目研讨	活动记录
		7	教科研方法与论文写作	报告+研讨	活动记录

续表

完成时间	课程类别	序号	课程名称	学习形式	考核维度
2020年 3月—6月	专业知识 与技能	1	新教材研习5——新人教版第二册阅读课	线上研讨	教学设计 活动心得
		2	读书交流活动1	线上交流	读书心得
		3	新教材研习5——新人教版第三册阅读课	线上交流	教学设计 活动心得
		4	新教材研习5——新人教版第二册阅读课优质课打磨、录像	远程观摩+现场研讨	教学设计 教学录像 活动心得
	辐射引领	5	海南师范大学外语学院合作优秀大学生影子跟班项目启动	启动仪式	活动记录
		6	省内薄弱学校帮扶项目启动	启动仪式	活动记录
2020年 7月—8月	教师修养	1	西方教育名家名著纵览	报告+自学	学习心得
	教育科研	2	课题交流	小报告 著作撰写	学习心得 著作初稿
		3	阅读教学专著编撰		
	教学资源整合	4	微课视频整合		微课视频
	辐射影响	5	海南师范大学学生跟班学习、薄弱学校帮扶	跟岗学习 帮扶结对	教育实践
2020年 9月—11月	专业知识 与技能	1	学科教学主题研讨活动设计比赛	方案撰写	活动方案
		2	基于深度学习的教学主题论坛	报告+研讨	学习心得
		3	英语教学与测评	报告+工作坊	提交试题
		4	新教材读写课研习	教学实践+研讨	教学设计 听课反思
	辐射影响	5	海南师范大学学生跟班学习、薄弱学校帮扶	跟岗学习 帮扶结对	教育实践

附1　教育部"国培计划"中小学名师领航工程吴爱姣中学英语名师工作室/海南省吴爱姣中学英语卓越教师工作室2019年—2021年三年发展规划

续表

完成时间	课程类别	序号	课程名称	学习形式	考核维度
2020年12月—2021年2月	教师修养	1	哲学简史	自学+读书	读书心得
	专业知识与技能	2	读书交流活动	线上交流	读书心得
	教育科研	3	专著初稿修订	专著编撰	专著初稿
	辐射影响	4	海南师范大学学生跟班学习、薄弱学校帮扶总结	跟岗学习帮扶结对	教育实践总结
2021年3月—2022年5月	辐射影响	1	基于学员专长的主题论坛	主题论坛学员互评	活动记录主题报告
		2	海南师范大学学生跟班学习、薄弱学校帮扶总结	跟岗学习帮扶结对	教育实践总结
		3	中学英语骨干教师专业成长培养路径专题报告	专题报告案例分析	成员作业主题报告
		4	工作室资料整理、总结		成果汇总

八、管理保障

（1）组织保障。工作室要明确主持人和工作室成员的责任，主持人要对工作室的活动进行顶层设计，要和工作室成员进行充分讨论，建立工作室规章制度，要深入研究本学科中的前沿信息和发展动态以及重点、难点问题，积极探索新的方法，制定工作室发展规划和年度活动计划；指导成员制定个人发展规划及平时的研修活动方案。工作室成员要遵守工作室规章制度，完成培训任务，进行资料积累，挖掘自己潜能，积极产出成果，提升自己的素养。

（2）管理和使用好工作室经费。主持人每年要按划拨经费做好预算，经费主要用于支付专家课酬费、差旅费以及成员的学习资料费和外出学习费用，让每一分钱在培训中发挥效益。

（3）考核评估。接受华中师范大学和海南省中学教师继续教育培训中心的年度考核和终期考核。

九、预期成果

（一）学员个人成果

（1）三年内每位学员职称或学术称号有晋升，如晋升为一级教师、高级教师，或者校级、省级教坛新秀、教学能手、骨干教师等，实现自己的发展目标。

（2）三年内每位学员在各级别论文评比中获奖或在核心期刊发表论文 2 篇以上，在各级别课堂教学评比中获奖 1 次以上。

（3）三年内每位学员完成个人小课题或校本课题 1 个，主持或参与工作室或省级以上课题研究 1 个。

（4）三年内每位学员建成自己的个人博客，收集归档自己的各类教学资源。工作室建成教学资源库，含有课件、教案、试题、读书心得、听课反思、论文、教学视频、课题研究等。

（二）工作室集体成果

（1）建成有一定影响力的工作室微信公众号、博客。

（2）海南省中学英语骨干教师培训课程（2021 年 1 月完成）。

（3）基于统编版初中语文教材的写作课程资源（2020 年 4 月完成）。

（4）海南省中学英语教师优秀教学设计汇编（2020 年 12 月完成）。

（5）海南省中学英语骨干教师专业成长培养路径专题报告（2021 年 3 月完成）。

（6）终期考核时，工作室发表论文 100 篇，出版著作 2 部，辐射教师人数 3000 人次。

附件：

教育部"国培计划"中小学名师领航工程

吴爱姣中学英语名师工作室

组织机构

工作室指导教师：

郭宝仙　副教授　华东师范大学教师教育学院　理论导师

陈　波　正高级教师　海口市第一中学特级教师　实践导师

段会东　副教授　海南师范大学　课题导师

附1　教育部"国培计划"中小学名师领航工程吴爱姣中学英语名师工作室/海南省吴爱姣中学英语卓越教师工作室2019年—2021年三年发展规划

工作室主持人：

吴爱姣　特级教师　海南中学

工作室核心成员暨子工作室成员：

1. 西片区子工作室（临高、儋州、昌江、东方、白沙）

主持人：张青宁　特级教师　国兴中学

导　师：杨　飞　王敬干

学　员：陈　惠　杨　雯　周光丽　杨雪峰　陈　敏
　　　　黄桂红　谢克霞　李贤金　吴素环

2. 中片区子工作室（定安、文昌、屯昌、陵水 保亭）

主持人：陈　雅　学科带头人　国兴中学

导　师：章晨蕾　谢晓红

学　员：刘碧珠　谭美丽　陈　婷　何　琦　任丽伟
　　　　张雨竹　曾令娜　吴文潇　陈秀梅

3. 南片区子工作室（三亚、万宁、乐东）

主持人：王　英　学科带头人　农垦中学

导　师：黄　曼　吴　艳

学　员：周晶晶　闫云霞　高　峰　周　妙　邹苏桂
　　　　罗　璐　谢雪瑚　李春平　卢晓华　段淑芬

4. 北片区子工作室（海口、琼海、澄迈、五指山）

主持人：陈　琦　省级骨干教师　海南中学

导　师：吴聪燕　冯锦倩

学　员：李　玥　宿慧美　蔡　慧　李　荣　林少君　曾　妍
　　　　李　仪　葛　薇　谢琦慧　李秀文　钟玉芳

附2

海南省黄金玉中学语文卓越教师工作室三年建设方案

工作室将以"培养一批名师,打造一个团队,造福一方教育"为宗旨,以"搭平台、练内功、重辐射、共发展"为工作方向,以专家引领、同伴互助、交流研讨、自主研修为基本研修方式;以"生活语文,臻于至善"为教学主张,以课程设计为先导,以课堂教学为主阵地,以教育科研为支撑,以落实语文核心素养为目的,以各个新兴媒体为交流载体,构建"3Z"(重视课程设计、重视课堂教学、重视课题研究)名师培养模式,回归语文教学本真,使语文教学"生活化",打造焕发生命活力的"3Q"(求真、求效、求趣)课堂,实现"科研"与"教学"比翼双飞的美好愿景。

一、总体目标

(一)总体文化目标

树立以"生活语文"为主要教学形态的教学主张和理念,在进行教学和科研过程中追求"真学、真教、真研"的同时,努力创设语文生活化氛围,把生活与语文紧密结合,倡导感知、体验和参与的学习方式,让读书和写作相得益彰,使灵感和创意不断涌现。贯彻落实语文来源于生活、语文服务于生活、语文指向于生活的大语文思想。培养一批教学理念先进,教学能力突出,教学研究深入、教学理论深厚、教学情怀丰盈的老师,培育出热爱生命、热爱生活、热爱语文的学生个体。

(二)培养构建目标

工作室以"生活语文"为研究导向,力求构建求真求效求趣的常态化生活语文课堂,并使工作室成员在"3Z"名师培养模式下成长为教学设计行家、

附2 海南省黄金玉中学语文卓越教师工作室三年建设方案

课堂教学能手、课题研究骨干。完成初高中语文统编教材设计范例，完成一项省级一般课题研究，智慧众筹、融合研创、多维成长，让工作室成员成长为智慧型教师。

（三）帮扶辐射目标

三年时间完成帮扶1所至2所学校的师资培养、课堂教学和课题研究的任务，带动一方学校教育质量的提升。希望三年后，工作室能加入"全国名师工作室联盟"，推广研究成果，在省内外具有一定的影响力和知名度，发挥工作室的引领辐射作用。

二、任务与措施

（一）活动任务

1. 重点项目："五个一"体系

（1）打造好一个教师学习共同体。通过学习共同体的构建和运行，在"3Z"名师培养模式下，使工作室成员能在海南省优秀教师梯级成长中相应提升，努力成长为学有专长、术有专攻的知名教师。

（2）研究好一项课题。在深入探索"生活语文"教学实践的核心要点与复杂挑战的过程中，聚焦新教材单元教学设计的关键议题，组织开展系统性的专题研究活动。为确保研究工作的深入与实效，每位参与者在既定的工作周期内，需独立承担并完成至少一项市级或县级以上级别的微型研究课题或专项研究任务。此外，鼓励学员积极参与由工作室主导的大型课题研究项目，通过团队协作，共同攻克难题，深化研究层次。

此过程不仅要求学员在实践中探索、在探索中反思，还要求学员将研究成果转化为可应用于实际教学的策略与方法。因此，完成研究后，每位学员需撰写并提交一定数量的高质量学术论文或专业著作，这些成果应充分展现其在"生活语文"教学理论构建与实践创新方面的独特见解与显著成效。此举旨在推动"生活语文"学科教学的理论框架不断完善，促进教学实践与理论研究的深度融合，为提升教学质量、丰富学科内涵贡献智慧与力量。

（3）提出一种学科教学主张。工作室将在主持人的带领下，帮助成员提升专业能力，梳理总结教学经验，提炼塑造教学风格，凝练教育思想，三年内逐步提出鲜明的工作室教学主张、教育理想与追求，并在活动中予以贯彻，同时学员个人也要提炼自己的教学主张。

（4）帮扶一所薄弱基地学校。工作室要与海南省文昌市文北中学结对开展对口帮扶工作。工作室要与基地学校共同制定帮扶计划，定期组织成员送课、送训、送研到校，切实发挥名师和骨干教师的示范、带动、辐射作用，帮助薄弱学校显著提高语文学科教师的专业水平和教学质量。

（5）建立好一个特色网站或者微信公众号。工作室要结合新课程实施，根据本学科特点和工作室目标系统地建立教育教学资源库。工作室建立自己的特色公众号，设置成员风采、教学感悟、读书心得、课题研究、通知简报、成果展示等六个菜单栏，使之成为其工作动态发布、成果辐射推广和资源生成整合的中心，通过互动交流，实现优质教育教学资源的共享，有效宣传和推广工作室。

2. 重点活动

（1）成员制定个人发展规划。工作室成员根据个人的实际情况，科学地制定出本人的三年发展规划，明确今后自己专业发展的目标和步骤。

（2）加强成员教育理论学习。工作室主持人和导师根据"生活语文"理念需求和大单元教学设计相关理论向成员推荐必读书目和选读书目，每位成员依据自己的情况制定相应的读书计划，每年撰写相关的读书笔记并进行分享。

（3）丰富教育教学交流内容。定期集中开展教学实践研讨活动，同时在网上进行读书、教学感悟等各种研修的交流活动。每人每年至少主持一次网络专题研讨活动。

（4）组织开展系列送课、送训活动。面向全省各区域广大教师组织开展培训、研修和观摩等活动，通过示范课、汇报课、观摩课、合作展示课、同课异构等形式来实现教学实践的分享，促进较大范围内学科教师专业素质的整体提升，三年内工作室至少面向全省开展一次学科主题论坛活动（包括专题讲座、示范课、研讨交流等）。

（5）开辟 OMO 微论坛，成立美篇专栏或微信公众号。通过网络传播和在线互动，有效地使工作室成为动态的工作站、成果辐射源和资源的生成站。

（6）定期组织外出观摩学习交流。有计划地安排工作室成员外出培训、观摩、考察学习，聘请知名教育专家学者担任工作室顾问，对学员进行指导。

(二) 实施措施

1. 机构设置

工作室成员结构拟采用"顾问团队+主持人+导师团队+学员团队+观察员"的形式。拟定30名成员（顾问团队3名、主持人1名、导师4名、学员初高中教师各10名、观察员初高中教师各1名，观察员不享受学员待遇，随时替补不称职的学员，优秀者一年后可以转为学员）。部门建构为：研修协作组、宣传管理组、档案管理组。

（1）研修协作组主要负责制定方案，包括培养目标、研训课程、研训形式、研究专题、培养考核等，以及日常工作的安排、布置、协调等工作。

（2）宣传管理组负责建设运营OMO微论坛（线上融合），管理美篇专栏和微信公众号。

（3）档案管理组主要负责对有关会议记录、研究信息、研究资料搜集整理归档以及及时与网络管理员联系上传、发布。

2. 合理规划

（1）工作室定位：辐射全省乃至全国。采取"3Z"名师培养模式，打造"3Q"课堂，在工作室运行周期内（三年内），完成一个省级一般课题，培养一批教学研究和课题研究骨干，推出若干课程设计，完成若干公开课堂，形成一批重要成果。

（2）学术引领：工作室拟聘请大学课程教授、课题指导专家和一线课堂教学名师作为工作室学术顾问来指导工作室的教师培养和学术研究工作。选聘一线有经验的老师、教研员做工作室导师，负责学员平时的研修、课程设计、科研、论文写作等方面的辅导工作。

（3）规范操作：①工作室拟建立严格的工作室管理制度，比如《工作室三年规划》《工作室年度规划》《工作室成员职责》《工作室主持人职责》《工作室活动记录表》《工作室年度考核表》《工作室成果登记表》等。②工作室将建立工作室档案。准备为所有成员建立档案盒和电子档案，并由专人负责。档案重点保存工作室成员参加活动的情况、成果发表情况、活动获奖情况、年度总结、年度考核表等。③创新组织形式。工作室拟采用"1+N"分组制开展研修培养活动。"1"指一位导师，"N"指若干学员，按照导师和学员区域分布或者同一学段等进行分组，便于指导和培养。④实行动态管理。工作室学员每年接受考核一次，考核由主持人和导师负责，考核情况及时备案

(考核方案另制)。对考核不合格者将取消其学员资格，同时按有关程序吸收符合条件、有发展潜力的观察员进入工作室。⑤规范工作流程。工作室会议、学习安排、研讨活动，如无特殊情况，要尽量如期进行；每年都要有开年工作会议和年度总结会议，在年度总结会议上每个成员都必须进行工作汇报。会议都要有录像资料和详细记录。

3. 保障措施

（1）组织保障。由海南省中学教师继续教育培训中心负责对项目做总体部署和工作指导，成立项目领导小组与实施管理办公室。由海南省项目办公室负责制定工作室总体实施方案与相关管理制度，拟定传达活动通知，监督每个工作室的内部建设与活动正常开展以及项目专项经费的使用情况，组织协调省市县相关部门积极创设良好条件，为项目日常活动提供组织、政策及经费等各项保障。

（2）条件保障。主持人和工作室成员任职单位对工作室开展工作给予时间、经费和场所等方面的大力支持。工作室主持人挂牌学校为工作室设置独立的工作场所，配备相应的基础设施。

（3）制度保障。工作室制定三年总体规划、每年活动计划，学员管理制度和考核方案，比如《工作室三年规划》《工作室年度规划》《工作室成员职责》《工作室主持人职责》等。

（4）经费保障。海南省教育厅按年度给予工作室经费支持，由工作室主持人根据年度活动计划科学合理拟定预算并严格执行。

三、课程建设

针对工作室建设三年周期目标和特点，按照"生活语文"的理念主张，采取连续性、递进性的方式设置工作室总体课程方案。具体年度的研修主题、内容纬度、课程模块与研修方式如下表：

附2 海南省黄金玉中学语文卓越教师工作室三年建设方案

年度	研修主题	内容纬度	课程模块	研修方式
第一年	构建"生活语文"求真、求效、求实、教学基本框架	以"生活语文"为抓手,提升新课程、新教材研读能力	模块一：自我认知诊断与发展渴求的破冰及团建	专题讲座、经验分享、团建活动
			模块二："生活语文"的教学基本框架	理论学习、案例研讨
			模块三：课标学习与教材研读	专题讲座、问题研讨
			模块四："生活语文"落实核心素养的路径与目标	专题讲座、经验分享
			模块五：基于"生活语文"的课堂教学设计	网络交流研讨
第二年	"生活语文"教材处理及课题研究	"生活语文"教学设计和课堂实施能力	模块一：名师"生活语文"求知教学论坛	专题讲座、经验分享、主题沙龙
			模块二：开展教材解读、课堂实施活动	案例研讨、经验分享
			模块三："生活语文"教学设计、高中部编版教材设计案例	专题研训、案例分析、研课磨课
第三年	基于求真求效求趣的"生活语文"课堂大单元教学	"生活语文"大单元教科研能力	模块一：完成"生活语文"理论建构	专题讲座、经验分享
			模块二：完成培养和建构目标,研究"生活语文"大单元教学	专家示范课、学员研究课、经验分享
			模块三：开展"生活语文"优质课评比活动,让"真"文化融入学员血液,提炼教学经验、观点,形成各自风格	讲座、论文写作
			模块四：与"生活语文"相关的课题研究梳理、结题	讲座、课题实施、学员实践课展示

四、实施特色

（1）创建双基研修模式：提供线上线下主题研修模式。

（2）创建研修共同体：建设"1+N"研修学习小组。

（3）创建培养新模式：打造"3Z"名师培养模式。

（4）创建工作室"真"文化：营造"真学、真教、真研"工作室文化氛围。

五、工作计划与安排

（一）第一阶段（2022年6月—2022年12月）

（1）组建工作室，选拔工作室成员，制定工作室三年规划实施方案。

（2）建立相关工作制度等，完善工作室设施等，指导工作室成员制定发展规划，建立个人美篇专栏，建设工作室美篇专栏和微信公众号等。

（3）适时组织成员到市、省级名师工作室进行参观学习。

（4）申报一个省级课题，以课题促进成员研究能力的提升，引领工作室常规工作。

（5）开展几次主题教研活动，通过理论学习、课标和教材研讨、问题诊断，构建"生活语文"求真求效求实教学基本框架，提升"生活语文"课堂教学能力和新课程新教材教学设计能力。

（二）第二阶段（2023年1月—2024年2月）

（1）开展相关课堂教学观摩活动及相关专题讲座，探讨研究"生活语文"求真求效教学和学习规律，开发相关课程资源。

（2）组织学员进行网上理论研修，读书学习，撰写读书笔记，提高自身"生活语文"教学理论修养，积极参与"生活语文"科研课题研究，提高课题研究能力。

（3）组织学员进行校际教学交流活动，确定专题，举办名师"生活语文"求真教学论坛活动，进行引领示范。

（4）申报参加全国名师工作室联盟，扩大工作室影响和知名度。

（三）第三阶段（2024年3月—2024年6月）

（1）检查指导课题研究情况，撰写结题报告，确保完成课题研究。

（2）举行"工作室学员课例展示评比活动"，组织学员观摩学习。

(3) 提升学员个人教学理念、特色，完成学习记录及总结等。

(4) 完成工作室教育教学科研成果展示，在科研、实践上对全省教师起到示范引领作用。

(5) 提交研究的成果材料和工作室总结材料，接受评估。

附 3

基于核心素养的教学评一体化教学设计
——"超重和失重"

东方市八所中学　陈田（成员）
海南省国兴中学　符程（主持人）

1　教材分析

超重和失重是《普通高中物理课程标准》（2017年版2020年修订）必修课程必修1模块中"相互作用与运动定律"主题下的内容，课程标准要求为："通过实验，认识超重和失重现象。"超重和失重是物理学中的重要现象，是典型的应用型知识点，是第四章"运动和力的关系"的最后一节内容，是对整章乃至高中物理必修1的总结。通过超重和失重实例分析，让学生学会用牛顿运动定律解决问题，逐步形成运动与相互作用观念，提升物理学科核心素养。

教材通过情景问题—实验探究—理论分析—应用巩固，以超重和失重现象的探究为主线，为学生提供亲身体验，强调学生的参与、体验与思考，让学生带着疑问进行探究，重视学生知识形成的过程。

2　学情分析

学生理解了加速度、力的概念，也初步掌握了牛顿运动定律，能从受力情况确定运动情况以及从运动情况确定受力情况，具备一定的运动状态分析、受力分析的能力。

3　教学重点和难点

教学重点是超重和失重现象的动力学解释。教学难点是对超重和失重的物理内涵有清晰的认识。

4 教学目标

（1）通过体重计实验和传感器实验，认识超重和失重现象。

（2）通过分析体重计示数变化和传感器实验归纳超重和失重现象产生的条件。

（3）通过体重计实验和传感器实验，能应用牛顿运动定律分析超重和失重现象遵循的物理规律，并通过观察电梯运行时台秤的示数进行验证，理解超重和失重现象的本质，体会从现象到本质研究和认识规律的过程。

（4）能解释生活中的超重和失重现象和解决具体的实例。

5 评价任务设计

（1）完成体重计实验、用力传感器模拟弹簧测力计的下降和上提过程，回答任务 1 的问题 1~6。（对应目标 1）

（2）分析体重计实验和传感器实验现象，回答任务 2 的问题 1~3。（对应目标 2）

（3）建构人随电梯运动的模型，分析超重和失重现象产生的动力学原因，回答任务 3 的问题 1~4。（对应目标 3）

（4）独立完成例题；应用超重和失重的知识解释"太空乒乓球"实验和水瓶实验现象。（对应目标 4）

6 任务分解

任务 1：认识超重和失重现象。

任务 2：归纳超重和失重现象产生的条件。

任务 3：应用牛顿运动定律分析超重和失重现象产生的动力学原因。

任务 4：超重和失重现象的应用。

7 教学活动

任务 1：认识超重和失重现象。

创设问题情境：用体重计测重力；人站在体重计上下蹲和站起；用力传感器模拟弹簧测力计的下降和上提过程。

表1

问题设计	学习活动设计	达成素养目标
如果要用体重计测量人的重力大小，测量时需要注意什么？为什么一定要保持静止？ 体重计的示数表示哪个力的大小？ 若人站在体重计上往下蹲，示数如何变化？站起呢？ 将挂着重物的弹簧测力计上提和下降，示数如何变化？ 我们也可以用力传感器模拟弹簧测力计的操作过程，你能读懂这个 $F\text{-}t$ 图像吗？ 在下蹲（下降）过程中，先后经历了哪些运动阶段？站起（上提）呢？视重和重力的大小关系如何？	活动1：用体重计测量人的重力大小，通过回答问题1~2，明确视重和重力两个概念的区别。 活动2：一学生站在体重计上下蹲、站起，另一学生用手机实时投屏，其余学生注意观察体重计的读数变化。 活动3：观察挂着重物的弹簧测力计上提和下降过程的示数变化，教师再用力传感器进行模拟验证。 师生合作，明确活动2和活动3中的下蹲（下降）和站起（上提）均经历了加速、减速、静止三个阶段以及视重和重力的大小关系，认识超重和失重现象。	知道视重和重力两个概念的区别。（物理观念） 通过体重计实验和传感器实验，发现示数变化的过程。（科学探究） 通过对体重计实验和传感器实验现象的对比，抽象概括出超重和失重概念。（科学思维）

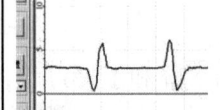

(1) 教学建议。

活动1主要让学生了解视重即重物对弹簧的拉力，认识视重和重力的区别；活动2可以培养学生的观察能力和合作能力；活动3利用力传感器模拟弹簧测力计，将结果形象化，师生合作归纳观察的结果并板演在副黑板上。三个活动层层递进，强调学生的参与和体验，为学生正确认识超重和失重现象提供实验依据。

(2) 课堂评价建议。

①学生能否回答出弹簧测力计的读数是重物对弹簧测力计的拉力大小？能否区分视重和重力两个概念？

②学生能否通过观察正确说出人站在体重计上下蹲、站起过程中体重计示数的变化情况？能否读出传感器实验的 $F\text{-}t$ 图像所蕴含的物理信息？

③学生能否配合老师将对应阶段的视重与重力的大小关系板演在副黑板上？

任务 2：归纳超重和失重现象产生的条件。

创设问题情境：活动 2 和活动 3 的实验现象。

表 2

问题设计	学习活动设计	达成素养目标
1. 产生超重和失重现象的条件是什么？你能找到吗？ 2. 每个阶段的速度方向如何？加速度方向如何？你能找到规律吗？ 3. 物体的超重和失重是物体所受的重力发生了变化吗？	学生小组合作，在确定加速阶段和减速阶段速度方向和加速度方向的过程中，归纳产生超重和失重现象的条件： (1) 若加速度方向向上，则产生超重现象； (2) 若加速度方向向下，则产生失重现象。	分析实验中不同阶段的速度方向与加速度方向，发现超重和失重现象的产生与速度方向无关，只与加速度方向有关。（科学探究） 分析实验现象，归纳概括出超重和失重产生的条件。（科学思维） 物体产生超重和失重现象时，物体的重力并没有发生变化。（物理观念）

(1) 教学建议。

教学中教师要让学生经历"问题—猜想—证据收集—现象分析—得出结论"这一探究过程，体会科学探究的猜想、推理、证据等方法，培养学生的分析和归纳能力。

(2) 课堂评价建议。

①学生是否能正确说出每个阶段的速度方向和加速度方向？

②学生能否发现加速度方向向上产生了超重现象？加速度方向向下产生了失重现象？

③学生能否发现产生超重和失重现象过程中物体的重力并没有发生变化？

任务 3：应用牛顿运动定律分析超重和失重现象产生的动力学原因。

创设问题情境：播放电梯中的超重和失重现象的视频，观察电梯上升和下降时的台秤示数变化。

表3

问题设计	学习活动设计	达成素养目标
1. 为什么说物体的加速度方向向上或向下就会产生超重和失重现象？ 2. 若物体放在台秤上不动，台秤上的示数就不会变吗？ 3. 电梯上升时哪个过程会产生超重现象？哪个过程会产生失重现象？下降过程呢？	1. 师生合作，利用牛顿第二定律和牛顿第三定律推导出当加速度方向向上时产生超重现象的动力学原因。 2. 学生自主推导产生失重现象的动力学原因。 3. 分析电梯里台秤示数的变化并观看视频进行验证。	能运用动力学知识推导产生超重和失重现象的原因并进行电梯实验验证。（科学思维、科学探究） 通过超重与失重研究中的实验研究与逻辑推理两种求证方式，体会科学研究的特点和方式。（科学态度与责任）

（1）教学建议。

教学中教师要让学生经历分析产生超重和失重现象的动力学原因，培养学生的科学推理能力。还要让学生根据超重和失重现象的本质先分析电梯里台秤或弹簧测力计的示数变化，再观看视频进行验证，培养学生基于逻辑对具体问题作出合理解释的能力。

（2）课堂评价建议。

①学生是否能正确判断电梯上升和下降过程对应产生的超重和失重现象？

②学生是否能自主推导失重现象产生的动力学原因？

任务4：超重和失重现象的应用。

问题情境：假设某人的体重为60千克，他站在电梯内的水平地面上，当电梯以0.25米每二次方秒的加速度匀加速上升时，计算人对电梯的压力。进一步拓展：如果电梯的加速度为重力加速度，这时人对电梯的压力多大？

播放视频：航天员在中国空间站上展示水瓶实验：有一个水瓶，靠近它底部的侧边有一小孔。先用手堵住小孔，正常情况下，松开手，水就会喷射出来；慢动作播放：让它从空中自由下落，水却不会从小孔流出。

表 4

问题设计	学习活动设计	达成素养目标
如何选择研究对象？人的受力情况如何？人对电梯的压力怎样计算？如果电梯的加速度是重力加速度，人对电梯的压力多大？会产生什么现象？ 将挂有重物的传感器由静止释放，得到的这个 F-t 图像说明了什么？ 3. 在太空，液滴为什么会呈球形？ 4. 在水瓶实验中，让它自由下落，水为什么不会从小孔流出？	1. 学生运用牛顿运动定律分析、列式计算并求解。进一步拓展：当电梯的加速度是重力加速度时，人对电梯的压力多大？ 2. 推导当电梯的加速度等于重力加速度时，会产生完全失重现象，观察教师用传感器实验进行的验证。 3. 通过阅读教材知道太空处于完全失重环境，弹力完全消失，同理，自由落体运动也是一种完全失重的现象。	会根据超重和失重的动力学原理解决问题（科学思维）。知道产生完全失重现象时，物体的加速度等于重力加速度（物理观念）。对完全失重现象运用动力学原理进行理论推导，并通过力传感器进行实验验证，体会物理学研究中的逻辑推理+实验验证的一般科学研究方法（科学态度与责任）。通过观看"神舟十三号航天员在中国空间站上展示水球升级版实验"视频，感受我国航天航空技术的高速发展，增强民族自豪感（科学态度与责任）。

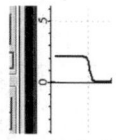

（1）教学建议。

教学中教师要引导学生运用学过的知识分析问题，进一步规范学生的解题、语言表达以及逻辑推理能力。学生阅读教材，利用学习的知识感受太空中奇妙的失重现象。

（2）课堂评价建议。

①学生能否应用牛顿运动定律算出人对电梯的压力大小？

②学生是否能推导出当电梯的加速度为重力加速度时，人对电梯的压力为 0？

③学生能否分析在完全失重的环境下的一些现象？

8 课后作业

基础类：

示例 1. 关于超重和失重，下列说法正确的是（　　）

A. 超重就是物体所受的重力增加了

B. 失重就是物体所受的重力减少了

C. 完全失重就是物体一点重力都没有了

D. 不论超重、失重或完全失重，物体所受的重力是不变的

示例2. 某同学乘坐电梯时，突然感到背上的背包变轻了，这一现象表明（　　）

A. 电梯可能在上升

B. 该同学处于失重状态

C. 电梯的加速度方向向上

D. 该同学对电梯地板的压力大于地板对该同学的支持力

拓展类：

示例1. 原来做匀速运动的升降机内，有一被伸长弹簧拉住的、具有一定质量的物体A静止在地板上，如图所示。现发现A突然被弹簧拉向右方。由此可判断，此时升降机的运动情况可能是（　　）

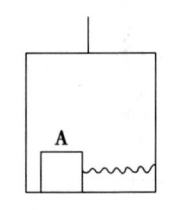

A. 加速上升　　B. 减速上升　　C. 加速下降　　D. 减速下降

示例2. 某同学站在电梯底板上，电梯在某一段时间内速度变化的情况如图所示（竖直向上为正方向）。根据图像提供的信息，可以判断下列说法正确的是（　　）

A. 在0~20 s内，电梯向上运动，该同学处于超重状态

B. 在0~5 s内，电梯在加速上升，该同学处于失重状态

C. 在5 s~10 s内，电梯处于静止状态，该同学对电梯底板的压力等于他所受的重力

D. 在10 s~20 s内，电梯在减速上升，该同学处于失重状态

附件：教学评一体化实施的心得体会（东方市八所中学　陈田）

教学评一体化的课堂让老师更关注学生的学习，三年工作室的学习让我更体会到要让学生学得有效，必须重视教学目标的确定，根据教学目标设计评价任务，使教学活动有明确的指向。并依据教学逻辑，将教学内容进行任

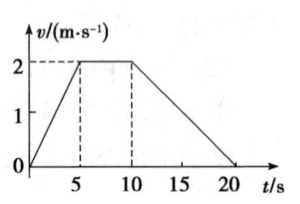

务分解，再针对每个任务创设情境，设计问题和教学活动，让学生在解决问题过程中掌握知识和方法，将教学评价融入整个课堂教学过程，有利于教师调整教学进程和策略。

遗憾的是，本节课还需要改进，如教学中设计的问题指向性不够明确、对学生的回答没有及时反馈或给予肯定鼓励的评价、课堂评价方式还不够丰富等。

专家点评

专家1：陈田老师将教学任务进行分解并贯穿整个课堂的教学，知识逻辑清晰，很好地把控着整个课堂的节奏，积极地调动了学生的课堂积极性，整节课将现代技术与教学完美融合，展现了陈田老师这几年的进步，体现出较高的教师素养。

专家2：从展示过程可以看出陈老师对课标的深刻理解，他在课堂上善于引导学生，能通过不同的方式和技巧调动学生的积极性。陈老师在教学中不仅关注全局，也精心设计细节，比如提问，关注学生的层次，通过巧妙的提问来让学生产生成就感。相对于三年前"僵硬"的课堂，我们看到了一个新的陈老师，他通过精致的教学设计，规范且有教学风格的教学，让课堂"活"了起来。

专家3：看了陈老师的教学设计，再听他的课，给我最大的感受是，陈老师永远不停止反思，这体现在他对教材的思考，对教材后的题目的反复研究。陈老师的教学实现了学生"学会、学好"到"会学、好学"的转变，他合理地设计教学课堂提问，知识逻辑清晰，指导学生科学地阅读教材，尽量用讲故事的方式去设计教学，让学生快乐地学习，培养学生思维品质。

附4

海南省陈素梅中学物理卓越教师工作室宣传册

磅礴万物 游于至大 卓然独立 越而胜己

一、工作室的基本情况

陈素梅中学物理卓越教师工作室的组织结构与其他工作室有所不同。工作室在相关市县教育局、研训院（中心、学校）的支持下，从2010年的"陈素梅物理特级教师工作室"发展到第二届、第四届"陈素梅中学物理卓越教师工作室"，从原有的8人发展到今天的"一室十三坊"（13坊分别在海口初高中各3坊，省直属1个，三亚、儋州、屯昌、乐东、五指山、澄迈各1个）。工作坊主要成员77人（以工作室专家、指导教师及正副坊主、指导教师为主体），其他坊员逾300人。

每个工作坊均以"六级塔式"结构进行设置，在领衔专家的指导下，选定正副坊主、指导专家、坊骨干、坊员和徒弟。工作室聘有或长期或短期的项目制的"理论、课程和课堂"三类专家。省内专家：罗基鸣副院长（海南省物理教育的领军人物、国家级专业指导、特级教师）；海南师范大学的邱名实副院长和物理系的廖元锡教授；海南中学的教研组长梁明奋和徐建华老师；省外专家：陈珍国（上海浦东教育发展研究院副院长、上海市特级教师、正高级教师）、吴磊峰（浙江省特级教师、正高级教师）、张世成（江苏省特级教师、正高级教师）。

工作室主张在成就自我的过程中成就他人，主张各工作坊基于在地化教育发展现状，在工作室指导下，以学习型结构化的工作坊为成长共同体，努力成为海南省物理教育理论与实践的探路者和示范者，引领区域物理教育的发展。

二、工作室的教育哲学

工作室认为：人是教育的对象，教育是育人的活动，成就"人"是教育的目标，工作室的终极目标理应首先成就教师，进而成就学生。工作室在成长的过程中，从对"人"的成长研究中，逐渐提炼出"人为贵""以用为学""用以致研"的文化主张，这源于"以人为本""学以致用"的中国传统。主张完善结构化的学习型共同体，提倡从研究成长主体为出发点，以研修、体悟、实践、反思、创新为成长路径。以任务为专业成长平台，在指导成长中深度发现问题，在解决问题中成就更深层次的成长，让成长获得内驱力，实现持续的发展。

三、工作室的 LOGO 解读

左上图为工作室的LOGO，是以"右手画左手"方式的组图，分三大主体：图中左上角是·"格物致知"四个工笔字；右上角有物理的拼音首字母——"WL"；图中手手相连，五指向心，尾巴是一个强健而有力的拇指，它们共同构成一个大大的字母——"a"。

——"右手画左手"组图隐喻：左手指思维理论指导，右手指实践行动反思；

——"格物致知"四字，源于《礼记·大学》中的八目，包含着物理学科的研究方法、思维方式和物理精神与物理态度；

——"a"的解读：其一，它是物理中的加速度符号，拇指按下加速度器，学习共同体将助力加速飞翔；其二，它是26个英文字母中的第一个，代表着"敢为人先，勇于创造，追求卓越"的勇气与胸襟；其三，它的直观形象是一杯咖啡，代表着简单与和谐、民主与自由，代表着在交流碰撞中形成教育智慧方式方法；其四，它是完美的圆形、发散而相连的五指，代表信息与教育、教学的融合，意指用手创造最完美的信息技术时代。

四、成长价值的追求

工作室追求的首先是人的精神力量的变化，是人格与创造力的变化，是人与人相互关系的变化，然后才是专业素养与能力的提升。工作室始终认为，最好的成长，恰恰在于真实的相遇之中；在于灵魂的上升与解放，在于责任的唤醒，在于自我控制力量的增强；在于因为植入希望而带来的美妙的颤栗，在于爱自己与爱世界的冲动与激情。

工作室不断完善《陈素梅中学物理卓越教师工作室专家团队和学员职责》，明确专家与学员的成长任务。

作为领头的工作室主持人在团队成长中所呈现的生命状态往往影响着整个团队的成长生态环境。尼采的"人必须有内心的混乱，才能生出跳舞的星星"，"每一个不曾起舞的日子都是对生命的辜负"可表达出工作室主持人的精神追求。我们要为自己的生命编一段属于自己的舞蹈，让生命充满诗情画意，并与同伴一起迎风远行，让生命拥有诗和远方，增加生命的厚度与广度，教育留给我们和学生一种浪漫，一种独属于教科研生活的浪漫。

在团队的共同成长过程中，我们要共同努力提升幸福和快乐的能力，让每一成员都能不断地成为幸福的人，成为拥有生命智慧、乐观豁达、自爱、求真求善求美、有物理的特质的物理人，成为一名有勇气担当有家国情怀、有教师的学科核心素养、有教育教学智慧的物理教师。

五、工作室/工作坊结构

工作室成员来自大学院校、研训机构、各中学近86个单位，人数逾300人。

要形成怎样的组织结构关系才能成就彼此的成长？我们共同思考着这样的问题："我是谁？""我要成为怎样的自己？""我们要成为怎样的群体？"在深入工作室成员的课堂观察诊断和对话交流中，对于工作室成员的成长课程体系有了一个比较清晰的思路：树立主体的成长意识，完善团队结构建设。右下图为工作室针对成员所绘制的多主体思维图。

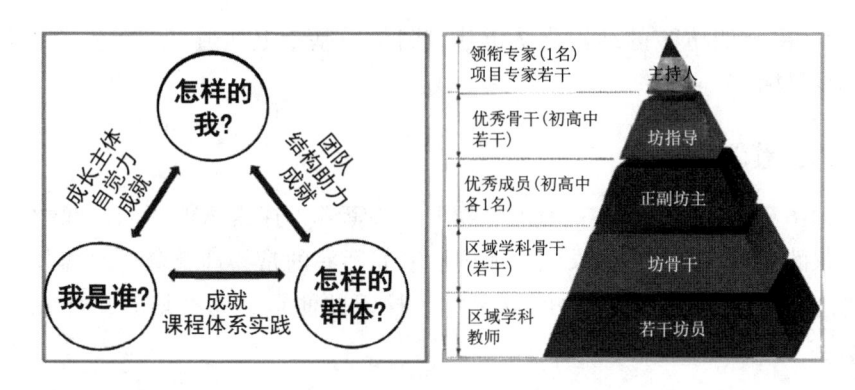

附4 海南省陈素梅中学物理卓越教师工作室宣传册

在实践与探索之中,我们不断坚定"六级塔式"理想化生态团队结构(如右上图所示:五级,第六级为成员所带的徒弟)。

工作室设五级主持人1名,理论指导专家2名、课程指导专家3名、课堂指导专家3名,下设13个工作坊。每一个工作坊设有正副坊主、坊指导、坊骨干和若干坊员。多层级的塔式组织结构设置,让每一位成员"看见"自我成长的"高度差",以唤醒成员成长的自觉力。以团队的结构助力成员间的相互成长。以适合成员的分层成长的课程体系,搭建合理的成长平台成就群体的成长。

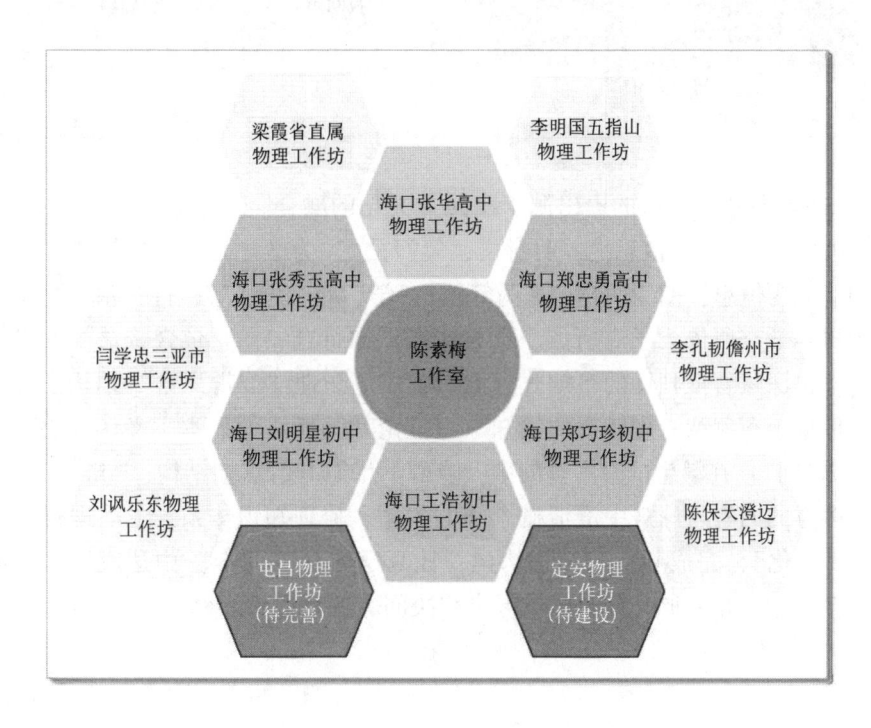

"一室十四坊"的结构化队伍建设目标，基本上达成了"一室十三坊"的建设目标。

六、教学主张

2016年以来，工作室一直聚焦物理核心素养，探索物理"问辩课堂"教学主张的实践与落实。如果说物理核心素养回答的是物理教育"培养什么样的物理人"的问题，那么"问辩课堂"探索的便是"怎么培养物理人"的问题。

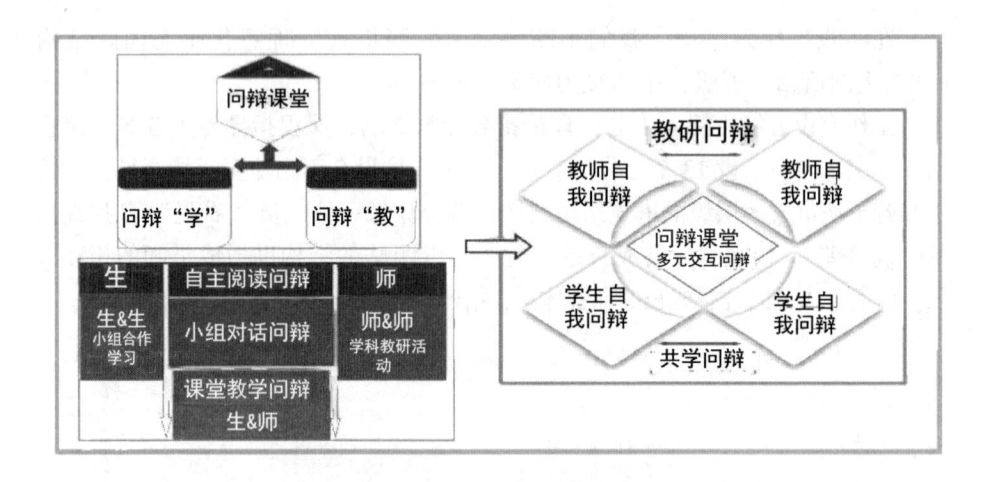

"问辩课堂"主张的提出源于东西方文化的融合。《礼记·中庸》有言："博学之，审问之，慎思之，明辨之，笃行之。"为学之道，首要博学，次为审问，三为慎思，四为明辨，五为笃行。"学、问、思、辨、行"治学之道富有逻辑：学有所依、学有所成、学有所用、知行合一。它包含着治学的逻辑顺序，也深藏着批判性的审辩式思维。工作室物理"问辩课堂"结构图的构建，依据于布鲁纳、皮亚杰的认知学习理论和马斯洛的人本主义认知心理学理论。"问"：在学生的自主提问中，唤醒学生原有的认知结构；"辩"：在双方或多方的回答与论辩中澄清概念间的关系，梳理知识体系，主动进行"同化""顺化"，完成新认知结构构建，让真学习在"问辩"中达成。在"问辩"学习中，培养同伴间自主或寻求解决问题的意识和能力。

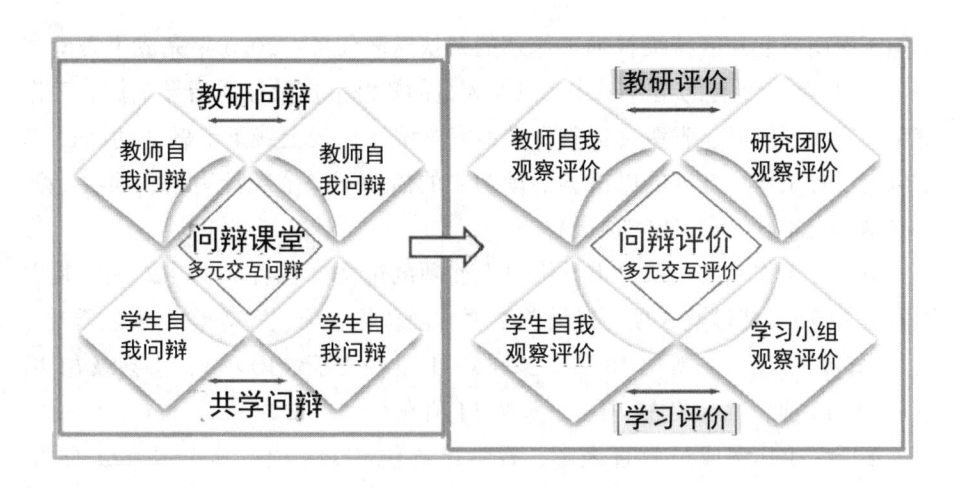

```
┌─────────────────────────────────┐  ┌─────────────────────────────────┐
│          教研问辩                │  │         [教研评价]               │
│   教师自我        教师自我        │  │  教师自我         研究团队        │
│    问辩            问辩          │  │  观察评价         观察评价        │
│        问辩课堂                  │  │       问辩评价                   │
│       多元交互问辩                │  │      多元交互评价                 │
│   学生自我        学生自我        │  │  学生自我         学习小组        │
│    问辩            问辩          │  │  观察评价         观察评价        │
│          共学问辩                │  │         [学习评价]               │
└─────────────────────────────────┘  └─────────────────────────────────┘
```

从"问辩课堂"的探索到"问辩教育"的研究，我们以问辩学习和问辩教研，支撑起科学的问辩课堂！

从师生的自主阅读问辩，到学生的小组对话问辩和教研组之间的问辩教研，最后推动课堂中的问辩教与学。同时推进课堂的教育教学评价的变革：在多元交互的问辩课堂教学中关注多元交互式的问辩评价，提升师生的评价素养，培养学生的元认知能力以及自我监控和管理能力。

在"问辩阅读"中我们推出"元认知四问"自我问辩学习；在"问辩教研"中我们推出解读—展示—观察—诊断—发展的"五环节"教研；在课堂教学中我们探讨"五段式"多元交互式问辩。

七、工作室成长简述

第一，近年来，工作室走出了五位正高级物理教师：陈素梅（主持人）、徐建华（导师）、李星国、朱世军（工作坊领衔专家）、陈杨斌（工作坊指导）；一批骨干教师走上正副校长、正副主任和学科组长、年级科长的岗位；一批优秀教师成为新一轮省学带、省骨干的候选人（比如海口推出的物理省学带、省骨干，90%以上出自工作室）。

第二，在不断加强物理课程研究和物理课堂实践探索的基础上，三年来，工作室成员主持了33项省级以上研究课题、4项市级（海口、三亚）课题，带动了区域物理教科研的开展，并从中不断探索适合区域物理校本教研的"问辩教研"模式，推动了区域物理教研的深层次发展。三年来，工作室全面承担了海南省北片区特级教师工作站的帮扶送教任务；2020年完成了海南省"停课不停学"所有的指导工作，以及大量的资源上传及在线指导工作。工作室主体完成了国家、省级（以省发文不完全统计）线上线下专题活动项目30个以上。各工作坊开展的以市县活动为主的活动不完全统计逾180项次（海口6坊，三年 $6×8×3=144$ 项次）。

第三，工作室成员获得市县级以上奖项的论文（课件）共126项，其中国家级34项（特等奖3项、优秀奖2项、创新奖1项、一等奖21、二等奖7项）；省级31项（一等奖10项、二等奖11项、三等奖10项）；市县级61项（一等奖12项、二等奖35项、三等奖14项）。

第四，工作室成员教育表彰、教学比赛获奖113项，其中国家级18项（特等奖1项、一等奖8项、二等奖4项、三等奖2项、优秀奖3项）；省级38项（一等奖13项、二等奖21项、三等奖3项、优秀奖1项）；市县级一、二、三等及优秀奖57项。

第五，工作室成员发表论文31篇，其中独立完成25篇，工作坊成员合作2篇，第一、第二、第三作者4篇。

工作室参加2019年海口高中物理骨干教师全国论坛

附4 海南省陈素梅中学物理卓越教师工作室宣传册

海南省教培院罗基鸣副院长给儋州市中学物理工作坊授牌并合影

2019年9月，工作室在三亚举行活动

持续高质量发展

2019 年 11 月 14 日，工作室五指山工作坊成立与开班仪式

2020 年 5 月 30 日，工作室在海口举办读书分享会

附4 海南省陈素梅中学物理卓越教师工作室宣传册

2020年11月1日,工作室在海口教育研究培训院与湛江名师工作室联盟

2020年11月17日,工作室送教定安城南中学

2020年6月27日，工作室送教乐东中学

2020年12月29日，工作室在屯昌开展专题研修活动

附4 海南省陈素梅中学物理卓越教师工作室宣传册

2021年10月29日，工作室与浙江省、江苏省物理名师工作室联盟在浙江省嘉兴教育学院举行（1）

2021年10月29日，工作室与浙江省、江苏省物理名师工作室联盟在浙江省嘉兴教育学院举行（2）

持续高质量发展

2021 年 12 月 4 日，工作室参加第五届学习共同体教育峰会

2021 年 12 月 3 日—4 日，工作室联合海南中学、农垦中学、海口市第一中学，探问物理教研，共创物理课堂，格物致知，深度问辩

附4　海南省陈素梅中学物理卓越教师工作室宣传册

2021年12月10日—12日，工作室三亚、五指山、澄迈三坊联盟，在三亚开展专题研修活动

2021年12月16日—18日，工作室在儋州开展儋州、澄迈工作坊联盟活动

持续高质量发展

2021年3月15日,工作室走进海南华侨中学观澜湖学校开展大单元教学主张教学实验推广

附5

海南省施琼英中学美术卓越教师工作室宣传册

海南省施琼英中学美术卓越教师工作室

做个幸福的教师培养各级团队领跑者

2018—2021

持续高质量发展

我们在一起的幸福时光

附5　海南省施琼英中学美术卓越教师工作室宣传册

一、基本概况

海南省施琼英中学美术卓越教师工作室第二期于2018年6月启动，设3所教学实验基地校。至今共开展了16次活动，有组团到省外的访学取经，有邀请外省美术名师团队来琼一起开展的交流研讨会，也有受邀到省外参加美术教育交流活动；有本省美术名师的专题讲座和写生指导；既有上届优秀学员的成长分享，又给海南师范大学美术学子提供学习和参与学生社团授课指导的机会；既有在工作室基地开展的活动，又有到基地校开展专项辅助的教研活动，更多是将活动辐射到市县，充分发挥卓越教师的引领作用。这三年，我们累计开展线下活动40天，线上研修3天，共开展活动43天。

共举办专家讲座33场；主持人与外地名师示范课各1节、学员课堂展示课20节，美术社团专题送教课程9个，其中学员开发6个，合计24个课例、授课点评16人次；小专题讲座73场，其中学员微讲座57个；各类学习成长分享汇报33人次，其中学员分享22人次。

2020年疫情期间，海南省"线上教学"省级美术学科指导团队全部由本工作室成员组成，两个月开发了《海南乡土美术课程》《纸艺空中课堂》等35节网络微课，为全省美术学科"停课不停学"提供了强有力支撑。

1. 工作室宗旨与主张

成长，就是不断刷新自己，成就自己是最大的幸福！
◇ 组织搭设大平台——发掘人才、精准扶持、引领一方
◇ 团队自搭小舞台——成员互助，唱念做打，苦练基本功
◇ 个人勤学求飞跃——卓越成长，助推他人、成就人生价值

做个幸福的教师，当好各级团队领跑者！
◇ 美术工作室的培养目标是学员成长为美术名师
◇ 学员的成长方向是美术教育教学素养的提升
◇ 工作室的目标规划是让学员成长为各级美术教师团队的领跑者

中小学美术教师的三观：
◇ 专业观：美术教育教学
◇ 课程观：遵循美术课程标准，使用和拓展国家教材，开发地方和校本课程
◇ 教学观：绘画及技法教学仅仅是美术教学的一部分，如何欣赏、如何

审美、如何创新也是美术教学应该关注并且实施的内容

核心素养时代美术教师的专业发展之路：

◇ 精准研读教材，上好每堂课

◇ 结合校情学情，拓展和补充教材内容

◇ 变革课堂教学模式，提升教学效果

◇ 开发本土美术资源课程，将传统文化和民间艺术引进课堂

2. 主持人风采

施琼英，中共党员，美术教育和教育管理双学历。海南省中学美术卓越教师工作室主持人，海口市第七中学高级美术教师，海南省美术家协会会员。荣获"海南省拔尖人才""海南省优秀教师""海南省教育科学规划课题专家库成员""海南省省级骨干教师""海南省首届教学能手""海南省首届教育科研骨干""海南省教育系统巾帼建功标兵""海南省中小学德育先进工作者""海口市中学优秀美术学科带头人""海口市优秀艺术教师""海口市十佳少先队辅导员"等荣誉称号。

用了十年时间研究的《纸艺》教学成果荣获2014年国家级教学成果二等奖。2015年应北京师范大学邀请参加首届中国教育创新成果公益博览会，《纸艺》教学成果获得"最受企业家欢迎成果"和"最受大学生创业欢迎成果"等荣誉。2018年被海南省教育厅推荐，参加第四届中国教育创新成果公益博览会，展示《纸艺》课程开发的最新成果。

多篇教育叙事、教学论文先后获得全国、省市级评比一等奖，并在国家级核心期刊《中国美术教育》上发表。

"'慢'的课堂'慢'的起步——初一美术课堂教学实践与探索"的论文入选《大数据时代的创意美术教育：第五届世界华人美术教育大会论文集》，参加第五届世界华人美术教育大会，并在会议论坛上发表演讲。

从2013年至今，先后担任海口市中小学美术青年骨干教师成长助推站主持人、两届海南省中学美术卓越教师工作室主持人、海口市中学美术骨干教师工作坊领衔专家。近年来致力于探索中小学美术骨干教师教育专业素养提升的培养工作。

附5　海南省施琼英中学美术卓越教师工作室宣传册

3. 专家团队风采

首席导师周晓阳，本科学历。任海南省教育研究培训院美术教研员，正高级教师。首届全国中小学美育教学指导专业委员会委员，中国教育学会美术教育专业委员会理事，海南省教育学会美术书法教育专业委员会副理事长兼秘书长，海南省教育厅课程改革美术学科指导小组组长，人教版课程标准中小学美术实验教材培训团专家，教育部"普通高中新课程远程研修项目"美术课程团队核心成员，海南琼台师范学院美术系顾问和学术指导专家，海南省教育厅美术名师工作室及卓越教师工作室导师。

十几年来多次承担过国家级、省级新课程改革培训任务，先后在海南、上海、湖南、河北、广西、新疆、北京、云南、贵州、陕西、青海、宁夏、黑龙江等地作各种新课程改革学术报告。有1项教育教学成果荣获2018年国家级教学成果奖二等奖，有2项教育教学成果荣获2018年海南省第二届基础教育教学个人成果一、二等奖；作为第一参与人有4项省级以上课题研究，其中2项获得结题"优秀"等级；撰写的教学论文多次获得全国性的一等奖或者发表在全国学术核心刊物上，指导的教师多次获得全国性的公开课一等奖等，得到了社会的广泛赞誉。

持续高质量发展

学术顾问周春花，博士，教授，硕士生导师，海南师范大学美术学院党委副书记。

中宣部首批"宣传思想文化青年英才"，首届全国高校美育教学指导委员会委员，教育部评估中心师范专业认证专家，海南省领军人才，海南省首届"南海名家"，海南省教育督导专家，中国美术家协会会员，海南省美术家协会美术教育委员会副主任。

4. 学员风采

陈 萍　　周 容　　林 蓉

序	姓名	性别	单位	学段	学历	职称	骨干层次
1	周容	女	海南白驹学校	初中	本科	一级	省级教坛新秀
2	林蓉	女	海景学校	初中	本科	一级	省级骨干
3	陈萍	女	海口市第四中学	高中	本科	高级	市级骨干
4	谢哨岗	男	临高中学	初中	本科	高级	县级骨干
5	全丽妃	女	三亚市民族中学	高中	硕士	二级	市级教坛新秀
6	杨彩霞	女	海南省农垦中学	高中	本科	一级	校级骨干
7	王玉瑜	女	临高思源实验学校	初中	本科	二级	校级骨干
8	庞吉双	女	临高第二中学	初中	本科	一级	校级骨干
9	刘冉	女	海南澄迈思源高级中学	高中	本科	一级	县级骨干 / 县级教坛新秀
10	王瑞瑞	女	文昌市罗峰中学	初中	硕士	二级	校级骨干
11	王司南	女	保亭黎族苗族自治县南茂中学	初中	本科	二级	校级骨干
12	杜馨	女	海口滨江高级中学	高中	硕士	一级	校级骨干

谢哨岗　　全丽妃　　杨彩霞　　王玉瑜　　庞吉双　　刘冉　　王瑞瑞　　杨彩霞　　刘冉　　杜馨　　王司南

二、团队建设及课程设置

1. 团队组织建设

设三人专家团队：主持人、首席导师和学术顾问。精简工作室结构，按需设专家团队，充分发挥导师的作用。

工作室学员化整为零，分为三个组：高中组、初中1组、初中2组。

按照初中、高中学段和年级分布分组，推选资历较高的学员担任组长，将策划和组织美术教育沙龙活动分解到每个组每个人，由小组长统筹安排和组织，承办每一次的研修活动，让每个学员都有机会参与活动的策划、主持、报道和提炼总结等各项有助于提升自身能力的工作，继续发扬施琼英中学美术卓越教师工作室"我为人人，人人为我"的精神。

分学段和年级进行日常集体备课，便利同伴互助学习。开学之初由各组长制定小组协同学习计划，选定各年级的主备课发言人，然后以小组为研修营开展集体备课活动，有点有面，互相取长补短，资源共享，提高备课质量和效率，使学员的研修更加贴近实际工作。

三年来，工作室主持人、导师、组长及学员各司其职，专家团队、学段组通力合作，为培养一支专业素养强、教学业务强、教研意识强、辐射能力强的"四强"中学美术教师团队而努力。

2. 培养课程设置

美术教师的成长除了需要专家的理论指导、教学技能的培训，还需要亲自到大自然中采风写生，收集创作和开发课程的教学素材。因此，我们的培训课程大体分为理论课程、实操课程和采风课程三大类。

理论课程：围绕美术学科素养、美术教育教学、课题研究的专题讲座、读书交流等培训活动。以专家讲座的形式为主。

实操课程：以各种美术专业实际操作、信息技术手段、各种类型的课堂教学、课题研究、学员小专题讲座、素养提升操练等活动。以实际操作、体验、演示、学员小专题为主、专家讲座+指导为辅。

采风课程：开展市县帮扶、展示、辐射、交流活动的同时，围绕"探寻和开发海南本土美术教育资源课程"的任务驱动进行采风、写生活动。

三、特色与亮点

1. 品课访谈，杏坛论教

开展美术教师专业成长论坛，让学员发声，助力专业发展。教而不言、研而不议，都不是理想的状态。几乎每次工作室活动都会拟定一个议题展开讨论，多角度多方位的议题总有一个符合学员的感知认同，做到尽可能让每一位学员都参与研讨活动。工作室集体开展翻转课堂教学模式研究，翻转课堂是一种有别于一般传统课的教学模式，课后品课访谈是工作室较有针对性和有特色的活动。

2020 年 12 月在万宁中学举行翻转课堂教学模式品课访谈活动

2019 年 1 月在临高中学开展书法课教学研讨会

2019 年 10 月在海口举行论坛：21 世纪需要怎样的美术教师？

附5 海南省施琼英中学美术卓越教师工作室宣传册

2019年10月在海口市第四中学参与海口全国美术教育论坛直播

2018年11月在海口市第七中学举行评课议课活动

2019年10月美术教育沙龙活动：21世纪我们的社会需要怎样的美术教师

2020年9月学校美术社团指导的研讨

2019年10月举行"核心素养下的美术教师培养的研讨"

2020年10月举行美术教师专业成长研讨会，邀请海南师范大学美术学院卢向玲教授、教育学院陈文心和黄秀兰教授以及继续教育学院吴一凡等专家与工作室、临高美术教师一起研讨

持续高质量发展

工作室好比一个小型研学共同体，专家的责任在于专业引领。工作室学术顾问周春花教授给学员做美术教育专业文献阅读推介，推荐了《尹少淳谈美术教育》《美术教育的文化转向》《中国传统审美意象与美术教育》《美术信息化教学设计》《当美术课程遇到"非遗"——非物质文化遗产进入美术课程资源系统的研究》《美术教案设计》《美术教育研究方法与论文写作》《教育研究方法导论》等精读经典著作作为年度主要阅读书目。

2019年6月，周春花教授做专业阅读推介

工作室结业不结束。三位导师在届满总结分享会上进行后续教学研究和专业发展方面的专题讲座，为学员后续的成长和发展指明方向。

主持人施琼英老师在工作室总结中提出要做个幸福的教师，勉励学员当好各级美术团队的领跑者

附5 海南省施琼英中学美术卓越教师工作室宣传册

学术顾问周春花教授《重装行李再出发》
指引专业成长的方向

首席导师周晓阳老师《大海航行
看灯塔》指出专业发展的路径

2. 美术教育沙龙活动

许多美术教师的内心其实都有一个恒久的画家梦。基于工作室项目培养卓越教师的宗旨，我们提出"美术教育沙龙"的专题及形式，将画家谈论画事的"沙龙"模式植入美术教育的大主题。在"美术教育沙龙"活动中，我们一起听评课、研究各种美术表现形式和技法、分享参加培训、考察和采风的心得和体会，既满足了美术教师谈画论道的心愿，又丰富了美术教研活动的内涵和形式。

三年来我们一共开展了16次美术教育沙龙活动。

2018年9月11—12日海口　　2018年11月2—6日白沙、海口　　2019年1月9—13日临高

2019年3月28日—31日万宁　　2019年6月28日文昌　　2019年9月15日—17日海口

2019年10月24日—26日海口 　　2019年12月18日—21日临高

2020年10月15日—18日临高 　　2020年12月23日—27日万宁

3."在校在线草根"玩转翻转课堂

工作室根据美术学科的教学特点，探索出了"在校在线"和"在校草根"两种翻转课堂教学模式，通过改变翻转课堂教学需要建立网络平台、资源库的前提条件，弹性设置学生课前需在家里自主上网自学、完成任务并上传自学成果的要求，解决学生自主探究学习的时间和空间问题以及教学时效问题。在当前网络和平台尚未普及的情况下，这两种翻转课堂教学模式能够解决普通一线美术教师授课班级多、重复示范的问题，同时能够将学生从更加繁重的课前自学和课后作业双重压力下解放出来，使其轻轻松松地接受美术课堂教育，有效提高了教学效率。

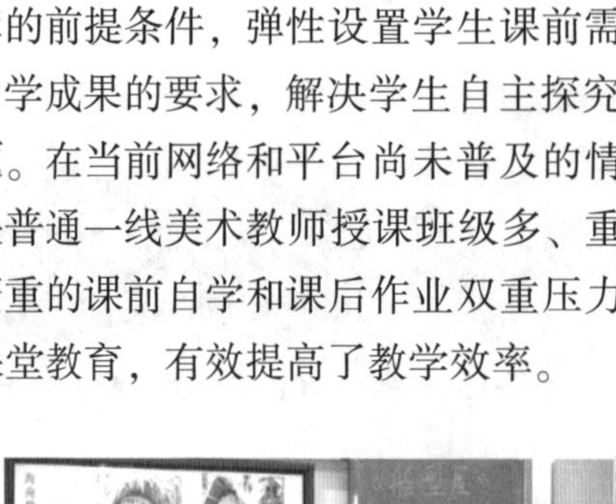

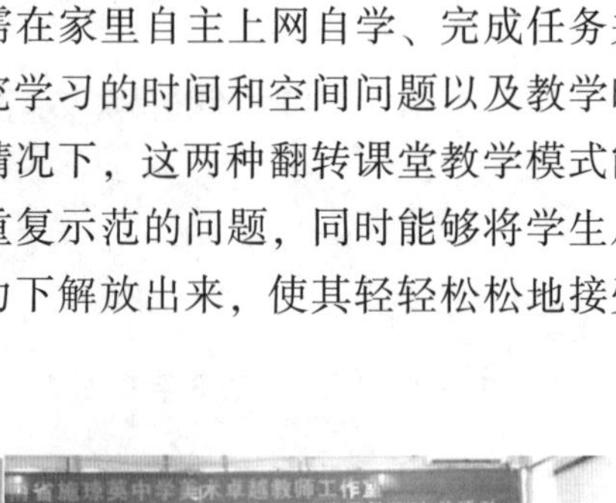

4. 走出省、请进来，与同道结盟

世界很大，外面的世界很精彩，美术教师需要出去走走看看，同时也需要把先进的教育理念请进来进行学习。三年来工作室与沈阳、福州的美术名师工作室结成联盟，互相往来，共同学习，相互促进，结出友谊之花。

采取请进来、走出去等多渠道的培训形式，加强团队成员的专业学习力度，定期对学员及进行常规教学指导，加强教育教研的理论引领，使全体成员的视野得到拓展，教育教学的能力得到提升，实现专家与学员共成长的双赢目标，整体提高团队的素养和能力。

2018年10月9日—13日在沈阳参加第七届全国中小学数字美术教学研讨会，与沈阳美术名师工作室开展联谊活动

持续高质量发展

2018年11月,邀请福州谢增生美术名师工作室到白沙、海口举行琼闽两地中学美术教育交流研讨会

2018年12月28日,工作室受邀参加福州市2018年度中学美术教育教学年会

5. 量身定制搭设推广平台,助推学员体验成功的幸福生涯

工作室注重营造幸福生涯的氛围,倡导学员做个幸福的教师。学员的成长需要体验,也需要分享,工作室充分发挥搭设展示平台的功能,在组织课堂展示、信息技术教学技能演示、课题研究成果展示、研修体会、读书分享等活动的同时,特设学员专题小讲座,推广学员的教学成果,展示优秀学员风采。鼓励学员分享汇报自己在学习成长过程中的感悟和收获,这既是自我的肯定,也是同伴互助的需要。

附5 海南省施琼英中学美术卓越教师工作室宣传册

2019年1月11日,工作室在临高开展活动,
推广林蓉老师关于陶艺工作坊的教学经验

2019年3月28日,工作室在万宁这个书法之乡开展活动,
安排谢哨岗老师作书法教学的小专题讲座

2019年12月20日,工作室到基地校临高东英中学挂牌,
安排陈萍老师做个人成长经验交流

— 293 —

6. 文化采风，开发本土课程

美术教师都钟情于采风活动。三年来省内万宁、文昌、海口、临高、白沙、东方、乐东等市县都留下了我们的足迹。每一次研修活动都会安排就地采风，我们的采风活动不是走进大自然游山玩水，也不是纯写生进行艺术创作，而是带着从教初心，带着课程开发的使命，走进古老的民族，探访民风民情，寻找传统文化里的美术元素，采撷民间美术的精华带到课堂，献给祖国的花朵。

2018年11月白沙黎锦、茶园、地貌采风

2019年3月万宁书法教学调研、书屋采风

2019年9月17日文昌符家宅、林家宅等传统民居建筑风格采风

2019年10月26日海口骑楼采风

2020年8月24日—27日白沙（黎锦、双面绣、苗绣、黎陶、骨簪）、东方（黎锦、黎屋）、乐东（黎锦、剪纸）采风

附5　海南省施琼英中学美术卓越教师工作室宣传册

2020年12月27日万宁笠文化民俗采风　　2021年3月20日万宁探访书法之乡

7. 基地帮扶培养"种子"老师，形成可持续良性发展

农村中学美术师资短缺是普遍现象，工作室有责任研究如何引领缺乏美术师资力量的学校开展美育活动的方式。几经思考，"工作室培养基地校种子小老师，让种子学生发挥影响带动作用，营造学校美术氛围"的传帮带帮扶模式产生，进入实地实验研究阶段。

工作室以基地校临高县东英中学为实践对象，组织工作室学员、基地校美术教师、部分海南师范大学优秀学生作为指导老师与基地校学生师徒结对，根据实际学情明确阶段性指导方向，采取开展写生、创作活动、举办校级师生书画展的形式，营造区域美术教育氛围，帮助基地校建立美术社团，通过结对帮扶实验研究，寻求撬动农村学校学科短板、由教师培养学生小导师、由学生小导师带动校园美术学习气氛模式的新途径，探索农村区域中学美术教学策略。

帮扶活动得到海南省美术家协会副主席、海南师范大学美术学院卢向玲教授的大力支持，她对九个社团逐一进行细致的指导，赞扬这种由教师培养学生小导师、由学生小导师带动校园美术学习气氛模式的新途径利用"卓越教师工作室"这一教育品牌，对促进海南农村美术教育的发展发挥了良好的导向作用，在探索农村区域中学美术课堂教学策略，推动乡镇学校薄弱学科的发展、发挥工作室基地校的示范引领作用，逐步缩小城乡学校美术学科教育差距等方面具有重要意义。

— 295 —

美术社团成立动员会现场和九个专项内容的教学状况

四、成果展示

1. 开发课程

组织两期工作室成员共同开发了《海南乡土美术课程》和《纸艺空中课堂》等课程，在2020年疫情期间为全省美术学科"停课不停学"提供了强有力支撑。

序	课题	开发人	网址
1	荆楚疫传	刘双双	http://www.cerhy.com/bk/60692096.jhtml? wx=wx
2	巧手变变变	林蓉	http://www.cerhy.com/bk/60692441.jhtml? wx=wx
3	解密黎锦纹样	杜馨	http://www.cerhy.com/bk/60692996.jhtml? wx=wx
4	有画好好说：阎立本的人物画《步辇图》鉴赏	刘双双	http://www.cerhy.com/bk/60693670.jhtml? wx=wx
5	有画好好说：郎世宁《百骏图》鉴赏	刘双双	http://www.cerhy.com/bk/60693679.jhtml? wx=wx
6	"纸"不住的精彩	关洁玲	http://www.cerhy.com/bk/60694147.jhtml? wx=wx
7	植物编织——苎	施琼英	http://www.cerhy.com/bk/60694680.jhtml? wx=wx

续表

序	课题	开发人	网址
8	海南椰雕鉴赏（高中学段适用）	沙海朋	http://www.cerhy.com/bk/60695031.jhtml? wx=wx
9	椰子树——泥板浮雕制作（初中学段适用）	林蓉	http://www.cerhy.com/bk/60695035.jhtml? wx=wx
10	椰子陶艺饰品（初中和高中学段适用）	王琦	http://www.cerhy.com/bk/60695515.jhtml? wx=wx
11	黑白装饰画——椰子（五年级至八年级适用）	曾春燕	http://www.cerhy.com/bk/60695520.jhtml? wx=wx
12	纸浮雕椰子（初中和高中学段适用）	陈萍	http://www.cerhy.com/bk/60695820.jhtml? wx=wx
13	椰子的创意图形设计（三年级至八年级适用）	关洁玲	http://www.cerhy.com/bk/60695828.jhtml? wx=wx
14	菜肴摆盘艺术的造型和色彩	施琼英	http://www.cerhy.com/bk/60696425.jhtml? wx=wx
15	蛙纹设计	沙海朋	http://www.cerhy.com/bk/60696934.jhtml? wx=wx
16	有画好好说：韩滉《五牛图》鉴赏	刘双双	http://www.cerhy.com/bk/60697384.jhtml? wx=wx
17	有画好好说：顾闳中《韩熙载夜宴图》鉴赏	刘双双	http://www.cerhy.com/bk/60697727.jhtml? wx=wx
18	微缩湿地景观创意设计	施琼英	http://www.cerhy.com/bk/60697987.jhtml? wx=wx
19	汉服（初中学段适用）	王司南	http://www.cerhy.com/bk/60698370.jhtml? wx=wx
20	书签设计——黎锦鸟纹书签	全丽妃	http://www.cerhy.com/bk/60698690.jhtml? wx=wx
21	海南非遗——炭画像	劳有吉	https://mp.weixin.qq.com/s/JI6_5t1pECLUBrXeDEJYsQ
22	白描花卉	刘冉	http://www.cerhy.com/bk/60698932.jhtml? wx=wx
23	创意水果拼盘（适合五年级至八年级的教学）	庞吉双	http://www.cerhy.com/bk/60699236.jhtml? wx=wx
24	人类最早的美术作品	杜馨	http://www.cerhy.com/bk/60699572.jhtml? wx=wx
25	同课异构——小伙伴（1）	曾春燕	http://www.cerhy.com/bk/60699884.jhtml? wx=wx
26	同课异构——小伙伴（2）	关洁玲	http://www.cerhy.com/bk/60699876.jhtml? wx=wx
27	衍纸	沙海朋	http://www.cerhy.com/bk/60700164.jhtml? wx=wx
28	纸立体造型制作	林蓉	http://www.cerhy.com/bk/60700310.jhtml? wx=wx
29	植物编织——蝗虫	刘双双	http://www.cerhy.com/bk/60700571.jhtml? wx=wx
30	有趣的纸泥画	沙海朋	http://www.cerhy.com/bk/60701350.jhtml? wx=wx

续表

序	课题	开发人	网址
31	植物编织——编鱼儿	刘双双	http://www.cerhy.com/bk/60703173.jhtml?wx=wx
32	临高木偶戏人物肖像	王玉瑜	http://www.cerhy.com/bk/60703566.jhtml?wx=wx
33	船形屋篾上	杨彩霞	http://www.cerhy.com/bk/60704955.jhtml?wx=wx
34	创意手工——椰子树	王司南	http://www.cerhy.com/bk/60705640.jhtml?wx=wx
35	临高渔家版画	王玉瑜	http://www.cerhy.com/bk/60705858.jhtml?wx=wx
36	船形屋篾下	杨彩霞	http://www.cerhy.com/bk/60706609.jhtml?wx=wx

2. 媒体报道

工作室最大的成效是提出"在校在线草根"翻转课堂教学模式，并多次在省级会议及部分市县学校进行推广，得到社会和同行的高度认可。

《海南日报》2021年1月21日报道工作室的翻转课堂教学模式

附5　海南省施琼英中学美术卓越教师工作室宣传册

注：图片转载于南海网教育频道：http://edu.hinews.cn/page.php?xuh=49346&from=timeline 2019-04-04.

施琼英工作室在万宁中学玩转"在校在线"美术翻转课堂

3月28日，万宁中学迎来施琼英中学美术卓越教师工作室教育沙龙活动。此次活动是一次万中师生近距离体验具有海南特色的美术课堂的绝佳机会。校长邓虎城在活动开幕式上致辞，他首先欢迎施琼英和周晓阳等专家及各位优秀的青年教师来学校举办教研活动。他说，期盼有更多各学科的教研活动选择万中，给万中带来活力与生机的同时为万中的发展给予意见建议。还说，万宁中学近年来注重发展美术、摄影等艺术教育，大力建设书画长廊、美术多媒体教室，为师生提供了展示风采的舞台，营造了浓郁的美育氛围。

齐聚一堂议"翻转"

施琼英中学美术卓越教师工作室这两年致力于开发海南本土美术资源的课程，一方面利用信息技术开发微课，一方面研究在当前条件下美术翻转课堂的教学模式，提炼出了翻转课备课方式和"在校在线"的翻转教学范式。

工作室主持人施琼英的《中学美术"在校在线"翻转课堂教学模式初探》和工作室首席专家周晓阳老师《新理念下美术课堂设计优化》的两场专题讲座，

阐述了翻转课堂教学模式的探索过程，提出了美术教学设计的新思考。

3. 获奖及证书

（1）工作室成员参加论文（课件）评比获奖 14 人次。

（2）工作室成员受到教育表彰、教学比赛获奖达 31 人次。

（3）工作室成员在省级以上正式刊物发表论文有 12 人次。

（4）专业发展方面：林蓉获得省级骨干教师称号；周容获得省级教坛新秀称号；陈萍获得海口市中学美术骨干教师工作坊坊主称号；谢哨岗、刘冉获得市县级骨干教师称号，全丽妃、刘冉获得市县级教坛新秀称号。

（5）成员主持或者参与 4 项省级课题研究结题。施琼英主持的课题《"在校在线"中学美术翻转课堂教学模式的研究》和刘冉参与的课题《新高考改革下中国画在高中美术教学中的创新》获评优秀；周晓阳参与的《高考改革新形势下美术课堂教学生活化的探索》和《琼北火山石传统村落美术教学资源开发与应用研究》两项课题获评良好。

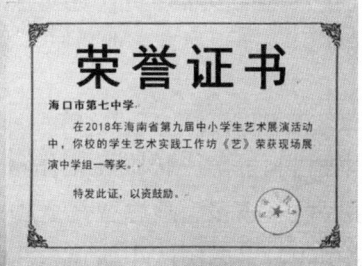

附5　海南省施琼英中学美术卓越教师工作室宣传册

五、学员感言

转眼三年届满，感谢工作室的平台！感谢施琼英老师的领跑！感谢"双周"导师的加持！春耕秋实，期待遇见更好的自己。未来可期，愿我们都能越来越好！

——周容

遇见卓越，遇见主持人施琼英老师与两周导师，遇见最好的伙伴，遇见最好的自己。大家一起在翻转中成长。

——陈萍

三年卓越锻造，培养了我们潜心学习、刻苦钻研、团队协作的精神。感谢工作室主持人施琼英老师的带领、感谢工作室首席专家周晓阳老师和学术顾问周春花教授的引领，让我们有了卓越的成长，在结业之时又为我们引航未来的学习及发展方向。三年卓越成长，感恩与伙伴们的遇见！

——林蓉

名师引领，追梦同行。感恩我们团队领衔人、导师和伙伴们。荣幸成为工作室的成员，让我有机会与优秀的团队同行。新的旅程即将启航，愿我们一如既往投入课堂教学研究，愿勇于探索的我们不断为美育目标努力奋进，用自己的实际行动为教育事业贡献一份力量！

——庞吉双

时间如白驹过隙，转眼在工作室的三年圆满结束，再回首，思考亦多，感慨亦多，收获亦多。感恩智慧卓越的施琼英老师、周晓阳老师、周春花老师的一路引领，感恩团队小伙伴一路相伴，是结束亦是新的征程的开始，愿我们每一个人在美育的道路上越走越好！

——杨彩霞

人的一生中会遇到许多值得敬仰的人，施老师和"双周"专家是我职业生涯道路上的灯塔，他们引领我找到职业发展方向，感恩相遇、相知、相伴。这三年工作室经历让我收获了很多，改变了很多。我在学习中成长和蜕变，努力改变自己，完善自己。感谢工作室的培养，感谢大家对我的包容和帮助，感谢施老师真诚的付出！

——全丽妃

感恩相遇卓越，承蒙施琼英老师、周晓阳老师、周春花老师的一路引领，这三年，十分有幸和各位同行与相伴，这一路如沐春风。希望在今后的日子里，我们都能不负岁月，在美育的道路上贡献自己的一份力量！

——刘冉

在这里，我他乡遇知音、久旱逢甘霖，是你们带给我精神上的富足，是你们给予我专业、教学路上的指引。人生纵有酸甜苦辣，你们也带给了我一份甜！有你们，真好！

——王瑞瑞

很荣幸有机会能加入这段志同道合、亦师亦友的情怀之旅。三年的时间转眼即逝，我会永远记得在这段旅程中工作室主持人施琼英老师以及两位专家周老师对我在专业领域及生活方面给予的指导与关心。也会铭记所有工作室伙伴对我的帮助与包容。未来的旅程中，我将怀揣这份永久的感动，笃定一世的方向，不负时光，不负卓越。

——杜馨

2018年9月11日，海南省施琼英中学美术卓越教师工作室在海口市第七中学启动开班仪式，海南师范大学继续教育学院副院长陈福祥为工作室授牌与颁发主持人证书。

持续高质量发展

　　2021年3月19日，海南省施琼英中学美术卓越教师工作室在万宁凤凰九里书屋开展总结交流活动。出席会议的有海南省教育厅体卫艺处林洪珊调研员；工作室首席专家、海南省教育培训院美术教研员周晓阳老师；工作室学术顾问、海南师范大学美术学院党委副书记周春花教授；万宁市文联主席陈鸿城先生；万宁市教育研训中心林显全主任。

　　2020年12月24日上午，海南省施琼英中学美术卓越教师工作室在万宁中学，开展主题为"开发海南乡土课程　展示翻转课堂魅力"的美术教育沙龙活动，万宁中学邓虎城校长参加开幕式并致欢迎辞。

附5　海南省施琼英中学美术卓越教师工作室宣传册

2020年10月16日上午，海南省施琼英中学美术卓越教师工作室专家成员一行十五人来到临高东英中学施琼英中学美术卓越教师工作室基地校开展帮扶送教活动。该活动对于探索农村区域中学美术课堂教学策略，推动临高县东英镇农村学校薄弱学科的发展，发挥东英中学基地校的示范引领作用，逐步缩小城乡学校美术学科教育差距等具有重要意义。